万川
reflections

一步万里阔

记忆宫殿

THE MEMORY CODE

在文字之前，
回忆
如何被塑造

Lynne Kelly

[澳] 琳恩・凯利 著

张馨方 唐岱兰 译

中国工人出版社

目　录

前　言 001

1　原住民长老的百科全书记忆库 001

原住民的动物知识 004

原住民的植物知识 009

表演出来的管制版知识 012

歌之路 015

记忆空间与古代希腊人 022

仪式庆典的多样用途 027

神话传说的“保存期限” 031

整合的知识系统 033

2　大大小小的“记忆空间” 039

古代遗址？记忆空间？ 041

记忆的“空景” 045

小型的记忆空间 048

缠绕、扭转、打结的各种绳线 060

成套的非实用物件 061

神话先人的图像 065

神话与科学：普韦布洛的玉米传说 068

部族族谱与图腾 070

3 现代世界的“记忆空间” 075

作为记忆空间的地景 078

作为记忆空间的空景 080

作为记忆空间的纸牌 082

作为记忆空间的小型设备 084

各式各样的记忆空间 087

4 我的“时光穿越”之旅 091

旅程开始之前 093

第一个现代人类 095

古历史遗址的记忆空间 099

新石器时代的建筑与生活 104

5 史前巨石阵：不断变化的记忆空间 113

一个心理游戏：从游牧到定居 116

史前巨石阵与英国新石器时代 120

第一阶段：公元前 3000 年至公元前 2920 年（新石器时代中期） 122

第二阶段：公元前 2620 年至公元前 2480 年（新石器时代晚期） 137

第三阶段：公元前 2480 年至公元前 2280 年 144

第四阶段：公元前 2280 年至公元前 2020 年
（青铜器时代早期） 146
第五阶段：公元前 1680 年至公元前 1520 年
（青铜器时代中期） 147
可携式记忆工具 148
记忆空间、矿场与变迁 152

6 埃夫伯里与奥克尼群岛巨石群 155
埃夫伯里村 159
西肯尼特长冢 162
奥克尼群岛 171

7 爱尔兰纽格莱奇墓与通道式墓穴 183
米斯郡通道式墓穴 186

新石器时代艺术 190
通道式墓穴的用途 192
木柱与巨石圆形阵列 195
具纹饰石块 197
米斯郡各地的小型通道式墓穴 198
个人墓葬 200

8 卡纳克巨石群的高大巨石和无尽阵列 201
卡纳克圆冢与圣米歇尔岩冢 207
新石器时代中期通道式墓穴 209
卡纳克巨石阵列 212
甬道式与侧向通道式墓穴 215

9 查科峡谷独一无二的建筑 219

美丽之镇：博尼托村 223

向当代普韦布洛人取经 225

查科峡谷古普韦布洛人 228

大房子 230

神秘的纹饰物品 233

查科峡谷的知识交易 236

10 纳斯卡沙漠的巨型地画 241

原住民的天文知识 247

地画的制作 250

动物的象形符号 251

梯形、方形与矩形地画 253

南美大草原上最大的直线地画 254

南美大草原的岁月与变迁 255

11 美洲各地的记忆空间 259

沃森布雷克与波弗蒂角的狩猎采集文明 263

渐趋复杂的记忆空间 271

美索亚美利加地区的拟声文字 277

北美土木工事的复杂性 283

能读写的阿兹特克文明与无文字的印加文明 287

12 复活节岛的波利尼西亚奇特世界 293

第一批原住民 297

太平洋航海探险家的惊人技能 299

登陆复活节岛 301

另一座波利尼西亚小岛——拉洛汤加 302

适应环境的佼佼者——新西兰原住民 304
由谱系构筑的知识 307
海岸地带以外的记忆空间 310
文明的崩落 313
鸟人祭 315
各种形式的艺术 316

后　记 319
注　释 321

前　言

从没想过世界各地的动物传说，会引领我对英国史前巨石阵发展出一套崭新论点。我以科学作家的身份获得博士奖学金，原本只是计划顺利做完3年研究后，集结成一本有关动物行为与原住民故事的自然历史书籍。混乱纷杂的8年过去了，这本书现在就在你手上，但是书的内容与我展开研究行程前所提出的那份自信满满的大纲几乎没什么相符之处。

在刚成为博士生后的几周内，我在澳洲乐卓博大学的一门课程中，即已窥见澳洲原住民先祖们所拥有的知识极其错综复杂，而他们也成为我第一个深入研究的文化族群。原住民记忆了巨量有关动物的信息，诸如辨识特征、行为、栖息地和习性等，即使这些知识并无明显实用性，他们仍在故事里精确描述了多种多样的鸟禽、哺乳动物、爬虫类与无脊椎动物。我试图弄清楚自家地区的鸟类就已焦头烂额，这些先人们竟能辨认出一大片自然景观里的所有动植物！况且我有野外指南，而他们所拥有的，只是记忆。

他们用什么方法记住这么多东西？我立刻对这问题着了迷。

我的博士生导师，苏·马汀（Sue Martin）教授，在第二次会面时给了我一张建议参考资料清单，同时随口说："翁（Walter Ong，美国文化史及宗教史学者）有关'道德'（morality）的著作，值得看一下。"我恭敬地记下了"翁"与"道德"几个字，纳闷教授是否对我的品行有意见。后来在图书馆找到翁的著作时，发现书名是《口述与读写》（*Orality and Literacy*）。

我很快就明白，口述，是指在文字诞生前，一种文化通过歌谣、故事、舞蹈与神话等载体保留大量实用资料的方法。这也是探索先人何以能记忆无数知识的第一步。这"知识"所涵盖的范围，随着我了解程度的加深迅速扩展，不仅涵盖我当时正钻研的动物知识，还包括了植物的名称与用途、资源的取得与土地管理、伦理与道德、地质学与天文学、谱系（以确保他们知道自己的权利与亲属关系）、航海学（即使当时尚未出现道路和地图，这也可以确保他们的远距离行动）、对于自己来自何处的理解，当然，也包括他们的信仰。原住民记录了他们在物质与文化上赖以为生的所有事物。

刚展开研究不久，我就已经发现澳洲原住民之所以能组织保存如此庞大的资料不致佚失，关键就在"歌之路"（songlines）——这是一种歌谣，一种风景的叙事诗，他们将足迹所及之处的地形、景色与道路小径，吟咏成歌，让每一处意义重大的地方为人所知。而借由在各地举行的仪式，他们更能将与某个特定地点相关联的知识"表演"出来，在那个时空情境里，仪式就只需要不断重复的动作，不再需要语言来说明。至于一场典礼所包含的宗教成分的多寡，全视不同仪式而定。有位长老曾为我解说他们如何借由这些歌颂神圣遗址之名的诗歌，替蕴含各种动植物与人类知识的宝库建立一套标题索引，如此一来，当他们在真实（虚幻）世界里行走（神游）时，就可以吟唱这些诗歌（歌之路）了。

在各处神圣的地点，通过歌唱和舞蹈，一遍又一遍地复诵神话故事，借此将信息印在脑海中，如此一来，即使这些知识可能十年、百年甚或千年都派不上用场也无妨。歌谣远较文字容易记忆，舞蹈则能呈现文字无法描述的动物狩猎行为，而神话中那些角色，则使故事更加生动，难以被人忘怀。

此外，我还发现，原住民长老使用歌之路的方式，与古希腊演说家如出一辙，后者透过冥想，让精神游走于一处处建筑与街道之间，以帮助其记忆讲词，并称这种方法为“位置记忆法”（the method of loci）。现代记忆比赛冠军，也正是利用这种方式来牢记纸牌洗牌后的位置：他们行走在想象中的家、教堂、大楼或公共场所里，借此记住每张牌，而这些脑中虚拟的建筑，被他们称作“记忆宫殿”（memory palaces）。

几个月后我与丈夫达米安（Damian）到英格兰旅游。他和我一样也重回大学念书，不过他的研究领域是考古学。这次远行我打算在博物馆典藏的原住民文物中找寻动物的图像、构思著作的内容，达米安则是要探访考古遗址。某日趁着天气晴朗，我们来到巨石群所在地，将游客必访路线老老实实地走了一遍。当时我才刚接触原住民传说，非常热衷于相关研究，天真地以为所有介绍都会对口述与记忆多有着墨，但耳机里的纯正英国口音，娓娓诉说着关于巨石群的各种理论，却对口述或记忆，乃至任何与遗址兴建者那套知识系统相关的事项都只字未提。

史前巨石阵建立的时间，是人类生活形态从游猎采集过渡到定居农牧的最早期。起初巨石阵只是一圈简单的圆形石阵，由数个体积庞大的石块围绕而成。那天坐在巨石阵旁的索尔兹伯里平原（Salisbury Plain）上，我问自己，人们历经数千年取得和嵌进地理景观中的许多知识，后来怎么样了？农耕发展非一夕可成，从一个时代演变至另一个时代需要时间，先民的足迹散布在如此广阔的乡野间，如果不再造访这些记忆的所在，那些开拓者又如何保留他们关于万物的歌谣、传说与知识呢？

后来我得出结论——这些人真是太聪明了！他们把整套自然风光里的神圣地点，都复制到自己当下所在的环境里了。毕竟还有什么办法比建置一圈石阵更好呢？就以每块巨石代表一处之前的神圣旧址，利用石头来辅助记忆。当时我还不知道，从未有学者对巨石阵提出这种臆测。

在人群拥挤的礼品店里费力穿梭时，我开始仔细查看拿到的出版品索引，寻找与“口述”有关的书籍，完全忘了仅仅几个月前，自己可是连听都没听过这个名词。我搜寻着任何提到“口述”或“记忆”的书，但一无所获。最后我只买下一本最新出版的著作，这位作者称得上是一位真正的考古学家。随意翻阅了一下，书中“文盲”（illiterate）一词吸引了我的注意。在口述这个领域里，“文盲”一词意指在读写文化中不能读或写的人，至于从未接触过书写的人们，则被称为“无文字”（non-literate）或“口头传播”（oral）者。有没有这个可能，研究口述文化记忆信息方式的社会学研究主流，尚未踏足考古学、诠释口述文化遗址这块领域？难道我真的如此幸运？

我赶紧上网搜寻，但只找到一篇将巨石阵与口述进行联结的参考文献——美国社会学家卡尔·考屈（Carl Couch）曾发表过的一篇论文，题目为《口述技巧：古文明的基石？》（*Oral technologies: Cornerstones of ancient civilisations?*）。虽然除此之外毫无所获，但已让我莫名兴奋，说不定之前真的从未有人提出这种说法。

几天后我受邀参加一场小型晚宴，席间我兴高采烈地谈到这个想法。共进晚餐的其他宾客，其中有位率先回应，他说这话像是在胡扯，但是如果能拿出证据的话，他愿意相信。后来我花了5年时间说服他。第二位则认为这话听起来根本就是胡扯，而且“这世界上有什么东西，是他们无论如何都得记住的？”在继续推演出任何论点之前，我势必得先回答这个问题（本书第1章就是我的回答）。然后第三位宾客问我，怎么知道我这想法不是在自欺欺人？那当下在我眼里还有哪件事情是跟钟爱的口述和记忆无关的呢？这问题还真难以回答。

不久后我回到大学，半开玩笑地对苏·马汀说，我觉得我已解开了巨石阵之谜。任何正常的指导教授一定都会提醒我，我是因为原本的论文主题才拿到博士奖学金，而且已有一家出版社有出版意愿。我连考古学背景都没有，就这样放弃一切去追求一些疯狂的想法，显然太过莽撞。但是，苏·马汀可不是一般的指导教授，她只要求我对这个想法做好评估。我们还决定必须找个能对我的研究持极客观公正态度的校外人士来做审核。基于我攻读博士学位的进程才刚开始，她建议我两个主题同时进行：一边继续研究原住民故事里的动物，一边花半年时间考量我的巨石阵理论是否合理可行。

学校图书馆的馆员丽莎·唐纳利（Lisa Donnelly），做过无数复杂繁难的搜寻工作，只有图书管理人员才懂得如何进行那种搜寻。她不断帮我核查资料出处并寻找线索。6个月期限将届时，她作出汇报：我的理论看起来完全是原创无误，所有资料来源也合理可靠。

我和校内3位考古学者联系，都未得到回应。我能理解，对一位考古学家来说，某个英国语文课堂上的学生，提出了有关史前巨石阵的理论，这事按常理来看肯定是个噩梦。苏让我将理论大纲写下来，再将这十几页资料送往考古学系，并对他们说明，我们非常乐意接受退件，但是恳请告知理由。等待回复期间我只能回头进行原先那平淡的博士研究。

回复来得很快，信里基本上是说这项考古研究看起来合理，理论也具原创性，但是这位匿名学者无意与我合作。这话让人颇受打击。我需要协助，需要一个能够在考古学方面带领我的人，可以坐下来陪我讨论我的想法。接下来几个月，我们接洽了院里另外两位学者，但也都徒劳无功。

之前在那场晚宴上，第三个人提出的质疑在我心中挥之不去，连我自己都开始相信，并不是真的在各处都能发现我的理论，这事纯属自欺欺人。照道理来说，如果这些概念可以诠释史前巨石阵及其他所有英国新石器时代的圆形石阵，那么在世界各地聚落时期早期的部落遗址里，应该都能发现类似的架构形态。而在我的清单中，符合这形态的考古遗址数量也正逐日增加，其中有两处特别吸引我的注意：位于美国新墨西哥州的查科峡谷（Chaco Canyon），以及路易斯安那州的波弗蒂角（Poverty Point）。

后来我拿到学校的旅游补助，得以实地造访这些遗址，当中还包括聘请美国考古学家赖瑞·贝克尔（Larry Baker）两天的专款，由他带我前往查科峡谷与周围的古普韦布洛（Ancestral Puebloan）遗址。我终于俘获了一名考古学者——赖瑞与我待在一辆车里整整两天，他热爱我的理论。

我投稿到期刊，一家考古学期刊认为文章里人类学的成分太多；另一家人类学期刊则表示论文太偏向考古学；还有家跨学科期刊，在12小时之内就退稿了。我脑海里有碎碎叨叨的声音开始叫嚷：平凡如我，压根就不该试图去解开这世界上最神秘的谜题之一！

到了2010年，同时进行两个博士论文主题的研究，我压力越来越大。我只需要明确找出巨石阵理论的错谬之处，就可安心回头去写我那简单明了的论文——有关动物行为与原住民传说的研究。当时我辗转难眠，健康也亮起红灯。

后来达米安对我说，去一趟英国的费用远比看心理门诊便宜许多，他打算预订航班机票，只要我和英国新石器时代考古学家联络，约好会面时间，我们就动身去搞定这件事。当时我联络了罗莎蒙·克里欧（Rosamund Cleal）博士，她是英国遗产基金会（English Heritage）重要著作《自然景观里的史前巨石阵》（*Stonehenge in its Landscape*）的主编及共同作者。面对又一个巨石阵理论，在几小时讨论之后，克里欧博士正式声明："这个论点值得深入研究。"她还允许我公开引述她的评论。有了她的鼓励，接下来再也没什么能够阻拦我了。

此后又过了 3 年，这篇论文正式通过考古专家们的评定与认可，并在进一步复审之后，由剑桥大学出版社编辑成书。也是在那几年里，我开始将自己从原住民文化中学到的记忆方法运用在日常生活中：我将自己住处的邻近地区编成诗歌，将其与世界各国、公元前后所有历史的大量信息进行联结；同时我模仿制作了一种非洲的记忆板，转译记录下在家乡发现的 400 多种鸟类，并将 100 种哺乳动物归类刻画到木桩上。在有人必须费尽工夫才能记下那些旁人眼里的常识时，我却可以快速建立一个百科全书知识库，其内容远超出我所能想象的范围。

本书要谈的是原住民记忆、史前巨石阵和世界各地的考古遗址，还有从我在索尔兹伯里平原上无意间萌生出这个简单想法的那一刻起，所展开的整个旅程。史前巨石阵是个记忆空间，我们这世界充满了古代的记忆空间。而如今我的世界则是充满现代记忆的空间，同时它还要更丰富。

1

原住民长老的百科全书记忆库

若我说史前巨石阵基本上是种记忆的方法，澳洲原住民的“歌之路”、美洲印第安人的“古道”、印加人的“塞魁”，还有许多原住民文化所创建的其他“地景”通道，都是训练记忆的成果。那么这世上有什么东西，是原住民们无论如何都得记住的？他们怎么记住？

人们承认“口述”的深奥与复杂，是很晚的事。考古学家们很早就发现，新石器时代的英国人拥有与你我一般的大脑和智力潜能。而现代人类（modern human）存在已有数万年之久，原住民一直以来却被认为智力低下、未开化。就在不过100年前，极具影响力的西格蒙德·弗洛伊德（Sigmund Freud）曾在书中写道：“我应该选择被人类学家评为最落后、粗野的野蛮人——澳洲土著，来作为对照的依据。”[1]

若我想主张“史前巨石阵基本上是种用来记忆的方法”，就必须证明无文字文化确实记忆了大量信息。这里不仅是指记住那些狩猎采集时的所见所闻，这些古老的石头并不像博物馆里的达尔文雕像——用来提醒我们想起这个伟大的人——那样仅是一种简单的提醒。我要指的，是正式的记忆信息——学习、研究与不断复诵。即圆形石阵是用来记忆大量理性信息的严密组织系统的一部分。我逐渐确信，澳洲原住民的“歌之路”、美洲印第安人的“古道”、印加人的“塞魁”，还有许多原住民文化所创建的其他

“地景”通道，都是他们训练记忆的成果。根据我多年的研究，还没见过哪个原住民群体仅靠漫不经心的记忆方式和营火旁的闲聊，就可以保存有关他们环境与文化的知识。

正如在那场晚宴上同桌宾客所言，那是在我首次厘清对于史前巨石阵的想法后几天，他问我：“这世界上有什么东西，是他们无论如何都要记住的？”

原住民的动物知识

为了撰写《鳄鱼：进化史上最大的幸存者》(*Crocodile: Evolution's greatest survivor*)一书，我在做研究时，见识到原住民传说如何详尽记载了23个鳄鱼品种的明确特征。而世界各地流传的故事与歌谣，记录了各个物种的特有行为，比如咸水鳄(Crocodylus porosus)有横渡海洋长达数千英里的能力。鳄鱼是致命的掠食者，出没于许多人汲水与渔猎的河川及海洋。长老的故事里描述了：鳄鱼的眼睛在火炬照射下如何在夜里闪闪发光；它们潜伏和观察人类习性的能力；怎么判断鳄鱼是否已察觉人类行踪；何时可以采集鳄鱼卵，从凶暴的母鳄面前取得这珍贵的蛋白质来源。澳洲原住民的故事将具有潜在致命危险性的咸水鳄与相对无害的淡水鳄作了明确区分，而巴布亚人(Papuan)的故事则说明了咸水鳄与体形较小又不会伤人的新几内亚鳄之间的区别。

显而易见，一个部落的领地内常常具有不同环境状态，原住民们需要认识这里面所有的动植物。一讲到狩猎采集，我脑中立刻浮现的是猎人追捕鳄鱼、袋鼠、长毛象或水牛的画面，但其实原住民接触的生物大多是鱼类和小型爬虫类，还有无脊椎动物——包括数千种昆虫、蜘蛛、蝎子、蠕虫、甲壳类动物及其他小型生物。他们必须知道哪些生物可食用，哪些可用来制作物品，还有哪些应该避免接触，毕竟任何环境中都有能撕咬、蜇刺或抓伤人的动物，有些甚至会置人于死地。

就如同来自澳洲北部的卡奔塔利亚湾（Gulf of Carpentaria）的原住民艾琳·麦迪尼（Eileen McDinny）所说的那样："每件事物，无论多么微小，都拥有自己专属的歌谣，歌里唱着植物、动物、故乡或族群的名字。"[2]

数十年前曾协助动物学家，替超过700种昆虫命名与分类的北美洲纳瓦霍族（Navajo），便是借由神话、歌谣与沙画，记录下各种昆虫的名称、声音、行为和栖息地等信息。因为喜好做分类，纳瓦霍族人告知科学家的那700种昆虫，绝大多数都已分门别类。其中只有蝉可食用，其他诸如虱子、蚋、蚊子、羊虱蝇和苍蝇等，都挺惹人讨厌。无论识字与否，纳瓦霍族所有人都拥有好奇心和聪明才智，热爱为求知而求知。他们有关动植物的知识，也不仅仅是用来辨认物种，还能预示季节的更迭往复，同时在许多故事中还能起到教化人类伦理道德和言谈举止的作用。[3]

尽管我在自然历史团体中很积极活跃，但还真没见过有什么人能辨识出所有其遇到的昆虫，遑论所有动物物种，即使手上有参考指南也一样。然而，对原住民来说，这只是家常便饭。

在口述的传统里，舞蹈的作用是辅助叙事歌谣，作为记忆提示之用。舞蹈不仅具有娱乐的效果，文字无法清楚传达的信息，也可以被编入舞蹈当中。身为一名自然历史作家，即使已奉献大半生来观察袋鼠，我也没有把握能精确描绘出它们所有的动作细节。例如，在察觉人类接近时，袋鼠耳朵轻轻弹动和站姿上的细微变化。不过，澳洲原住民的舞蹈，却可以在一瞬间就将这些动作表演出来。

他们在打猎前所举行的仪式，常会被人们视为“狩猎巫术”，而“巫术”这个字眼，正暗示了大家认为那些仪式只是种迷信的行为，只是因为原住民相信可以通过呼唤神灵为狩猎带来好运。但是稍加研究调查，就会发现不是那么回事。许多歌谣其实是对动物行为细节的补强说明，如从哪些行为表现可以看出动物也许已警觉到有猎人出现，或者动物群即将以怎样的方式四散奔逃。这些仪式能够进一步确认狩猎计划，结果自然也就能如原住民所愿，提高捕猎成功的可能性。我曾经与澳洲原住民、美洲印第安人私下讨论过“狩猎魔法”，对于二者之间的合理联系，他们完全一清二楚，对他们来说，这些歌谣，将现实与魔法进行了结合。

人类学家施特雷洛（T.G.H. Strehlow）记录了澳大利亚中部的许多打猎歌谣，这些歌谣的内容不仅包含当地常见的3种袋鼠科动物的行为细节，还模仿了动物在各种活动状态下发出的声音。另外追踪动物时需要懂得的动物脚印及尾印，屠宰动物时必需的相关营养信息（特别是脂肪囤积的位置），也都有所描述。

我听过澳洲原住民有关鸟类的歌谣，惟妙惟肖地记录了鸟鸣声，也听过技巧纯熟的迪吉里杜管（didgeridoo，澳洲原住民使用的一种乐器）乐手，非常精准地模仿出动物的声音。在出海前精确吟唱这些有关鸟鸣的歌谣，具有关乎生死的意义。在北半球的辽阔海域里，渔夫遭遇困境时能否平安返航，全都仰赖一种外观非常不起眼的鸟类，人们称之为潜水鸟或潜鸟（Gavia）。与那些一生大半时间都在海上的远洋鸟类不同，潜鸟夜里总要返回陆地，而因为它们尖锐的叫声能传送得很远，所以在天气恶劣或能见度很低的时候，懂得辨识潜鸟叫声的渔夫，就可以跟随它们的声音回到陆地。正是因为这种鸟类在原住民口述传承中如此重要，所以在北美洲西北太平洋沿岸的特林吉特人（Tlingit），便拥有潜鸟图腾柱。

在新几内亚高地地区，人们在耕种芋头时会吟诵“咒语”，当中蕴含着一系列有关芋头栽种的知识，这吟诵通常却只被看作一种“仪式”。而美洲普韦布洛原住民为族群战士们所施行的“巫术”，则是模仿双领鸻（Charadrius vociferus）涉水时的声音与动作，这种又名 killdeer 的小水鸟，在察觉有人靠近时会发出尖锐刺耳的叫声。战士们在靠近双领鸻的地方扎营，利用这种水鸟作为哨兵，在敌军接近时，便可以得到警告。

双领鸻的习性，被编入与克奇那神（kachina）有关的歌谣、舞蹈与神话里，这位神在普韦布洛口述传承中经常出现。那些通过歌谣与舞蹈传诵的故事内容，因为加入的这些神话人物的生动演出，特别容易被牢牢记住。神话能让信息变得生动鲜明和易于记忆，因而也就成为储存那些至关紧要的知识的绝佳媒介。

这种“巫术”有用吗？有用。这里面的信仰在道理上能说得通吗？能，不但有符合经验法则的证据，对于结果何以如此，也能提出合理的说法。仪式可以是讲求实际效用的，也可以是理性与灵性兼具的。假如有人试图将原住民的实用性知识和其神话传说区分开来，那可是注定要白费工夫了，因为这二者是密不可分的。对无文字文化的仪式，必须从他们自己的角度来考量，不必妄图从读写文化中找到等同的说法，那样的同义词并不存在。

有一天我偶然遇到一位原住民女性，她的瓦尔皮瑞语（Warlpiri）名字是努伽拉伊（Nungarrayi）。她教了我许多事情，我们因此成为好友。据努伽拉伊的描述，他们能转译收录的声音种类极为广泛，远远不仅限于鸟类和其他动物的叫声。例如，她告诉我她的族人们能够凭借微风中的声响，来辨认树木、灌木与小草。这话令人难以置信，但是她向我保证，如果我自己也去试试看，就会知道有这个可能。于是那天下午，我坐在灌木丛里仔细聆听。通常在几乎没有风的时候，我都只会说它“很安静”，但这天完全不是那样，我很快就察觉到鸟啼声，然后没一会儿就听到植物的声响，在我左侧的尤加利树、前方的刺槐和右边的草地，发出明显完全不同的声音，那差异，笔墨实在很难精确将其描绘出来。

在接下来的几学期中，我就已学会如何辨认不同种类的尤加利树，尽管功夫还很粗浅，没办法记下当中的差异，但在有过这些体验后，我已确信植物、动物、流水、不同种类的岩石被敲击后的声响，都可以通过歌谣被传授，而这正是文字无法做到的事。

努伽拉伊不断提醒我，“长老们都很讲求实际，如果不这样做，我们也无法活到现在。”自此，我将这话奉为圭臬。

原住民的植物知识

一般而言，植物的种类远多于动物，并且皆为原住民文化所熟知，其中部分原因在于植物是不可或缺的食物来源，也是用途极广的重要物资。非洲的多贡人（Dogon），便系统地归纳分类了近 300 种蔬菜。研究学者们从中再度发现，原住民掌握植物知识的广泛度，远超过他们实际使用的范围。举例来说，20 世纪中叶，当植物学家来到菲律宾进行勘探时，当地的哈奴奴人（Hanunoo）为植物命名的数量，远超过西方科学所知。这些原住民将 1625 株植物，归类为 890 种，其中超过 500 种可食用，大约 400 种单纯作为医疗用途。

不久前，巴西和秘鲁的马特塞斯人（Matses）将他们的传统医药知识，汇集编写成一本 500 页的百科全书，以确保这些资料不致失传。而在这整套亚马孙河流域的植物知识没被书写下来之前，他们全都是靠记忆来加以保存。其中的许多传统医学知识现在已成为正规医学的一部分，也有部分医学疗法因功效不如其他疗法而被淘汰。

在传统社会中，“巫医”拥有相当大的权威，因其专精于实用植物的学问而受人尊崇。他们的工作之所以听起来像迷信和咒术，部分原因在于他们借由神话来记忆知识（在后续章节中将予以说明），同时他们所使用植物的用途，似乎也是神秘性大于实用性。例如，曼陀罗属的各种植物，因为会使食用者产生幻觉，基本都是用于宗教和娱乐性质活动。再深入了解，你还会发现，新墨西哥州普韦布洛的祖尼（Zuni）医生，把曼陀罗属植物当作手术的麻醉药，并且磨成粉末涂在患者伤口上预防感染，而其相关准备工作和使用方法，我们从中再度发现——一切都是保存在神话里。

他们不仅必须懂得辨认具有某些用途的动植物，没有用途的那些也得知道，而且后者还占绝大多数。从逻辑上来讲，要不断测试查验出所有可用资源，实在是不可能的任务。同时这所有的动植物都必须加以命名，还要经常回忆温习。

假设现在有一个部落正遭遇严重干旱，而数十年前他们的祖先曾安然度过类似危机，依照描述旱灾的神话记载，在缺水的情况下，他们领地中的作物产量会变得很少，不敷生存所需，然而依靠一种通常他们并不会去吃的红色叶尖灌木，却可以安然度过干旱时期。神话还会提出警告，这种植物的滋味很不讨喜，但加以烹煮与晒干会变得比较可口，可用来保命，至于另外一种橘色叶尖的灌木，无论怎么处理，都会要人的命。

历经干旱，借着食用红色叶尖灌木，快要饿死的部落原住民们得以幸存，但此后经历了那么长的时间，再也没有人食用任何灌木，它们已不再受到关注，这时候仅凭借天生的记忆力，人们分辨出红色叶尖与橘色叶尖灌木差别的概率有多高？而逐一检测依靠哪些植物能熬过干旱的可能性又有多少？但是，如果将这些信息储存在歌谣里，仅限于可保证内容正确性的长老们才能在仪式中经常加以吟唱，那么所有知识也就得以持续流传。于是懂得重视仪式，并且管控好知识保存形式的部落，便可以存活下来；而未能这么做的部落在遭逢资源严重耗竭后，不久便会走向灭亡。

通过观诸所有无文字文化，可以发现其中都有“管控知识”（restricting information）的特征，这么做的主要目的有两点：第一，将这些信息掌控在长老手中，只有得到长老认可和培养的人，才能通过这些被管控的知识取得权力。第二，更重要的是，为了预防所有可能“以讹传讹”的不当耳语效应，如果放任许多人毫无节制地一再复述这些信息，最终将不可避免地破坏歌谣里保存的真实事相。这整套信息系统，从长途行进路线上的水坑、有毒植物的辨识方法、采收季节性食物的最佳时机、世系家谱、资源权益协议条款的细节，到许多其他各类知识，都是神圣而不可变更的，不允许遭受扭曲歪造。因此，歌谣、绘画与其他辅助记忆的媒介，大部分都受到管控，并且必须在长老们的严密监视下才能进行复述、传诵。

人类偶尔才会经历一次严重的资源短缺，比如上一次的惨烈干旱，很可能就是发生在距离现代生活很久远的事。在那些被最高规格管控的学识里，长老们储存了在遭逢干旱、洪水、作物歉收或其他灾害时，人类能最大程度地提高存活概率的必需知识。例如，阿拉斯加西北部的纽纳米特族（Nunamiut）与塔瑞苗族（Tareumiut），分别仰赖北美驯鹿及鲸类为生，但这两个物种均易受到不可预期的气候变化影响，所以在可食用动物来源短缺时，这两个部族会精心筹办餐宴，一方面巩固部落之间的关系；另一方面则达成正式协定，相互扶持以共度资源危机。借由教授重要生存策略的诗歌（song-poetry），长老们所记忆下来的神圣知识还包括：与主要贸易伙伴之间的复杂关系、长期储存食物的方法、劳动的共同分摊、亲属关系的运用、制定社区责任、二手资源的使用、部落联姻与飨宴、勘探其他栖息地及迁徙路线，与所择定栖息地的当地部族进行交易，以及如何通过社交掌握陌生资源，等等。在口述传承中，有关过去的困境、季节性问题、气候变迁、饥荒与死亡等事项，全都被记录在诗歌里，作为应对未来事件的教材。

只要有人试图以文字传播原住民知识，里面所蕴含的原始体例就会大量佚失。在采集南澳西北偏远地区杨固尼加加拉人（Yankunytjatjara）的歌谣时，有位转译人员将包含超过百种常用植物知识的歌谣编整为书面文献，当时他写下了这样一段注记："当故事转成文字形式时，原先口传模式中非常重要的表演形式特质，也随之消失了。"[4]

所以收集原住民植物资料需要组成一支团队，动员 7 位杨固尼加加拉长老、一位语言学家及一位植物学家。这也难怪大部分的民族志研究，都没有提到有关科学方面的知识。

表演出来的管制版知识

身为局外人，我们无法接受原住民启蒙教育，也不会有人来教授我们歌谣或告诉我们那些蕴藏重要知识密码的故事。在给外人看的原住民故事书里，各个角色上演着天真纯洁的情节，而故事内容之所以被过度简化，是因为那些版本通常是用来给孩童看的。经过启蒙教育后，随着孩子们的社会阶级越来越高，从最原始的故事版本中撷取出来传授的内容细节也就会越来越多。这些故事同时也为孩子未来的学习建立起一个基础架构。因为信息需要被正确保存，所以就得严格管制，只能在监督管控的情形下谈论，这种保密形式，一方面可维持既有权力；另一方面也可确保实用知识的正确性。因此，若将这些公开的原住民故事视作他们知识深度的指标，就如同我们只凭借在童书区里发现的书籍内容就贸然评断现代社会一样。

我们也要小心避免早期许多民族志学者犯下的错误，他们将原住民典礼仪式当成宗教仪式看待。在他们眼里，这些仪式仅仅是安抚神灵的迷信举动。现在我们来假想一下，你刚“发现”了某个部落，正参加他们的一场例行典礼，头目们身穿特殊服装，有些还戴着精心制作的头饰。仪式里有歌唱吟诵，你虽然能确定其中内容有所重复，但是完全不知道歌词是什么意思。然后他们会持握和展示一些你不曾见过的东西。仪式地点四周有雕像与画像林立（也许是各路神明），有一名抱着婴儿的妇女（也许是与生殖有关的女神），还有一位被钉在十字架上的男子。在绳线吊挂的一些圆形容器里，燃烧的几种植物正散发着醉人的香气。接着有几个人离开座席，走到表演区前方，屈膝跪在头目面前，接过赐予的一小杯饮料，他们知道喝下后会产生幻觉，然后象征性地吃下几样烹调过的食物。人们献上财物，对象大概是他们的神明。穿着仪式正式服装的人，列队走向屋外，人们成群聚集，每个群体各自进行着仪式，大家双手紧握，变换着祷念用词。随后大家开始享用食物，也许正是用刚才祭祀的牲畜料理而成。好了，讲到这里，如果你不熟悉西方教堂的话，会怎么解读这样的“宗教仪式”呢？

为了分享知识，传统社会常常会每年周期性举办大型集会。这些集会满足了人们交易的需求，有人在此寻觅伴侣，也有人纯粹是为了娱乐而来。与此同时，这些庆典聚会也提供了一个公开传授与交换知识的场所。为了参加庆典，全世界的原住民民族，往往都得在没有航海图及明确路线的情况下长途跋涉。例如，澳洲原住民能穿越整个大陆，遇到迷路旅人，即使语言不通，也能指引对方找到领地内的行走路径（假如没有精确的水源位置知识，就贸然想横越干旱的澳洲内陆，很快便会丢了性命）。另外，那些太平洋上的航海探险家，可以横渡茫茫大海数千公里，他们不仅能造访邻近岛屿，还能抵达像夏威夷和复活节岛这么遥远的地方。因纽特人（Inuit）则可以在几乎看不到任何地标的移动冰层间航行，无论天气多么恶劣，他们都能平安回家。这些海洋探险者不会全然只仰赖星象来辨认方位，否则他们的行动会受到局限，只能在万里无云的夜晚外出。他们的本事可要比这高明精深得多。

若将口述文化的歌谣、诗句与节奏性吟唱，拿来跟读写文化的圣歌唱颂和宗教仪式相比，前者所具有的可不只是异国风情，口述文化的歌谣是关乎生死存亡的事情。一位原住民长老可能通晓上千首歌谣，里面转译收编的不只是动植物方面的知识，还必须包括各地景观特征以及各种资源，长老们必须知道哪里可以找到打火石、黑曜岩、盐矿与赭石，但是在没有道路的地区，四面八方的景色看起来往往没什么差别，因此他们还得拥有指引方向这个重要的能力，才能搜集到资源，然后拿来买卖交易。

地理景观和当中的一切事物，都会随季节而变更，若没有历法可循，无论是在狩猎采集还是农牧生活形态下，人们都无法生存。游牧和定居民族，都会利用太阳与星辰移动、候鸟到来、花草盛开、昆虫习性以及千变万化的气候形态，作为何时可采集季节性资源或农作物的判断指标。所有文化都有自己的历法，因为历法不仅维系了人们的生存，还提供了维持庆典举办周期的时间依据，而这二者之间又有密切交织的关系。所以在整个群落里，负责司时的成员（timekeeper）都会受到高度尊崇，并握有很大的权力。

歌之路

我第一次有“歌之路”（songlines）这样的概念，是在听澳洲原住民谈到相关事项时，当时没料到几个月后在索尔兹伯里平原上，这个想法会变得更加笃定。借着唱诵地景歌谣，原住民可以找到从一个圣地通往下一个地点的方向，以及沿路的水洼、落脚处，和取得食物、原料的来源。经过邻近部落领地时，如果下一阶段行程是以前没走过的路线，还可以趁便向人家讨教，长老们大多能说邻近地区的语言，这样才能将知识传播出去。

动物学家苏·丘吉尔（Sue Churchill）在1983年，为了寻找穴居鬼蝙蝠，曾有利用歌之路来指引方向的特别体验，她的描述如下：

几个来自不同团体的老人家，开着一辆老旧的丰田陆地巡洋舰一起旅行。我们没有地图，要寻找的洞穴多半也已尘封多年，而其中有一个还必须横越荒漠的沙丘地，跑100公里车程才能抵达，洞穴直立的入口很狭小，只要站得稍远一点，超过3米就看不到它。担任向导的老人们根据沙丘的形状来指引方位，他们时不时会停下脚步吟唱一长串歌谣，以记起沿路的地标。每到一个新地点，他们会“试着”（我们之间语言有点不通）告诉我们有关鬼蝙蝠的“梦世纪”（dreamtime，为澳洲原住民特有的一种信仰体系）传说，或指着离洞口不远处那些排成圆形阵列的石头为我们作说明，然后吟唱他们年轻时学会的那些歌谣。[5]

歌之路或“梦之途径”（Dreaming Tracks），指的是穿越于地理景观间的行走路线。而这为数众多的“路径”，以固定顺序连接许多具有重要意义的地点——突岩、源泉、丘陵、山谷、洞穴及水坑等。吟唱歌之路时，是以一长串短诗的形式来进行的，借由所有诗句共同组织构成一幅“唱出来的路线图”，里面刻画出先人曾走过的充满开创性的旅程，或者有关他们的起源传说。有些歌谣包含的范围，可以横跨数百公里、众多部落领地。因为周期性仪式的举行，确保了这些地区经常有人到访、知识能被展示演出、相关联的神圣画像能得到修缮，并且又进一步帮助了记忆。

在欧洲人踏上澳洲土地之前，当地曾有超过300个不同的语言聚落，但不幸地，如今能吟唱部落歌之路的长老已所剩无几。在过去，长老会带领孩子们去走歌之路，沿途讲授故事传说，吟唱有关遗址的歌谣，并按照故有方式，用脑海中的家乡地图来训练教导他们。随着年岁和入门训练年限的增加，传授故事的内容也会越来越复杂。入门者夜里会被带到神圣地点进行训练，一遍又一遍吟唱着具有重大意义的那些路线，直到一字不差为止。

我懂得了吟唱路线图的概念，也知道辅以图像与沙画，将它们具象化之后，可以大大加深印象，但我尚未见识到歌之路的力量。它们的作用绝对不止于“导航”工具。歌谣的吟唱、仪式的表演，都是在这些路径上的神圣地点进行的。纯就定义来看，所谓仪式不过是种不断重复表演的行为而已，但是在那些表演的歌谣和舞蹈里，还蕴藏着极其广泛的实用性知识题材，不仅只有那些用来指引方向的路线。而引发我好奇的是这些歌之路的运作方式，它们就像电子记事本，就像这许多知识的目录。

在每个地点的仪式表演里，都蕴含着已转译编码的知识，而这整个神圣地点的作用，就像是在为这里所收编的知识建立小标题。每一处神圣旧址的生动故事，都会提到神话里的祖先，会谈到是他们创造了地理景观、动物、植物和家园里的每样事物，而这地景中的每件事物都被命了名，都是有所联结的，都有场域归属，都能被辨识。这因袭传承下来的原住民“地景”（landscape），正是一个规模宏大的“记忆空间”（memory space）。

有位非原住民观察家曾谈到，吟诵一系列地名似乎是件不带感情的差事，但歌者在吟诵时情感反应却如此之深，让人感到惊讶。在歌者心里，有着所有与地名相联结的故事。我自己也编写过一系列歌之路，将一些信息，例如世界上的国家、历史和鸟类等，代入几公里外的一些地点。于是当我在梳理这些地点时，脑海里就充满了所有与其相联结的事项——生动鲜明的影像、有趣的故事，以及这个珍贵的知识仓库。而且还不止于此，现在我的歌之路已经成为生活里非常熟悉和重要的一部分。每当想起自己的歌之路，我除了有理性智识上的反应之外，也有了情感上的应和。若非亲身体会，我无法理解这种感觉。所以对于那些长老们来说，他们将自己的整个文化与嵌置在地理景观里的知识系缚在一起，吟咏时的感触想必会格外强烈吧。

最显而易见的与神话有关联的自然景观，是澳大利亚中部的天然巨石——乌鲁鲁（Uluru），这块巨岩底部周长近9公里，上面有许多裂缝与凹痕，每个都关联了故事。绕行岩石时，会逐一引人回想起那些传说。乌鲁鲁的“传统拥有者”阿南古族（Anangu），视乌鲁鲁为其知识系统“朱库尔帕”（Tjukurpa）的一部分。根据他们的说明，“朱库尔帕”一词具有许多深奥复杂的含义，这系统里面包含：人民彼此照顾与守护家园的法规，人类、动物、植物之间的关系，这片大地在过去、现在、未来的自然形貌，等等。对精通阿南古族知识的专家来说，经过多年学习后，那一连串神圣遗址早已烂熟于心，不必实际到现场就能回忆故事，只要凭借记忆，他们随时想要浏览巨石的哪个部位都行。

人类学家约翰·布莱德利（John Bradley）与卡奔塔利亚湾的洋尤瓦族人（Yanyuwa）来往长达30年之久，他所勘测绘制的歌之路，含括范围已超过800公里。[6]洋尤瓦族人称他们的歌之路为

“库基亚”（kujika），认为这是“洋尤瓦人认识事物的方式”，也是他们通往“丰富、复杂而又交错联结的知识系统”的关键之钥。仅仅其中一首库基亚，布莱德利便记录了230多行诗句，当中保存的信息层层相叠，从启蒙开始，随着等级逐渐升高，从中所学得的知识也会越来越复杂。他还描述了长老之间进行讨论的方式，他们借此为所学得的诗句作补充，也为传说和故事加上注解，阅读有关原住民歌谣与故事的文字记录时，如果少了这样的注解，通常几乎无法采集到什么信息。布莱德利写下了他学习洋尤瓦族库基亚的经验：

那么多知识呈现在我眼前，层级繁复、联结交错。我费力找寻与这大量物质原料有关的诗句，因为它已被巧妙地转译为密码，同时还与其他知识盘根错节，相互联结依存。

这里面有许多诗句，描述着数量庞大的物种，如鱼类、鸟类及其他动植物等，对提供给我资料的族人来说，那些物种的洋尤瓦名称，他们知之甚详，但是我还没有找到可与之相对应的英文词汇。

库基亚内容之详尽，令人叹为观止，尤其是当中有关不同种类的海龟及其生命周期和栖息地的部分，完全就是一堂歌谣形式的生物课。[7]

下面这段文字，节录自虎鲨（Rrumburriyi）库基亚，从中可看出歌之路的作用，它们就像一组目录小标题一样，可供长老们判断在哪个场所该唱哪些歌谣。

> 我们在北边那个地方吟唱“泉水”，从尤勒巴尔拉（Yulbarra）上岸；上岸后在尤勒巴尔拉歌颂“族人”；在唱过“白千层沼泽”后，我们朝北方前进，唱诵“梅梅姆树”（澳洲桉树）；再攀上石岭地区，吟咏“卷心棕榈”；接着又到叫作卢瓦利亚尔拉（Rruwaliyarra）的地方，现在我们正在唱“蓝舌蜥蜴”；后面接着是“斑毛腿夜鹰”“袋鼬”与“棘蛇”；然后单独唱那首“岩袋鼠”——我们将为她而唱；再下来是“梅梅姆树”。[8]

布莱德利还描述了一种洋尤瓦长老的歌之路，可指引人前往一处露天石矿场。[9]与这条歌之路相联结的那些歌谣，又详细说明了专门的石器技术，当中还包含一连串地名、人名、风向、季节性活动、物品名称，以及狩猎、搜寻粮秣、腌制食物、制作器具的正确方法，还有不同群体在国土上的权利。在矿场里，原住民长老杰瑞·奈恩亚维克哈尔亚（Jerry Ngarn-awakajarra）吟唱了几首诗歌，诗歌里以这个地方四处分布的薄石岩，与某种已上百年没人使用的技术相对应联结。而杰瑞长老上次造访矿场，已是50年前的事了。

这种利用自然景观里的指定地点来形成“记忆空间”的做法，绝非澳洲人所独有，世界各地的原住民文化都会使用这种方式，来游历感受自己的家乡。人类学家基斯·巴索（Keith Basso）曾谈到美洲印第安人如何运用古道，将每件过往的事情和某个特定场所相联结，而这些与场地相联结的知识，在庆典仪式中被改编成戏剧生动地表演出来，讲故事的方式逐渐变得戏剧化。

巴索还描述自己聆听一位阿帕契人（Apache）唱诵的经验，当时他轻声背诵一连串地名长达10多分钟。其中一条已被详细载入文献的路径，是条朝圣必走的荒野小径，跨越范围长达数百公里，联结了普韦布洛语系的一支祖尼部族与新墨西哥州班德利尔国家纪念区里的一处场所。这条朝圣小径上的那些神圣地点的名字，现在仍在许多故事中被背诵吟唱着，这些故事描绘出先人迁徙的路线，接受过入门训练的人才能加以传诵。

考古学家葛楚·贝尔（Gertrude Bell）提及她20世纪初在中东地区与一群阿拉伯骑师骑马同行的经历。根据她的描述，当地每个地形都有名称，就算看起来再怎么无关紧要、几乎没有任何地形特色的景观也一样。从阿拉伯命名系统之丰富，以及他们描绘过往历史的能力，可以理解为什么会有人这样说："在伊斯兰黄金时代（pre-Mohammadan）的诗歌里，充满了非常多的名称。"[10]

无论是澳洲文化的歌之路，还是美洲印第安人的荒野小径，它们都具有相同作用，即都是一套组织化的歌谣系统，是该文化所有知识的整套目录标题。歌谣与自然景观之间进行定位联结后，无论是以实地还是以想象的方式来到景观里，人们都可以回想起那些歌谣。而当原住民长老唱诵他们的地名表时，在记忆中就可以看到那些地方的具体影像，同时联想起和每个地方相关联的信息。

记忆空间与古代希腊人

人类历史的大多时期是没有文字记载的，因此对于人们所见识过的每件事情，除了记忆，再没有其他记录方式。歌之路所援用的记忆方法，是种极其复杂的技术形式，常让人联想到古典派（希腊罗马时期）演说家。

古希腊罗马文化大约从公元前800年（荷马时代）开始兴盛。在没有书籍的情况下，伟大演说家的记忆，对全体人民来说，作用就如同百科全书。即使后来书写日益普及，逐渐凌驾于口头传播之上，演说家的影响力依然不减。诸如基督时期的西塞罗（Cicero）、昆体良（Quintilianus），以及晚期的圣奥古斯丁（Augustine of Hippo），都是当时的巨星。滔滔雄辩的演讲内容与戏剧化的演说方式，总是令观众如痴如醉，而若没有正规的记忆训练，他们根本无法缔造那样惊人的丰功伟绩。

古希腊人将“自然记忆”与“人工记忆”作了明确区分，从本书中，诸位可以看到二者之间的差异，而这也是讨论记忆的一个重要基础。每个人都能记得自己的人生事件，以及从日常闲谈、观察与阅读中得来的有趣信息片段，这些属于自然记忆，并不在本书所要探讨的范围之内。

古希腊文献中曾谈到，如何利用“位置记忆法”来进行人工记忆训练。就像原住民文化运用他们的地景一样，这“位置记忆法”也是由记忆的一连串地点所构成，让人可以在想象世界中来去自如。古代演说家会创造设计出在街道景观或建筑间穿行的

“路径”。在中世纪与文艺复兴时期的欧洲，有越来越多精巧细致的建筑、教堂与剧院为演说家所利用，有时这整个路径只存在于使用者的想象之中。这也是为何记忆空间（包括真实与想象），会被人称为“记忆宫殿”（memory palaces）。

因为目前并未找到更有效的方法，所以在现代记忆比赛中夺冠的人，全都使用同样的记忆法。8 次世界记忆冠军多明尼克·欧布莱恩（Dominic O’ Brien），独立开发出相同的技巧，他宣称这种方式可大幅提升专注力，同时也强化自己的记忆力。他称这个办法为“旅行法”（the journey methods），这名称生动呈现了走在真实的或是想象中的记忆宫殿里时，那种愉悦美好的感觉。

科学记者乔舒亚·佛尔（Joshua Foer），为了研究那些现代记忆冠军的世界，接受了一年密集记忆训练，后来一举夺得 2006 年全美记忆大赛冠军。他创下美国新纪录，只花了 1 分 40 秒就记住洗牌后的一整副 52 张扑克牌。赛前佛尔在自家地下室进行训练，为了避免分心，还戴上耳塞与护目镜，最后才能夺得佳绩。他谈到自己虚构的那些奇异、怪诞、猥琐、滑稽及暴力的影像，并把它们储存在记忆空间里。[11]

我所做的训练不像佛尔那样激烈，因为我无法承受比赛或快速记忆的压力。佛尔是在安静的地下室进行训练的，我则是出门遛狗。我们都会虚构那些奇异、怪诞、猥琐、滑稽及暴力的影像，储存在自己的记忆空间里。我从书中看到的，历届记忆大赛冠军及古希腊罗马的学者，他们所使用的“场所”（记忆空间）数量就算没有成千，至少也有数百。之前我以为这种说法都是空口白话，夸大其词，但是现在我自己实际常用的场所数量，也已经有几千个了。我所采用的地景和记忆空间的用途，也许与那些记忆冠军、演说家及原住民长老们不同，但使用方式如出一辙。就像原住民文化的做法一样，我也将“地景”与较小型的可携式“空间”合并运用，我统称它们为“记忆空间”。在后续章节里，我将彻底解说自己如何运用这些空间。

我与佛尔一样，都会为我们的记忆空间虚构一些形象鲜明的人物角色。在原住民文化里，他们是由前几代人传授这些神话的叙事诗，然后每一代再加以改编，增添些新的资料，淘汰信息库里不再有用的知识。这些传说故事源远流长、崇高神圣，早已融合成他们文化里的一部分，时间长达数千年之久。也因为在传诵的原始故事内容里，以河流、山峦、露头岩块与峡谷作了明确界定，这当中的基本架构才得以流传。在那些故事里，先人在“地景”中游历时，“创造”了每一处丘陵与溪谷、悬崖与海滩、动物与植物、天空与气候，他们还“创造”了人类，并且明确“定义”当中的关联和规则，人类生命因此延续。

内容顺序无须特别记忆，地景本身自然就会帮人调整，而且不断提示着在当地曾发生过什么事件。途中在每一处定位点，都要吟唱与该处圣地直接相关的歌谣，内容通常都是追忆先人，包括祖先与神祇的故事。相较于一张张真实事件的清单，故事里如果有活泼、生动、古怪，通常还很暴力的人物角色和遭遇，人们会更容易记得住。因此若想确保信息能被牢记，将实用的知识转译编入精彩生动的故事当中，是个颇为理想的方法。原住民民族特别擅长从神话传说中撷取实用知识，应付任何特定场合的需求都没有问题。我们几乎可以确定，对于这些故事的真正可信度，与故事本身、环境以及个人之间，他们其实能清楚分辨出当中差异。

有大量的证据显示，原住民可以区分神话中哪些是虚构的，哪些是真实的，甚至能说出先人是以何种方式“创造”神话。汉米尔顿·泰勒（Hamilton A. Tyler）曾撰文描述希利利老鹰舞（Hilili-Eagle dance）表演的情形。这支舞蹈大约是在公元1892年，由阿科马-拉古纳（Acoma-Laguna，普韦布洛文化部族）传入祖尼族。由于这支舞蹈当中已经增添了不同的新动作，于是当大量元素缓缓汇集凝聚之后，新的仪式诞生了。值得注意的是，该文描述了“神话”几乎就在当下成形的情况，也说明部分祖尼新舞蹈产生的过程。因此，泰勒下了一个结论：神话故事的起源或许是现世世俗的，但是当这支舞蹈逐渐变得重要，乃至被纳入仪式庆典时，它也就能获得宗教上的意义。而这项仪式接着就会限定传承资格，由某一个社团加以掌控，只有受过入门训练的人才能参加。[12]

这里有个类似的例子，荷比族（Hopi，普韦布洛部族）与纳瓦霍族曾因一次历史冲突，导致领土分割。我们追溯接下来这80年，发现在他们讲述的这个事件的故事内容里，逐渐开始出现一些神话的特征。现在在口述传承的回忆唱诵中，这个事件已被视为荷比族历史的重要部分，用来记录部落边界的位置。[13]

神话确实会反映精神信仰，不过本书所要谈的是，这些传说中同时还蕴藏着一个庞大的资料库，储存着许多这世界的实用信息和理性学问。在这方面，神话是个异常有效的记忆辅助工具。

假设传说里蕴含有关某种特殊植物的知识，那么他们通常就会给这植物分派一个活生生的角色，然后这个“植物角色”会像人一样去冒险、游历，体验挫折、困难与成功，以此隐喻正常生活里的事情。例如，将药用植物代入某种角色或性格，然后再加上点寓言故事，就会非常容易被记住，假如是有毒植物，故事就会提到它致命的特性。关于神话故事是记忆辅助工具这件事，最早发觉并提出的人并不是西方研究学者。无文字民族早就十分清楚传说的作用，因纽特族长老修伯特·安姆库瓦利克（Hubert Amkrualik）解释道：

> 人们对星星非常熟悉，还替它们取名字，这样只要在天气晴朗的时候，就可以轻易辨认出来。星星除了能指示方位，还可以报时……借由与神话相联结，人们便可以记住星辰。我们之前的族人没有书写系统，因此他们利用神话传说来帮助记忆。[14]

如果口头传承民族真如一般常说的那样——生活在迷信与非理性思维的迷雾里，那么他们绝对无法存活到现在。原住民神话是一种错综复杂的思想，当中包含着以稀奇古怪著称的奇幻故事，同时也有大家都知道的取自日常经验的现实事务，还有为人们所笃信的精神层面内容。通过生动精彩的神话故事，所有内容在其中交织，创造出一个被西方文化称作“口述传统”的整体样貌。

仪式庆典的多样用途

原住民的仪式庆典总是具有多重用途。在一场聚会中，人们不仅做精神上的训练，也可以物色婚姻伴侣、解决纷争、寻求娱乐及进行物品交易。澳洲人投入极大心力在筹办集会上，动员人力动辄数百名，甚至数千名。严格说来，实用性知识的传播都是在仪式中进行的。

以澳洲昆士兰东北部的迪尔巴尔（Dyirbal）语系部族为例，分析从他们的庆祝晚会上取得的 174 首歌谣可知，有相当比例的歌谣是与狩猎、捕鱼、动物习性，抑或与月亮、大潮等自然现象有关；有少数和白种人的行为相关联；有 4 首至 5 首的内容带有快乐或悲伤的情感信息；另外大约有 20 首属于宗教主题，比如如何避开一个特别的恶灵。[15]

澳洲原住民仪式庆典场地通常有几种，包括限定处理“女性事务”的表演场所；单独处理“男性事务”的管制性地点；另有被称为“波拉”（Bora）的庆典场地，其中有可以举办大型公众集会的建筑物，内有弧形阶梯式座位及石头陈列，还有些较小型场所，对于必须取得资格才能传承的限定版知识——比如某些歌谣与舞蹈来说，这里则是举办入门仪式的理想地点。在波拉的仪式场地中，树木雕刻着几何形图案——圆形、螺形、同心的方形和菱形等，场中还有其他物件、图样与沙画，用来象征祖灵以及他们的故事。他们利用这些树木、物件和沙堆，让作为记忆空间之用的地景的容量进一步扩大。

自 1966 年起，位于澳洲阿纳姆地区东北部的雍古族（Yolngu），与电影工作者合作，为“将格万”（Djungguwan）——他们最重要的几个仪式之一，拍摄纪录影片。另外，雍古人称他们的歌谣、舞蹈、绘画与神圣物品为“马尔达因”（mardayin），意思是“历史法”“圣法”或“法”；而这些表演与图像，都衍生自“旺格尔”（wangarr）——先人们的作为，他们“创造”了大地与世界秩序。[16] 在尝试理解像“旺格尔”这类重要概念时，会遇到一个问题：在西方文化中并没有同义词，也没有可用于描述的合适字眼。观众在看过这 3 部长片、几部短片，并听过有关“将格万”的故事之后，会发现这“旺格尔”跟所谓的“神”一点儿也沾不上边：这些神话里的先人，既不被族人崇拜，也不是大家祷告的对象。但是通过讲述他们的故事，文化知识得以流传，当中的价值也得以延续。所以，接受这套说辞是最简单的办法，我们姑且就按照那种简化的说法，即“旺格尔”这些先人遍览了整个大地，是他们“创造”了地理景观、动植物与人类吧。“旺格尔”赐予了雍古族语言、仪式、神圣图像与律法，更严格点来说，他们留下的是那些蕴含着该文化所有知识与信念的歌谣、舞蹈与传说。

如同澳洲这些集会一样，普韦布洛的仪式也有多种作用，包含食物的再分配、买卖交易、社交往来、宴席吃喝和传播实用知识。普韦布洛仪式中的淫秽、滑稽的歌谣也很出名，通常是从其他村落仪式里学来的，供作茶余饭后娱乐八卦之用。有些普韦布洛人会以丑角式的滑稽舞蹈来发表社会评论，嘲讽天主教的仪式，如弥撒、洗礼或婚礼，也会揶揄政府官员、传教士和观光客，甚至还会讽刺电话之类的现代设备。表演里还会用夸张可笑的动作去模仿其他部族，如阿帕契、纳瓦霍、莫哈韦（Mojave）、科曼奇（Comanche）及苏族（Sioux）等。

美国印第安普韦布洛人分为数个语言族群，散居于新墨西哥州与亚利桑那州。荷比族、祖尼人与特瓦族（Tewa）演说家所撰写的有关他们自身的著作增进了我个人对他们丰富文化的了解。阿方索·欧提兹（Alfonso Ortiz），是普韦布洛的几个重要作家之一，他在特瓦族中出生和长大，从他所撰写的滑稽嘲讽作品以及讽刺漫画中，可以看出“对于生活及其他民族，普韦布洛人同时意识到严肃或荒诞，暧昧难解或错谬邪恶，可怕或可笑”。[17]普韦布洛的典礼仪式往往精细繁复，但围绕着出生、成年、结婚与死亡这些事情展开的典礼仪式则没有那么意义重大。[18]

在勘探那些小型无文字文化的考古遗址时，欧提兹对于普韦布洛典礼中优先事项的观察值得我们注意。就像普韦布洛人，一些原住民文化并不会为了丧葬的事情而大惊小怪，但是许多其他文化则会看重，他们会将葬礼习俗并入别的仪式里。毕竟大家都会悲伤，他们也是人，但并不是所有人都会特别重视兴建墓地这件事。

不过，任何文化都会注重历法的存续维持。在所有无文字文化中，“司时者”（timekeeper）承担起确保仪式依循日程进行的职责，并为所有族人预告即将到来的大事，因此他们在部族中享有崇高地位。同样地，到了部族将要收集鸸鹋蛋，或猎捕定时迁徙的野鹿时，他们必须知道何时该停止某项资源采集，转换其他开采项目。农业社会对历法的依赖程度还要更高，如果播种时间不对，不管种子最终有没有发芽，都会影响作物收成。

无论需要外出采集何种资源，原住民都得知道何时动身才能准时抵达。每年当富含蛋白质的博贡蛾成群出现，有大量食物可供猎捕时，澳洲东南部就会组织进行大型采集活动。还有其他仪式是针对某种特定鱼类的，原住民会精确计算第一批鱼群涌入渔网的时间。

知识可通过各种仪式传递，但并非总是免费供应。在当代西方教育系统中，知识以交易取得，书籍被拿来贩售，老师必须支薪。无文字文化同样如此，歌谣、故事与整个庆典都能被拿来换取物资商品。25 年前，大澳洲湾地区出现了一种原住民仪式舞蹈，它是在距北岸超过 1600 公里的昆士兰西北部进行“交换”的。该仪式从中澳大利亚的爱丽斯泉一直传至距离南边 1000 多公里处的奥古斯塔港。换得此仪式的妇女们，尽管不曾游历歌谣中所提及的各个场所，却对每一个地方都有非常详尽的了解。

歌谣不仅在仪式中表演。考古学家彼得·施密特（Peter R. Schmidt）曾谈到，在坦桑尼亚西北部的海亚族（Haya）有种歌谣，可以以具有性别区分的明确旋律与节奏，口授造铁的每个阶段，包括各阶段开始运作的正确时间点。为了确保权力与经济优势，训练有素的铸铁工人会用晦涩难懂的语言吟唱旋律，以这样秘密的方式避免制造过程的曝光。

西非洛达加族（Lo Dagaa）的神话传说，被称为“黑巴格尔”

（Black Bagre），其也有帮助记忆造铁及啤酒酿制步骤的功用，借由一些有关生殖与起源等人类行为的故事，将制作程序嵌入其中。伴随而生的传说，则为“白巴格尔”（White Bagre），它基本上是个大纲，用来提示每一项仪式的时程，内容还包括当地各种主要作物的发现过程，以及自然现象对应的采收步骤。为了学习黑白巴格尔，初学者必须待在一种长形房间内几个小时，聆听长老反复吟诵冗长的“神话”。

在全世界的文化中都能找到相同模式。在无文字文化的许多仪式里，对于特别必需的重要知识，一定会反复加以吟诵。这些仪式通常都已经历千锤百炼，就算没有几千年，也有几百年历史。对于前文提到的机制技巧，强大健全到足以保存上千年的信息，我丝毫不会感到怀疑，我相信只有某些种类的信息，能被这般完好无缺地保留下来。“地景”对于许多原住民文化来说，是要用来记载地形特征的基础组织系统，因此在所有的传承知识中，它理当最能被长久保存。因此对于本书接下来的章节中引述的有关自然景观变革的长期记录，我非常乐于相信。虽然故事内容不尽相同，但这基础架构——对于乡土（地景）的描述，必定最能长久流传。

神话传说的“保存期限”

许多研究学者主张，在历史事件方面，口述传统不是可靠的信息来源，对此我无法提出反驳。但就生命存续来看，历史事件的重要性，远不如那些有关动植物、环境、律法的实用知识，以及用来凝聚社会的前景期望。自然科学并不会总是刚好适用，先人保存的知识还要通过现实行为加以检验。无论读写还是口述，在所有文化中，历史的编纂改写，都是为了符合传述故事的那些掌权者的政治意志。

某些文化能够往上追溯到数百年前的历史资料。许多太平洋沿岸的村落，会利用酋长的直系世袭传承表，作为他们知识系统的基础架构。有些毛利人（Māori）能够背诵长达800年的部族谱系，往上追溯到刚抵达新西兰的那一代祖先。在非洲，卢旺达的国王年表，是根据君王统治时间与实质王权建构而成的，这个年表反过来又充当了国王在位期间的相关秘史逸闻的小标题。加蓬与喀麦隆的芳族（Fang），能完全记诵多达30个世代的宗族谱系，以及数百年前发生过的相关事件。无论如何，正是因为有“地景”的辅助，才能促成这些长久又稳固的口述传统最佳范例的诞生。

迪尔巴尔语系族群居住在昆士兰东北部，至少已有一万年之久。有一则传说提到火山爆发，以及随之而诞生的3座火山湖，它们的形成时间都有上万年，分别是雅森湖（Lake Eacham，原名Yidyam）、巴林湖（Lake Barrine，原名Barany）与尤拉穆湖（Lake Euramoo，原名Ngimun）。传说里描绘了不同于今日的地形。直到近年科学家才诧异地发现，该地雨林出现时间大约仅有7600年。而另一名迪尔巴尔故事传述者，则透露了以前的人步行穿越数座岛屿的情形，其中包括棕榈岛（Palm island）和欣钦布鲁克岛

(Hinchinbrook island)。地理学家因此推断，在上一个冰河时代末期，人们之所以能够这样做，是因为当时的海平面低到能够步行穿越。[19]

同样地，来自澳洲维多利亚州的奔乌荣族(Boon Wurrung)与库乃族(Kurnai)，1858年向立法局的特别委员会详述了包含亚拉河流域在内的菲利浦湾港地形，其中的内容已经得到港湾底层科学测绘的证实。但目前对于该港湾最后一次干涸的时间还有争议，有人认为干涸发生在最后一次冰河时代末期，约10000年前；也有人认为1000多年以前很可能还发生过一次干涸。但无论如何，这证明了地理知识在口述文化中已经精确传承了至少1000年。[20] 随着地理学家将原住民传说视作科学记录加以研究探索，如今可以经常见到此类文章发表。

整合的知识系统

从本章讨论的许多例子中可以发现，在整个知识系统之外，还有一些独立的特定信息类型。我们会将收藏的书籍分门别类：科学类在图书馆这一区，道德类在那一区，神话传说在别的地方。大量的信息成为一座座孤岛，这是读写文化制造的人工产物，大量文字书写的内容、目标明确的研究调查，导致人类经验丧失了“相互联结性”。我们在每种信息类型上都追求非凡的深度，所付出的代价便是失去了口述传统相互融合的整体形式。

例如，在澳洲原住民文化中的一则“梦之传说”中，可能会讲述地理景观的创造、动物物种的自然历史，以及自称以某种动物为图腾的某个族群的期望，同时还兼有娱乐和道德教化内容。就我读过的世界各地的原住民文化传说而言，其中很多都明显交织蕴藏着不同题材内容。在阅读那些极度精准的传统传说译本时，我逐渐意识到，从中无法理解大部分内容所要传达的用意。我们都会用隐喻，比如当我说某人“惨遭滑铁卢”时，具有某些西方历史知识的人就会懂得其中含义，但是对于那个社会以外的人，这话就没有什么意义了。口述传统因为必须以背诵的传说故事来记录大量信息，所以必然会转译置入许多隐喻，往往几个字就交代了整个思想观念。

对于西非格贝列人（Kpelle）来说，只要一提到树穿山甲，他们就会联想到轻率泄密的人。树穿山甲全身布满坚韧的鳞片，只有腹部白皙软嫩，所以受到威胁时会蜷缩成球状，以坚硬外壳保护脆弱的内部。格贝列人有个民间传说，讲到一只愚蠢的树穿山甲，对饥饿的美洲豹泄露了自己柔软腹部的秘密，于是豹子不再惧怕它的坚硬外壳，摆平这颗动物圆球后吃掉了它。位高权重的长老不能是树穿山甲，对于任何于敌人有益的信息，都必须严加保密。在格贝列人有关部族长老的传说里，便不会重复叙述树穿山甲的故事，顶多只提个名称，其中含义便已不言而喻。

直到最近，才有极少数的人类学家开始在口述传统中找寻科学的踪迹。非原住民作家对传说故事含义的理解多半还停留在极为“简化”的程度上，我读过的有关西非约鲁巴人（Yoruba）伊法祭礼（Ifá cult）的几乎所有文章，都认为他们的“祭司”（priests）

所进行的是占卜与迷信行为。有一篇较为严谨的研究则显示，“祭司”或“大祭司”（*babaláwo*）能背诵口述文献中260组带有前后顺序的诗句，这些诗句被称为“欧度文集”（Odù Corpus），内容包括对动物习性的敏锐观察、植物属性（包含一部药典）、河流导航资料、历史记录、选举程序，以及对几乎所有可预见的情况都能给予优先处理和行政指导的法律体系。

那么，来记忆这所有知识的都是哪些人？这些工作又带给他们什么财富？我一直在谈论的这些文化，并未显露出有关个人财富的迹象。像澳洲雍古族的狩猎采集型和北美普韦布洛族的农业型的小型无文字文化，以及范围广泛的其他传统社会，因为没人能拥有比别人更多的物质，所以人与人之间看起来是绝对平等的。此外，这些组织里也没有阶级制度的证据，显示较低阶层的人必须听从较高阶层的人。这样的文化一般被称为“平等主义式”，但这仅限于物质财产方面，当知识被加入这些文化之中时，也就没有所谓真正平等的社会了。

来自世界各地原住民民族的证据明确显示：在小型口述文化中并没有富裕的个体领导人，掌握知识是权力取得的主要来源。每一种文化对于传统知识专家的称呼都不同，比如澳洲文化称之为“智者”（clever men）；在非洲地区，昆桑人（!Kung San）称作“*n/om kausi*”，桑人（/Xam）则为“*!gi:ten*”，库巴族（Kuba）以“*bulaam*”相称，海亚族使用“*embandwa*”这个名称，约鲁巴族为“*babaláwo*”，西非称其为“*griot*”；北欧斯堪的纳维亚人使用的是“*noajdde*”一词；特罗布里恩群岛人则为“*towosi*”。

类似角色也见于较大型社会，但是他们不必然握有绝对权力，可能只掌控部分知识系统，类似于所罗门群岛的“邦哥拉”（*bangara*，意指大人物和历法守护者）、印加的“记忆者”（Rememberers）、肖肖尼族（Shoshonean）的“讲者”（talker）、普韦布洛族的“太阳酋长”（sun chief）或“太阳观察者”（sun-watcher），以及非洲卢巴族（Luba）的“历史记忆者”（*Bumbudye*，即 men of memory）；还有北美洲“医学团”（medicine societies）及非洲“秘密社团”（secret societies），也跟权力和秘传知识牢牢系缚在一起。这张名单的内容还可以不断扩增，事实上，只要阅读人类学研究报告，花不了太多时间，就可以辨认出各族的知识守护者是谁，以及确认伴随这个角色而来的权力。因为他们通常是社会中较年长的人，所以我选择以“长老”一词作为统称。

长老们总是必须努力获取知识。他们辛勤工作，但是人们却常认为原住民只不过是通过某种西方人并不具有的与大地的超自然联结，才掌握了地理景观或海洋知识。对那些更喜欢浪漫传奇的原住民文化的人来说，这个说法多么受人欢迎啊。这种看法的言外之意是，原住民的知识只不过是大家围在营火边，或外出狩猎采集时，由父亲手把手教给儿子，由母亲传给女儿，根本不需要真正花工夫去学习。我找不到有哪个原住民社会是以这种方式运作的，无论何种情况下，在部落里，知识传授都必须通过正规教导，必须经历入门的各个级别，必须花费许多年时间。

在澳洲原住民文化里，初学者平均要花三四十年时间，才能将整个系列的所有歌谣与舞蹈完整学过一遍，同时还要通晓所有神圣遗址、物件与图像。在接受密集训练期间，初学者必须离群索居，以学习这套兼具神圣、社交、艺术与实际的知识系统——亦即组成这系统的所有歌谣、神话与舞蹈。

新西兰毛利人进入传统学校后，一年中有 5 个月，每天是从破晓时分开始上课直到午夜。新几内亚的巴克塔曼人（Baktaman）则是从小接受训练，必须在二十几年里，通过 7 级入门教育。塞拉利昂与利比里亚的秘密社团“坡洛”（Poro），尼日利亚西南部约鲁巴人的“占卜者”和中非卢巴族，他们学习时认真严谨的起居作息方式，都已被列入文献记载。卢巴族“历史记忆者”的学生，每一级入门训练都必须交付学费，同时在晋级前还需通过正式检验。

北美洲的“大医学团”（Ojibwa Midewiwin，即 Grand Medicine Society）成员，在每级入门训练结束时，必须接受歌谣测试，尤其是有关起源迁徙的歌谣，考核得更是透彻，因为这是他们口述传统的核心。目前他们用在仪式里的歌谣有上千首，内容涵盖动物、植物以及其他自然历史主题，还有医学、历史与文化法等。尽管有些歌谣是公开的，整个部落都知道，但医学团里培训的神圣知识，严格限定只有受过入门训练的人才能学习。也只有那些具备资格的人，才能看懂神圣桦树皮卷上用来辅助记忆的抽象标记。医学团已入门成员的身份众所周知，一旦某位成员死后没有合适的入门资格继承者，那么他的树皮卷和仪式所用的随身器具便需被烧毁，以防落入无资格者手中。

一个社会只有在安定下来、核心人口扩大之后，才会建立阶级制度。身处上位的人逐渐变得富有，接着便会有守卫、士兵与战士来保护他们的世界。而依据考古记录，也是从这时候开始，出现了个人墓地及陪葬品，知识专家慢慢变成部落酋长的仆从，然后直至今天，知识的力量已为财富和暴力的力量所征服。

2

大大小小的“记忆空间”

世界各地口述文化的长老们能记忆巨量信息，他们运用整套的记忆辅助工具，从“地景”和“空景”，到图腾柱和一系列可手持物件。这些有助于提升记忆能力的装置技术，似乎也能说明许多古代遗址的用途。在探讨有关记忆空间的考古记录之前，大家值得花点工夫先了解一下，这些记忆技术究竟是如何产生作用的。

古代遗址？记忆空间？

经过一年的研究，我对世界各地的口述文化的长老们记忆巨量信息的超凡能力越来越热衷、痴迷。他们运用了整套的记忆辅助工具，从“地景”（landscape）和“空景”（skyscape），到图腾柱和一系列可手持的物件。其中以木头或石块雕成的手持装置的操作使用方式，与地理景观中用来辅助记忆的场所一样，只是尺寸比较小而已。我不断寻找着每个文化的“记忆空间”，从石头排列、木圈建造，到与之搭配的神秘雕刻物件，这些有助于提升记忆能力的装置技术，它们组合的方式似乎能说明许多古代遗址的用途。

但是，我同时也开始担心自己是不是在自欺欺人。不知为何我总是无法相信这些记忆技术真的足够强大，足以让长老们记住数量巨大的知识，那些内容相当于一摞野外指南、路线地图集、规章律法和极其复杂的世系家谱。我也很难相信，凭一幅“地景”

再加上几个装饰物件，就可以提供符合我的研究和理论需求的强大记忆技术。我就是对自己的推断没有信心。

唯一的解决办法，就是亲自去体验这套记忆方法。于是我开始做实验：先将所有从原住民文化中搜寻得来的记忆方法分门别类（此即本章主题），利用我居住所在地的“地景”“空景”中的故事，加上一根图腾柱与一批手持的加缀饰物件，来打造歌之路，我一一验证了这所有的装置（在接下来两章里将详细说明其中过程）。如今我已全然信服记忆空间的威力，无论它的规格是大或小。令我感到惊讶的是，在文艺复兴时期，人们竟容许这些记忆技术从西方教育体制中消失。目前仅有极少数人，为了赢得全副扑克牌的洗牌记忆大赛，还对这套技术热衷。

就在实验进行将满一年时，我察觉到自己的心智开始以一种全然陌生的方式展开运作：几乎是在不知不觉间，我与我家四周的地景产生了非常紧密的联结。因为那些想象的人物角色与故事，整个邻近地区都活了起来，我可以在地景间散步，随着心情决定自己要不要参与进去，但无论如何他们始终都在，深植在记忆的地点当中，或是随着我四处走动。借由我家周围的歌之路，我可以通过想象在地球上的任何空间里漫游，行遍每个国家，横跨每片大陆和海洋，我还可以穿越时间，先是走一趟史前时期，接着去看看历史时代。不管每次旅程走的是哪条路线，我都会为它再多添加一些景象细节。就理论上来说，每个事件、每个人，每个国家、城镇与湖泊、海洋与河流，乃至每本书、每场战争、每条冰河和每次人类的胜利，都能在我的“地景”中拥有一席之地。

记忆空间可以无限扩大延伸，我只是还没将它们全都摆进去（当然我也绝对无法办到）。

这上千个“地点”，每个都有各自联结的故事。有些地点还很贫瘠，有些则因为我每次都填充喂养一点资料而不断茁壮成长。就在完全不自觉的情况下，无预期地，我的故事也开始呈现和原住民传说一样的架构。一开始，我是以开头、中段与结论的形式来架构我的故事，渐渐地故事本身仿佛会自动成形，讲述时不再需要依赖开端或结尾的形式。最初，动物就是动物，人就是人，即使是我创造的半人半兽角色，贯穿整个故事都不会改变形态，然后这些角色会慢慢顺着故事的宗旨，在每个特定时间点上转换形态。后来我才发现，这种形态转换的模式，就和原住民传说一模一样。比如我在进行鸟类鉴定时，在有关鸟类的故事里，一干角色就会变得举止飞快、轻浮躁动，但是如果我只是在欣赏故事和温习仪式，当中的鸟类就会显得比较人性化，故事的教化意味也会变得比较显著。

原住民文化想要将知识传授给接受读写文化的人，基本是不太可能的，因为我们会要求他们按照我们书写记载的方式，把信息工整地按线性顺序排列出来。

在索尔兹伯里平原上，在那最令人印象深刻的一天，我意识到了自己对于无文字文化知识系统的想法，或许也能用来理解史前巨石阵这类遗址。考古学是通过诠释考古遗址的实体遗留物来进行的，然而，刻画神话人物的歌谣、舞蹈与传说，却完全没在考古记录上留下任何痕迹。在游历自然状态下的地理景色时，族人或许能清楚辨认出那些被用来当作“神圣遗址”的露头岩块、河床以及洞穴，但是考古学家们却只能看到自然地形。

当原住民开始在一个地方比较长时间逗留时，接下来会发生什么事呢？当他们不再为了追寻资源、循着年度周期在地景中四处迁徙，而是停下脚步从事农耕时，又会发生什么事？他们承担不起失去过往那些记忆辅助工具的代价，那当中联结了极重要的必需信息。我相信这正是他们兴建那些历史古迹的原因，所有设计都是为了复制原有的“地景”。他们紧邻着自己最初定居的地方，兴建纪念建筑物——创造记忆空间，让部族长老能够延续他们的重要任务。

在后续章节里，我将探讨英国新石器时代圆形石阵、法国新石器时代石列、古普韦布洛大房子、复活节岛雕像、美洲土冢与金字塔，以及刻画在秘鲁沙漠上的纳斯卡线，我相信先民之所以建造这些古迹，主要是为了提供记忆所需，它们都是“记忆空间”。伴随着这些地景，考古学家发现了许多神秘物件，上面都标示着似乎不具有实际用途的抽象或具象的基本图案，这些遗留的物件一般都被归类为仪式用品，但其中许多看起来就像是世界各地无文字文化所使用的记忆设备。

也只有通过使用大量记忆空间的亲身体验，我才明白古代遗址就是记忆空间。原住民长老用来记忆自然界知识、文化与信仰的那些技巧，与我的理论所需要的技术，具有完全相同的力量。

记忆的“空景”

世界各地原住民文化错综复杂的口述传统，都会同时运用地景与空景。与地景不同，天空会有每日和每年周期性的规律变化，因此那些必须在夜空中查看的神话人物的传说故事，通常也就会与季节、时间推移有关系。

例如，在南澳波诺朗族（Boorong）的神话传说里有位神祇——马宾库尔克（Marpeankurrk），他是冬季天空里最耀眼的牧夫星座的拟人化身。在有关他的那些神话中，交代了何处能找到木蚁或白蚁的蛹，而这正是族人的一种富含蛋白质的主食。根据这星座的位置，可以判断八九月间成蛹期的起始与结束时间。由于冬季食物来源有限，这个时间点的精确度就变得非常重要：太早采集，蛋白质供应量会不足；过晚采收，蛹已转化为稚虫。澳洲东北部的雍古族则是凭借天蝎星座的出现，来推测印尼贸易伙伴——马卡桑斯（Macassans）抵达的时间。同时他们也非常清楚月相与潮汐之间的关系，毕竟他们的大半生都是在海边讨生活。

天空的作用远不止是作为可靠的对时装置而已。澳洲语群的部落会替众多星星命名，即使是小型和似乎不太重要的星星也都包含在内。经由那些与星辰结构形式有关的传说，一个反馈循环形成了：传说可帮助人们记忆天空的形态，而星星又有助于记住传说，以及那些转译嵌置在传说中的内容。

就像四处迁徙的澳洲文化一样，农牧的普韦布洛社会首要关心的也是每年与生计和庆典周期有关的时间。他们会在地平线上设定定点并加以命名，然后对照着这些命名点绘制出太阳的运行路线。例如，普韦布洛的荷比族有种仪式，里面有段吟诵由 20 个短句组成，内容就是在唱念地平线上日升点和日落点的名称，同时他们还会将这些设定点与耕种、庆典周期的时间点相结合。而这类颇具价值的珍贵信息，自然也会和权力相联结：普韦布洛的“太阳观察者”，就是他们社会中拥有极高权势的人。

大多数因纽特族猎人几乎在任何天气下，都能从一大片似乎看不到任何地形特征的冰天雪地里精确找出行进方向，这种让人印象深刻、不可思议的能力，长久以来都让前往北极的欧洲观光客感到既惊奇又疑惑。而这可靠的“探路”本领不仅在以前，现在仍是因纽特文化中必不可少的要素。生存所仰赖的不仅仅是能否确定方位与宰杀动物，也在于是不是有能力带着猎物安全回家。因此，因纽特人异常看重可在领地内高效行进的技能。

星象是因纽特人用来导航的工具之一，他们会随着星宿明显可见的移动定期进行调整。他们的运算需要具有完善的星座知识，以及对于季节性、夜间运行周期之下的星座位置的了解。不过，想要完全依赖星象观察来取得知识，是个不切实际的做法，因为星象经常会被云层、雾气或纷飞的雪花遮蔽。在一年中，当地几乎有 5 个月的时间白昼极长，完全无法观测星象，因此，这只是因纽特人导航办法的一部分，除此之外，还有风向，以及吹雪、地标、洋流、漂浮的海草、云层的结构和移动、大气影响等一整套方法。由于时常要随着移动的海冰行进，寻路人会修正方向，让他们通行的路线可以配合流冰的动向。猎人们也会仰赖雪橇犬和诸如海象、鸟类（包含上一章提到的潜鸟）等其他动物的行为来提高导航洞察力。

新几内亚高地的卡朗姆族（Kalam），曾以太阳沿着山脉棱线移动的轨迹作为历法的依据。不过他们之后根据来自澳洲的“蜂虎”（或称彩虹鸟，学名为 Merops ornatus）的习性，修正了他们的阳历。卡朗姆族称蜂虎为“拜布劳”（byblaw），在有关其习性的故事中，解释了如何以这种候鸟的到来作为判断降雨概率及农作物收割时间的指标。拜布劳在 4 月刚现身时，因为都飞行在极高的高空中，人们只能听到其声，却见不到其身影，过了三四周后，因环境状况，拜布劳才会开始靠近地面飞翔，这种行为显示了干季即将来临，也代表适合狩猎与农作物丰收的时间到了。在当地，芋头是他们主要的食物来源，当进入耕作周期的不同阶段时，新几内亚高地居民所进行的吟诵，常会被人们称作“咒语”。事实上，这些“咒语”里面蕴含着各阶段作物种植的整套知识，而长老们是以古语来吟唱的，借此实现知识管控。

同样的模式也可见于新几内亚东海岸外的特罗布里恩群岛。花园“巫术”是隶属于“花园魔术师”（*towosi*）——部族中极具权力的长老——管辖的领域。在特罗布里恩群岛居民的生活中，巫术与实际性工作是密不可分的，但也绝对不会混为一谈。他们会根据所采用的仪式系列来决定“花园”将要设置的地点，以及园里每一小片土地由谁来耕作、何时动手。在这些花园中，每个阶段的实际性工作，皆有合适的典礼仪式来引领，比如有种仪式是为了筛选最好的块茎以供培育之用而设计。

花园魔术师不断研究每座花园和天气的状态，然后决定何时要表演哪个仪式，以便下个阶段园艺工作的进行。但是在特罗布里恩的相关文献中，却大量出现“巫师”这样的字眼，暗示读者这个角色是以迷信为基础，而不是通过钻研自然科学得来的判断力。司时（timekeeping），是件颇困难的事情。按照月相周期变化，一年有 13 个月份，以及 5 个风季。与此并行发展的，还有一套为了特罗布里恩历史而开发的命名系统：通过为花园里每个区块土地命名，岛民可以根据任何一年栽种的 2 块或 3 块土地的名称，联结到历史上的某个事件。

小型的记忆空间

传统原住民艺术的记忆功能

考古学家总是会挖掘出一堆看不出实用意义的、加有缀饰的小型物件。放眼全世界，各地原住民文化都在使用类似的物件，他们将这些绘有抽象装饰图案的物品作为记忆辅助工具。在这里，我的实验再度让我明白，这些简单的装置究竟能发挥多大的效用。在尝试使用这些物品时，我受到鼓舞的心路历程就跟之前使用地景与空景作为记忆空间时一样。最终我得出一个结论：这些绘有抽象图饰的物件，就是小型的记忆空间。

几乎所有天然媒介，只要图像能画得上去，原住民文化就能以某种形式拿来作为记忆空间。到目前为止，最为人们所熟知的古文明中用来绘图的平面媒介，是石头与洞穴。我们知道，澳洲原住民会利用涂绘在栖身处与洞穴内的岩石艺术，来描绘他们的神话传说与歌谣，然后由此，将它们进一步转变为记忆空间。

这里出现了一个会有点问题的字眼——“艺术”。就西方的背景来看，衡量艺术的首要标准是美学，但是在无文字文化中，艺术的主要动机则是训诫教诲。我之所以敢作这样重大的声明，是因为曾有原住民朋友这样告诉我。我的瓦尔皮瑞族同行努伽拉伊曾说，传统原住民艺术的目的，始终是帮助他们记忆“故乡”，以及当地的相关传说与知识。她解释道，原住民虽然从艺术的美学层面得到了很多乐趣，但那绝不会是他们艺术的主要目的。

在传统澳洲社会里，图案是限定持有资格的：如果某人想要复制图案，那么他必须先接受入门课程，了解图案所代表的知识。许多艺术作品不仅描绘出创造大地的神话人物与事件，同时也提供了自然地形图，以及利用这地形图指引方向的方法。原住民艺术的作用就像小型记忆空间，而图像元素所代表的那些地点，过去早已被转译成密码，收录在歌谣里。

在描述澳洲雍古族艺术时，人类学家霍华·莫菲（Howard Morphy）解释道，那些抽象图案是用来代表动物及其足迹、巢穴、地道，以及开发资源的方法，比如如何挖掘蜜蚁窝。在单一艺术作品里，每一个图案元素都可能蕴含多重含义：一个圆圈可能象征水坑或营地，也可能是草席、营火、鸡蛋、蛆留下的孔洞或核果。这全由说故事的人视在场者的性别和入门程度以及当时所在环境来决定。[1]

在叙述传统故事的各种艺术形式中，树皮绘画是主要组成部分。雍古族居住在阿纳姆地区——同时有淡水与咸水环绕的一处乡野，他们曾撰文为非原住民读者解说他们的艺术。

所有树皮绘画为这个咸水国度共同组成了一幅无所不包的地图。绘画翔实记录了雍古族的文化、知识系统、原住民权益、法律、历史、与印尼人的往来，以及动物、渔猎、海洋学、气候。

原住民的树皮绘画不仅是涂抹在树皮上的赭土颜料，它们还描绘出某个社会的历史、百科全书式的环境知识、某处场所、某个旧址、某种季节、某个生命体、某首歌谣、某类舞蹈、某项仪式、一段先民传说与某个人的生平。[2]

可携式物件上的图案和配饰

除了树皮绘画与岩石艺术之外，雍古族也会利用挖掘棒、束胸带、独木舟、短桨及圣杖，作为记忆辅助工具。他们在物件上描绘装饰性图案用来象征祖先曾经经历过的事迹，这些事迹也会被改编成表演。

阅读有关古代岩石艺术的书籍时，其中写实的图像部分，因为美丽，通常会特别受到强调，而抽象的装饰性图案，则只是三言两语就被草草带过。但是在创造这些作品的人眼里，抽象的符号图案，就算没有更重要，至少也是能跟具象图画相提并论的。广泛的文化研究显示，在传授资格受到严格限制的地区，艺术创作中往往会含有很高比例的几何图形，而大众比较容易接触到的却是写实性艺术。

更为重要的是，假如你或我，或是未学过初级入门知识的民族志学者，想要向原住民长老请教只有他们才知道的符号含义，是绝对得不到答案的。他们的艺术品知识，常常会依据性别作明确划分，因此，男性民族志学者无从获取任何限定女性持有的信息，于是他们会觉得并没有所谓“女性事务”的存在。而因早期的人类学著作大部分由男性撰写，女性在知识相关事项上的作用，也就不为人们所知晓了。

某些雕刻物件会受到严格管制，即使将任何一张照片摆在书中公之于世，他们都认为是非常不妥当的行为。举例来说，受到高度管控的澳洲护身符“朱林加”（tjuringa，也作 churinga），至今仍有几个语群在使用。朱林加以木头或石头制成，一般为扁平状，长度从 20 厘米到 200 厘米不等，上面雕刻的图案，虽然有些可清楚辨识出是动物足迹，但多半是抽象的，包括圆形、同心圆、圆点、单凹纹、双重凹纹、小型弧线、马蹄形、锯齿形、平行线，以及哺乳类、爬虫类与鸟类的足迹。长老们会在前往庆典途中造访神圣遗址，然后将朱林加从藏匿处重新取出。使用时，坐在地上的男性长老手持朱林加，一边抚触上面的各种图案元素，一边吟唱相关歌谣。

我曾看过一张原住民长老使用朱林加的照片，是由人类学者查尔斯·蒙弗特（Charles Mountford）所拍摄，极为不妥的是，照片被放在博物馆中展示。照片里拿着朱林加的长老们，盘坐的姿势看起来非常眼熟，几乎就跟某张非洲卢巴族“历史记忆者”，使用记事雕刻板——“卢卡莎”（lukasa）的照片完全一样（见图版2.1）。和朱林加一样，卢卡莎也是种记忆空间，二者都是转译嵌置多重信息的小型地景。

曾经繁荣的卢巴王国，位置就在现今非洲中部的刚果民主共和国。卢卡莎这种木制记忆板，上面包覆着许多带孔的圆珠与贝壳，乍看之下似乎只是随意的排列布置，但其实是种极为复杂的装置。

卢卡莎测量长度为 20 厘米至 25 厘米，宽度大约 13 厘米，这是很适合手握的尺寸。像“历史记忆者”这类使用卢卡莎的社会精英，都隶属于“历史书写者”（Mbudye）——握有重权的秘密社团。在这个社团的建筑物“the lukala”壁面上，绘有许多地图，显示当地各个酋长的所在位置，同时还有已逝领袖们的“万神殿”（pantheon），所有信息都在地景中明确设定了位置，并且也标示在家系族谱里。尽管不符合实际比例，地图里仍然包括了所有主要的河川与湖泊，完整呈现了超过 300 公里的版图范围。

正如澳洲原住民艺术的抽象符号，“历史记忆者”也能视当下所在环境，从多种方式中选择以哪种来解读卢卡莎上的圆珠或贝壳。巨量的口述知识和其他类信息，就以这种方式被转译记录在记忆板上。每颗圆珠都象征着传说故事里的一个事件，讲故事的人就这样一面触摸圆珠，一面细细述说他们的神话传说。另外还有某块卢卡莎，是以木头上的一条狭长隆起来代表他们的主要河川——萨伊河（the Zaire，亦即现在的刚果河），以旁边的绿色珠子象征芦苇，白色珠子则为鸟类，两排极细小的珠子则代表整队蚂蚁与白蚁之间的战争，他们依此来讨论作战策略。

“历史记忆者”不仅能讲解卢巴族史诗，还能说部族谱系、国王年表、迁徙的故事、皇室政绩与礼仪、狩猎技巧，以及冶炼、手工锻造和其他重要技术，此外也包含太阳、月亮与某些星辰的运行，文化英雄与社交礼仪、行为规范，女神与祖灵等所有知识——而这一切又都被转译，融入与卢卡莎相关联的表演当中。从本质上来看，“历史记忆者”可以说是这个部落的百科全书，他们因为所肩负的任务而备受族人推崇。

对“历史记忆者”来说，卢卡莎不仅仅是用来标示知识内容的小标题，也像是整个目录索引，罗列出他们在社会中晋升所必须学习的仪式庆典与整套复杂的入门训练。这一系列的晋级教育，可以以记忆板上的一段“旅程”来作比喻——穿梭在卢卡莎的圆珠迷宫里，就仿佛走在那些布满记忆储藏地点的地景之中。

卢卡莎、朱林加或其他任何可携式记忆空间，理解方式都不同于文字。口述的传承被保存在记忆拥有人的手中，而这些装置则用来协助记忆。通过许多阶段的晋级训练，各层级皆须支付费用，这样才能将卢卡莎上转译蕴藏的知识逐渐传授给新进后学。“历史记忆者”不仅是文化精英，同时也是部族经济力量的基础，因为他们必须支付给酋长们丰厚的报酬，以换取特权。

“历史记忆者”的守护兽是陆龟，因此在所有卢卡莎的背面以及皇家手杖上，都可以看到象征龟壳的符号化图案。出人意料的是，那些样式规律的三角形或方形个个看起来都十分相似，却是用来记忆每则秘传信息的助记符号。卢卡莎的复杂符号象征也可以与卢巴族其他许多形式的记忆装置相互联结，如酋长的座椅、权杖及头饰等。

卢巴族的雕刻因为做工精致典雅，在西方艺术界获得极高评价。由于他们的许多雕刻品的特色都在于裸女，有些曾与卢巴人密切合作过的民族志学者如此写道："就如同其他非洲艺术品常遭遇到的情况一样，卢巴族人的作品因为有裸体像，常被过度简化为'有关生殖力的塑像'，或者因为其中的先人形象，而被当成空灵的圣灵，完全不曾正确意识到，原先制造、拥有和使用这些作品的人原本的意图。"[3]

例如有尊颇具代表性的卢巴族人像，因为是一名环抱自己胸部的女人，立刻被当成掌管生殖的女神，但是依照卢巴人的解释，这尊人像不过只是在表达——唯有女性的坚强才足以守护深奥的王室秘密，神圣的王权全都倚仗这个胸脯。同样地，在当代普韦布洛文化传承里，有一种常见的小型雕像，雕的是一位妇女带着多名小孩，如果不作进一步说明，它照样会被当作生殖的象征。但是这名女人其实就是说故事的人，她的存在正凸显了在普韦布洛文化里，神话传说所起的关键性作用。如果缺少了口述这个要素，人们对于历史或远古原住民"艺术"的诠释，顶多也只能算是推测罢了。

若要大家相信，数量如此庞大的资料，确实可以转译收纳进像卢卡莎这样小的记忆空间里，我想应该有点困难。在我最喜爱的几个物件当中，有一件是我个人版的卢卡莎，在下一章里会为各位作更详尽的介绍。我取来一块木头，它的大小十分称手，然后完全不在意怎么布局，我只管往上面粘贴圆珠与贝壳。才刚开始使用这块卢卡莎，从这些看似杂乱无章的圆珠、贝壳与木纹里，我不费吹灰之力就能发现其中结构。我发现要将各种层级的信息，与这个由圆珠和贝壳所创造的我再熟悉不过的空间建立起联结关系，实在是件异常简单的事。

我很喜欢手握着它，当背诵已经转译保存在里面的信息时，我很自然就会触碰板子的每一个部分，借着对贝壳、圆珠的触感，以及它们在木板上的位置，可以使板上的每项元素都显得独一无二。而这也让我回想起曾看过的一段描述，说到当原住民长老们使用卢卡莎或朱林加时，也会像我一样一边吟诵，一边细细抚触记忆板上的这些物件或图案。等过了几个月，对于每颗圆珠的外观与触感我已经相当熟悉时，即使没有随身携带，只凭着记忆我也能勾勒出木板的样子。有时候我会把它画在纸上，一边走路一边吟唱我已联结好的歌谣，然后我便会扔掉图纸，毕竟真正重要的是整个过程，而不是结果。我也逐渐明白，为何在庆典与仪式结束后，那么多的原住民“艺术”作品，可以被抹除或丢弃，因为它们已经达成当初制造时的既定目的了。

各种各样的可携式物件

北美原住民奥吉布瓦族［Ojibwa，亦称齐佩瓦族（Chippewa）］利用桦树树皮，绘制了最美丽的画卷，我研究察看过其中几幅，那是哈佛大学毕巴底考古与民族博物馆（Peabody Museum of Archaeology and Ethnology）的收藏。口述专家们——“米德维文”

（the Midewiwin，大医学团），利用在树皮卷上刻写的图样，帮助他们吟诵有关起源迁徙的歌谣，树皮卷为他们的口述传统奠定了基础（见图 2.1）。这画卷上每一个象形文字，都代表着一首歌谣，而图像则是为了表演时辅助记忆，不仅用来提示内容，同时也在提醒旋律、节奏与不同系列歌谣之间间隔等方面的变化，表演时还搭配鼓与响环伴奏。除树皮卷之外，奥吉布瓦族也会使用其他物件来帮助记忆。例如，他们会在医学帐篷（Medicine Lodges）里供奉雕刻的树木与大型圣石。

图 2.1　奥吉布瓦族的桦树皮卷轴。

毕巴底考古与民族博物馆同时还收藏了一片刻工精细的歌谣记事板（见图 2.2），引起了我的强烈兴趣。美洲温尼贝戈族印第安人［Winnebago，现亦称圣语人（Ho-Chunk）］使用木制板的方式，与奥吉布瓦族运用树皮卷一样。在舞蹈团（the Dance Society）里，受过入门训练的男人、女人与孩童，会在庆典上使用这种木制板来吟诵神话，吟唱属于他们文化的知识。西伯利亚的依文奇族（the Evenki）则利用刻有凹痕的木棒，以牢记节日表演用的一系列近 700 首歌谣。众多原住民文化的长老都是使用加缀饰物件，来帮助自己回忆数百首歌谣。

图 2.2 美洲温尼贝戈原住民的歌谣记事板，长约 50 厘米，制作于公元 1871 年之前。

也有某些美洲印第安文化，运用彩珠串成的带状物件，以记录信息与作为条约协议证明，这种带状物被称为“贝壳串珠带”（wampum belts）。那些由念珠串成的传统图案，但凡受过阅读训练的人，即使语言不同，也全都能看得懂。有些串珠带的设计极为简单，有些用来说故事的串珠带则显得十分华丽，由几千颗念珠组成的带子，可以长达数米。就好像其他所有形式的知识一样，贝壳串珠带也能拿来交易，并且价值不菲。

有时候一个加缀饰物件，也可能只是用来收录少量的信息。例如有场集会即将举行，前往庆典的路程可能需要几天甚至几周，与会者如何知道何时该动身？澳洲原住民和世界其他原住民族群相同，他们会派遣送信人传送信息棒（见图 2.3），上面详载部落会合的时间、地点，以及受邀请的对象。这些信息棒由一条长木头或骨头制成，上面通常刻绘抽象图案。但若缺少了中间送信人的记忆，棒子上的各种刻痕与标记，便无法和所要传递的信息相联结，这当中的信息也就毫无意义了。此外，信息棒还具有信物的功能，送信人可以凭此通过其他部落的领地。

在用途单一的物件上，基本都会有帮助记忆的刻痕与图画。特别是移动性文化必须限制携带物品的数量，所以他们是利用实

图 2.3　原住民信息棒。

用物品的表面，来刻画与信息有关的象征性暗号，这并不令人意外。我的瓦尔皮瑞族朋友努伽拉伊给我保管库拉蒙（coolamon，一种盛水盘，见图版 2.3）的权限，她说：

库拉蒙来自西部沙漠，但没人知道是西部沙漠的哪个语族或部落群。它的历史久远（超过百年），制造者与物主早已不在人世……这是件小孩用的库拉蒙，本来的使用者可能是个小女孩，她模仿自己的母亲和其他女性亲戚，用来采集灌木食物。

这件库拉蒙上面刻绘的符号是一根“信息棒”，当中所要传达的信息是什么，只有雕刻的人才知道。随着原住民一处处迁徙，库拉蒙上的符号便会被用来作为提示，提醒人们要追随先人的足迹与创造精神，记住他们在“梦之途径”行走时，曾有过的那些聚会、场所、传说、事件与旅程。这类符号蕴含着多重含义，会随着阅读者不同而有不一样的解读，受过入门培训的女性，能领会比较深层的意思。库拉蒙之于妇女的作用，就是采集的容器与营养的补给器，可用来装载食物、水、蜥蜴、蜜蚁、含蜜蜂巢（野生灌木蜂蜜）、药草等植物，甚至小宝宝！库拉蒙是种非常重要的资产，它支撑起人们的生活，也能传递信息。

尽管许多原住民文化不太在意有没有精确的编年史，但仍有些文化对于过往的记录相当讲究。例如美洲印第安人制作的“冬日清册”（winter count），他们通常是利用一些小型图像，在野牛皮上做记录。负责保管清册的人，会在冬季初雪落下，新年开始时，针对前一年发生的重要大事，在清册上添加几个图像。至于其他事件，诸如出生、结婚与社会政治事件等，则是在兽皮或木头上进行描绘，进而与相关事件作联结。在华盛顿特区美国印第安人国家博物馆展出的孤犬（Lone Dog）冬日清册，拥有让人惊艳的精致典雅的美感，由纳可塔族（Nakota）——苏族语族的一支——所制作。以其中 1833 年的一笔记录为例，内容显示了狮子座流星雨；1840 至 1841 年之间一笔，则是描述纳可塔族与夏延族（Cheyennes）谈和的事情。

冬日清册皆以最新一任保管人的名字来命名，“孤犬”即为其中一例。由于这些物件如此珍贵，所以部落里还会保存一些副本，另一件孤犬冬日清册的范本，现收藏于阿肯色州本顿市的美国印第安历史博物馆（见图版 2.4）。

我模仿孤犬冬日清册的做法，将 1900 年以来发生的每桩事件，都以一个图形符号作代表，描绘在一张皮革上。随着皮革上符号明显可见地急剧增加，因为我已设计出可立即记住的小符号，我发现这真是一个非常简单好用的记忆方法。但是在为他人解说冬日清册时，除非我直接说出符号所代表的事件，否则那些对我来说一目了然的符号，对其他人根本不具有任何意义。

缠绕、扭转、打结的各种绳线

许多文化都会利用绳线来辅助记忆。将绳线的花样与故事搭配在一起，以确保故事能依正确顺序作铺陈。如何以简单的一小截绳线，做出极端复杂精巧的操作变化，然后再拿来说故事？波利尼西亚、新西兰、北美洲、非洲、亚洲与因纽特领地的原住民，全都做了方法示范。

有些时候绳线会捆扎成结，维持固定的样式。目前最为人所知的结绳工具，是安第斯山脉地区文化用来记录信息的“奇普”（khipu，也作 quipu）。奇普专家会将一条主绳横向摆放，然后再直向缠上其他绳线，任其垂直悬挂。我在博物馆看过的奇普，有的大约只有 12 条垂绳，也有的多达数百条。

一直以来，人们都认为奇普的功能仅在财务记录，直到最近，研究人员才认识到奇普是种结构更为复杂的装置——它是种记忆辅助工具，可用来承载的信息种类极为广泛，包括故事、律法、仪式、历史，还有人口统计资料、贡品和某种历书类的东西。“奇普卡玛尤”（*Quipucamayos*），是指制作与解读奇普的专家，他们在印加社会中拥有极大影响力。

由于奇普是一种记忆设备，并未使用文字，因此一位奇普卡玛尤或许能解读自己制作的奇普，但有些信息，我们认为除非接受原制作者的特别指导，否则其他人根本无法破解。如此一来，这信息就会掌控在少数受过入门训练的人手上。不谈世界范围内，印加文化至少是全美洲最庞大的无文字文化，是什么赋予印加人如此开创能力？就是奇普，以及该装置上面的整套沿着地景路径——塞魁（the ceques）分布的“地点”。在第 11 章里我会详细说明为何如此。

那些出土粗细绳线多半不会被列入考古记录，但极有可能在整个史前时代，人们都在使用它。

成套的非实用物件

在考古现场经常会发掘出许多成套的物件，有些肤浅的诠释解读会将它们归入巫师与宗教仪式这类范畴，然后不再作进一步探讨。但来自许多不同原住民文化的“知识专家”们，都会运用一组组成套的物件作为记忆辅助的工具，有的是针对某一首特定的歌谣，有的是整组歌谣，作用就相当于音乐演奏的曲目表。例如，北美大平原（the Great Plains）地区的“黑足邦联”（Blackfoot Confederacy）成员部落，会为了仪典而使用整套物件，整套物件实际上就是流程表，还有一些庆典所使用的物件仅一套，但其中品目数量超过 160 件。

西非曼德族（Mende）的医疗专家会随身携带一袋子石头，每颗石头象征某种特定疾病，当长老询问病人时，就会巧妙地运用石头来进行诊断与治疗。在学习这套方法时，我也试着自己准备一个医药袋，放进去的每个物件都代表一种疾病，某块石头象征肾结石，一个小玩偶代表怀孕及受孕问题，我根据症状将物品分组，让自己看见不同类型疾病之间的关联。我发现这是个非常有效的记忆方法。

假如整批物件具备某种特定顺序，那么这几套物件的作用多半就会跟“记忆空间”一样。而某些故事叙述的内容又透露出，不管这物件是被用来指挥调度歌谣的仪式次序，还是借由与病症之间的理性联结以消除疾病，这当中都蕴藏有明确指定的先后顺序。这个办法执行起来相当简单。

相较之下，我发现许多西非“占卜”系统的成套物件，使用的方式要复杂很多，我依样操作时比较费神。这些套件中包含了一组组极为相似的物品，如种子或玛瑙贝。要吟唱哪些歌谣，是由抛掷这些物品来决定的，他们会记录抛掷之后，以某种特定方式落下的物品数量，再依统计结果取决。例如，有 7 片玛瑙贝是正面朝上，那么所吟诵的诗句就与 8 片玛瑙贝朝上时的不同。但是要根据每次抛掷的结果从自己所创造的神话故事中快速找出相关故事，我发现还真是困难，而要回想当中联结的信息，又必须倚仗神话故事提供所需次序才行。

我根据有详尽文献记录的约鲁巴族占卜师的实际范例，也尝试使用过这套方法。以当中最简单的版本为例，占卜师将一组 16 片玛瑙贝抛掷到编织的托盘上，然后计算开口朝上的贝壳数量，会得出 17 种可能结果，而每项结果又会与隶属于某一层级的神话中的祖先相联结。一位使用 16 片贝壳的占卜师，他所记忆的与这占卜系统相关的诗歌，足足就可列印出一本 305 页的书。[4]

另外还有一套更为复杂的约鲁巴记忆系统——伊法占卜（Ifádivination），操作方法是由口述专家“大祭司”，连续两次抛掷16颗棕榈仁。[5]经过两次抛掷，排列组合后可能出现的结果有240种；再将仅抛掷一次的16种可能一并合计进来，那么就会产生256种可能的解读方向。每一种结果都有相关联的故事，有些与神话有关，有些讲述的是真实事件。根据记载，一位大祭司最起码要能背诵超过1200句诗歌，而这诗歌当中转译嵌入了大量的知识，其他内容先不提，这里面比较重要的有：动物、植物与药典等方面的知识，预防天花的方法，航行指引，贸易规则，权力使用准则，文化史，社会及法律先例，以及解决纷争的方法。

且不管其他任务角色，大祭司主要被视为治疗者，他们的大部分知识都被西方医学承认有效：为了强化骨骼，建议吸收钙质；治疗眼疾可用锑；鸦片酊可帮助睡眠，有益于精神疾病；铃凛（*rinrin*）可抗痉挛；泰特（*tètè*，一种菠菜）能用来改善贫血。他们时常会建议病患大量补充睡眠，视之为医疗处方的一部分；还会以诗歌的形式给予适当饮食忠告；同时会针对某些疾病指定饮食，如香蕉（现在大家都已知道香蕉是摄取钾的极佳来源）；在诊治月经、分娩等问题时，也会提供妥善的医学建议。为了预防传染病扩散，大祭司会要求采取预防措施，如让每位病患家属隔离排便坑、掩埋排泄物，并进行事后清洗。另外他们也会探讨精神方面的疾病。大祭司还会为付费的“就诊者”占卜未来，他们所给的建议往往都很理性。

目前高地玛雅人（the Highland Maya）所使用的种子占卜，与西非约鲁巴人运用玛瑙贝和棕榈仁占卜非常相似，不过他们不是抛掷种子，而是排列成各种图形。有些高地玛雅人和低地玛雅人不同，至今仍沿用古代口述文化的复杂历法。芭芭拉·泰德洛克（Barbara Tedlock）曾受过危地马拉高地当代基切（Quiche）语系原住民的正规训练，她说 1976 年 8 月接受入门培训期间，所有信息都必须靠记忆背诵，没有任何文字可以记录。

大量种子按规定摆放出来的各种排列形式，每种都具有特定含义。在受训期间，泰德洛克这样写道："学生们一遍又一遍观察着老师的方法，混合、分开、排列、计算种子数量……（老师）速度会比平常慢，不断重复动作，同时留下那些占卜过的种子，作为协助学生们记忆的工具，让他们能领会这复杂的统计合算手法。"[6]

泰德洛克后来成为一名"日期保管人"（daykeeper，基切语称之为 *ajk'ij*），这是他们几个大型专家社团的其中一个，负责维持一年 365 日的阳历历法，据此来排定公民活动。他们同时还保留一种 260 日的神圣历法，将这两种历法结合之后，便形成所谓的"历法循环"（Calendar Round）。泰德洛克同时还描述了一种搭配历法，用来保存知识的记忆辅助工具——传说故事，背诵诗句的内容会越来越复杂，包括了与动物、植物及星象有关的创世神话，还有历史、宗教与悠久的家族谱系。

地景中的自然小径也被当作记忆空间。谈到玛雅人的朝圣之旅时，泰德洛克说他们会依据历法，按顺序造访各处被视为"圣地"的圆锥形纪念石堆。每趟朝圣需历时 40 天，每到一处圣地，就会有讲基切语的人开始反复吟诵。她还写道，有位祭司巫师如此形容那些圣地："那就像是一本书，里面记载着所有有关出生、婚姻、死亡、成功与失败的事。”[7]

由于西方文化中并无等同的词汇，在英文中找不到合适的字眼，因此只好使用“圣地”（shrine）这个并不十分贴切的名称。至于使用“占卜”（divination）一词，来指称与约鲁巴和玛雅系统相结合的复杂仪式，则含有认为这仪式“纯属迷信”的意味。在前面的篇幅里描述过的那些周密的研究，显示了歌谣当中蕴藏着大量的实用信息，而不管是这个文化内部的人或外围的人，只要未接受过入门训练，都只能接触到貌似算命的公开说法，这才导致他们对这些实用性仪式作过度简化的解读。

神话先人的图像

现代记忆比赛的冠军，会在记忆空间里加入鲜明的人物角色，使得信息比较容易记忆。而神话故事里的各种人物角色，也让口述传承不易被人忘怀，二者的方式十分类似。很显然，这些故事角色在原住民文化中，具有更为复杂的精神层面上的意义，不过他们将信息带入生活的方法，与前者本质上是相同的。

在口头传承文化的艺术里，随处可见神话人物的图像，这也可以说是一种记忆辅助工具。由于这些神话人物只在口述传统中拥有至高无上的地位，因此在任何可能的媒介上，都会被以艺术的形式呈现，也包括小型雕塑作品。在这些神灵的故事当中，蕴藏着正式知识系统中大部分内含的密码，而依据仪式庆典的历法日程安排，他们的故事又会被在庆典中表演出来。

在澳洲和美国，当我与原住民讨论到这些舞蹈时，他们常常告诉我，从舞者穿戴好面具和服装的那一刻起，他们就已化身为神话中的先人，然后舞者们诉说的多半是有关起源的先人故事，描述先民如何“创造”植物、动物、地景与人类，过程中也透露了自然环境中的一干细节。于是，面具与戏服也就成了这个知识系统中不可或缺的辅助教材，在考古记录中，它们也该被如此理解。

普韦布洛印第安文化与他们的“克奇那”神灵（kachina，也作 katcina、katchina 或 katsina），引发了我的好奇与灵感，这些神灵目前在他们的文化中仍然很活跃。这些超自然的生命体居住在山林间，包括亚利桑那州的旧金山群峰里也有。在普韦布洛族的传说中，大约有 250 位克奇那神，每一位每年都只在特定几次仪典中出现。不管在公开还是在有资格限制的仪式里，各位克奇那神跟随故事歌谣舞动时，都有鼓声与响环伴奏。男人们跳着克奇那舞蹈时，据他们描述，每当穿戴好面具与戏服后都会有种感觉，就好像克奇那神上身一样。

在新的克奇那神诞生的同时，也有其他神祇因为鲜少露面而慢慢从众神行列中消失。这套知识系统就以这种方式撷取新的信息。有时候，也会有些备受景仰的人，在去世后化身成为新的克奇那神。

普韦布洛印第安人在经过入门训练后，会加入各种限定资格的秘密社团，而每个社团都要负责承担该文化某些方面的知识与活动。每位克奇那神都会与某个社团进行联结，然后只在被称作

“基瓦”（kiva）的庆典屋里表演，该庆典不仅有资格限制，通常还很隐蔽。克奇那诸神会以同一种神祇成群，或是许多种神祇混合的形式，穿戴不同的面具和服装，在举办公开庆典的广场上表演。在肃穆的庆典中，会有小丑式的克奇那，利用中场休息时间出来娱乐观众，而同时也有其他克奇那神夜访村落，强制惩戒品行不端的人，以维护法律制度。

原住民有时候也会以玩偶来象征克奇那神，但这并不是小孩子的玩具（见图版 2.5），而是一种小型塑像。当这个知识系统里的孩子们开始接受教育时，就会用这种塑像，来帮助他们认识众克奇那神的名字。

在美国新墨西哥州阿布奎基（Albuquerque）逗留期间，有人让我看过一种“祭司杀手”克奇那玩偶，用来象征 1680 年普韦布洛人起义时某位祭司被砍头的事情。当时为了捍卫普韦布洛的传统宗教信仰，人们愤而起义对抗天主教会。还有一些岩石艺术作品中的克奇那神，时间可追溯至数千年前，其中一幅是驼背吹笛手——印第安精灵“科科佩利”（Kokopelli，也作 Kokopele），这是一位与情欲、繁殖有关的克奇那神，他活泼而充满朝气。据说，科科佩利在进入基瓦时，会手握着以葫芦制成的勃起阳具，扑向现场观众，尤其是女性，逗得大家乐不可支。因此早期欧洲观察家都认为科科佩利的表演淫秽猥亵，政府当局更是禁止这种演出。

不过，并非所有普韦布洛舞蹈都与克奇那有关，或者有资格限定，例如我曾在阿布奎基印第安普韦布洛文化中心观赏过的野牛舞，就是一种经常公开为非普韦布洛观众表演的舞蹈。

讲到这里大家应该也就清楚了，（故事里的）先人有可能是指真实的祖先，他们也许以人类、动物的样貌出现，有些或许是两者的混合体，但更常是神话神祇。同时他们也有可能是奇幻的生物，我们漫游的这片大地上，找不到任何东西与他们有相似之处。

我还发现，所有原住民文化都会以各式各样不可思议的祖先传说来隐藏包装他们的知识，无一例外。对于任何原住民民族与他们祖先之间的那种精神联结，即使我只是有想要尝试的意图，都未免太过冒昧放肆，我敢说，我的体会绝对与这些文化自身的经验差异极大。但有一点我很笃定，对记忆空间中那一系列祖先角色所带来的影响，我能领会。就如同我在下一章所要作的说明，我依据自身文化的历史，创造了一系列的祖先，然后将他们对应到几组纸牌上，替他们建立架构与次序。而他们的故事也提升了我的生活。

神话与科学：普韦布洛的玉米传说

第一次读到普韦布洛那些玉米妈妈与玉米女士的传说时，我完全没有将普韦布洛人的神话与确保每年粮作收成的实用性联想在一起。对普韦布洛人来说，这位“玉米克奇那”以及所指定的仪式，皆为生存必需。这相当于采用了一个非常罕见的组合——让一位原住民专家与一名老练的科学家携手合作，而这也证明了，无论多么天差地别的理解方式，都可以导致同样的结果。我是在阅读阿方索·欧提兹——讲特瓦语的普韦布洛人类学家，与西方民族植物学家理查·福特（Richard I. Ford）的著作时，发现他们都给了读者同样的建议，才开始明白这一点。[8]

不同于我们常见的黄玉米，普韦布洛人的玉米有多种颜色，每种都与一个神圣的方向相联结：蓝色是北方，黄色是西方，红色是南方，白色是东方，黑色是“天顶”，全彩则是“天底”。玉米妈妈与玉米女士们皆依玉米的颜色来命名。

普韦布洛人有两位酋长，每年每人掌权半年。当冬季酋长交班给夏季酋长时，也是农业周期要开始的时候。在播种前，村落里每个家庭都会提着一篮谷物种子，到刚接班的酋长面前，请求给予祝福。夏季酋长则是通过仪式，引导族人挑选每种颜色的种子，并提供耕种的法则。然后这仪式的形式又会被转译收录在玉米妈妈与玉米女士的传说故事里。而从科学的观点来看，在夏季酋长为一篮篮玉米种子祈福的时候，他同时也过滤掉了各种颜色不够理想的玉米。当玉米被剥去外皮分类储存时，他们会从中挑选出完美的玉米，以供仪典与播种之用，而不好的玉米则拿来日常使用，不同的颜色作不同的用途。这样小心谨慎的筛选，确保了各类谷物能维持品种纯正。

由于玉米非常容易杂交授粉，因此每个村落的普韦布洛农夫都会接受指导，分区种植不同颜色的玉米，除了分散种植区域之外，还会在毗邻地区栽种其他作物作为缓冲，另外他们还错开了耕种时间。自然事件会对不同颜色玉米的收成造成不同冲击，而影响产量的变数包括：天气、蝗虫、鸟类、臭鼬、鹿与疾病等，因此栽种多样颜色的作物，可降低单一栽培全军覆没的风险，一旦发生这样的事情，那就表示整个村落都得挨饿了。因为虔诚地遵循仪式，普韦布洛农夫才能交出非凡的成绩单——就算时间再短，至少在数百年内都能维持所有作物品种纯正。

无论从普韦布洛还是从科学的观点来看，结果都完全一样：在恶劣环境里，普韦布洛人仰赖玉米收成为生，他们将能存活下来。

对普韦布洛人的生活方式会产生关键影响的，不仅是当地的产物，还有经由仪式传递的普韦布洛人所保留的那些哺乳类、鸟类、爬虫类、两栖类、鱼类、蜘蛛与昆虫的详尽知识。那些传说故事帮助长老们精确回想起：如何以候鸟作为历法判断依据，狩猎与远洋捕鱼最佳时机，如何确保野外未驯化物种能充分繁殖，以及毒蛇如何保存毒液，毒液注入人体后会产生怎样的影响等。在一项 20 世纪初展开的特瓦族民族动物学研究中，包括了详尽的有关软体动物与珊瑚的知识，但是在特瓦族领地范围内并未发现这些动物，另外研究还提到 17 类绝种多时的鸟禽物种，同时也列出许多当时科学还未发现的昆虫。为了求知而求知的那份好奇心与渴望，是一项人类的特质，并非西方人所独有。

部族族谱与图腾

有一个领域的原住民知识是我完全无法复制，顶多只能表面模仿的，那就是部族谱系。在口述文化所保留的记忆里，族谱被公认是最为复杂的资料集之一，要通过歌谣与各种各样的图案解读才能追溯还原。但是不知道原住民是如何办到的，对于部落与部落、人与人之间的复杂关系网络，他们都很清楚，对于这个网络里的每个人之间的各种亲属关系，大家都了如指掌。我曾看过几个澳洲语系所描绘的世系图，可以从中很明确地指认出每一个家族成员，从近亲到“一表三千里”的远亲关系，上面有各种线条纵横交错，但是到了民族志学者嘴里，却成了“简略示意图”。我根本无法想象，要怎样才有可能记住这幅“织锦”。

这项研究的可靠性不容置疑，世界各地的长老们的确能记忆复杂的家族关系。我知道这个系统有部分会运用到一些物件上，上面装饰可反映氏族关系的图形，例如在有些澳洲原住民武器上雕刻的几何图案，既说明了亲族关系，也是持有某块特定土地的所有权象征。这亲族关系可用来界定土地拥有权与资源权利，同时在某些阶级式社会中，还代表了地位。族谱还指示了谁可以或不可以结婚，大多数文化都禁止近亲通婚。

在阶级制度社会中，简单的世系通常以刻有凹痕的木杖来代表，每触碰一个刻痕或凸起，即可讲出一个世代的名称。除了波利尼西亚各处可找到的世系木杖之外，在毫无关联的非洲及美洲也有所发现。现在我也能仿造，拿来当作辅助记忆工具十分有用。

加蓬与喀麦隆的芳族人，可记忆多达 30 代世系，他们还会将历史事件和相应的世代联结，从而形成一部编年史。对新几内亚塞皮克河（Sepik River）流域的雅特穆尔族（Iatmul）来说，一名“博学者”大约能记得住 10000 个至 20000 个多音节名称。而在某些非洲文化中，更有多年背诵钻研部族谱系的全职口述诗人。在西非地区，人们称这种专家为“格里奥”（男性为*griot*，女性为*griotte*，即同时拥有巫师、乐师及诗人3种身份的说书人），他们肩负的任务是：维护主要世袭家系谱系、吟诵赞词、评论社会与政治议题，以可吟唱的叙事歌谣来记录部落历史。这些歌谣演唱起来就算花不了几天时间，也要几个小时。直到今天，这些吟唱诗人仍是部族的精英。

只凭记忆，没有文字记录的谱系，可以根据当代政治需求进行改编，不受欢迎的先人将被遗忘，而受人爱戴的祖先则被强调。历史，不仅仅是由胜利者的笔来操控，在有文字书写之前，他们靠的是记忆。

另外，还有一种与部族祖先关系紧密相连的东西——图腾，这是个艰涩难懂又极端多变的概念。以澳洲的贡第杰玛若（Gunditjmara）文化为例，他们有两个图腾半偶族（totemic moieties）——红尾黑凤头鹦鹉和葵花白凤头鹦鹉。每个家族与个人，不是黑鹦鹉半偶族，就是白鹦鹉半偶族。在任一个半偶族中，一个族人还可能隶属于其他7个或8个图腾中的一个。此外还有5个不同的联姻图腾。与所有图腾相关联的是复杂的婚姻管理法律。面对所有可能遇见的人，长老们唯一的凭借只是记忆，却总是能在整张关系网上，成功找出每个人之间的关联。

太平洋西北海岸的原住民图腾柱，最为人所知的功用是“墓葬柱”。这种柱子相当于原住民的家族谱系以及图腾。澳洲原住民文化的墓葬柱也很出名。这种经过装饰的木桩和柱子，是世界各地原住民表演场地的一项特色，当中所储存的信息，远远超出部族谱系。木雕柱，是用来象征口述传统的一种引人注目的非永久性方式。沿着柱子按特定顺序接续描绘的图像，也使得歌谣与故事可以按照顺序演出。图腾柱对于人类记忆的作用，与其他形式的记忆空间完全相同。

许多美洲印第安人与加拿大第一民族（First Peoples）都把图腾柱当成记忆辅助工具，用来记忆诸如陆栖与海洋动物习性、特定狩猎场使用权限、资源权利、争吵、凶杀、债务、部落近代史事件、如何安全制作弓箭及用来狩猎的最佳方法等知识。与图腾柱相联结的那些传说通常会受到管控，只归特定部族拥有。

分布于加拿大与美国太平洋西北海岸的特林吉特人，最著名的一根图腾柱上描绘的是有关“雷文”（Raven，乌鸦）的传说。雷文靠着一只青蛙做向导，游遍海洋，认识了每一种海洋生物，也学习如何利用海里的食材。然后它回到家，借由传说故事，将自己全部所学传授给特林吉特人。于是在祭典宴会（或称“炫富宴”）上，特林吉特表演者会穿着戏服，吟唱图腾柱上符号象征的历史与神话事件。

如果木柱能对所有原住民世界的知识系统产生如此有效的作用，那么考古学家在世界各地挖掘发现的许多柱孔，不就有可能是具有完全相同用途的木柱所遗留的痕迹？同样地，从建造史前巨石阵的新石器时代的英国人，到兴建土冢与金字塔的美洲人，在世界各地古文明人类遗留的手工艺术品里，不是也该找到刻绘有抽象图案的物件吗？如果我能从考古学家的研究报告中发现较小型的这类物件，就能有更多证据证明那些重要的历史遗址具有记忆空间的作用。如若不然，我就得重新检视自己的论点了。所以当我首次读到有关巨石阵白垩饰板和苏格兰新石器时代刻纹圆石的资料时，真是高兴到无以复加。而就从这批纪念遗址考古报告开始，我对可携式记忆装置的搜寻工作开始了。

在探讨有关记忆空间的考古记录之前，大家值得花点工夫去了解一下，这些记忆技术究竟是如何产生作用的。最有效的办法就是像我一样去亲身体验。它已然是种学习变换思维的启示，同时也是最美好的一种乐趣。

3

现代世界的“记忆空间”

我自己的各式各样的记忆空间，越使用就越轻松顺手，我的知识系统已然整合成为一个信息集合体，任何时候，我都可以毫无困难地从中找到我需要的东西。若不是实际试用这些记忆方法，我想我大概永远都无法理解。

一个人到底能记得住多少事情？我现在相信了，一个记忆力正常但也会丢三落四的平凡人，只要使用专家们——原住民长老的记忆方法，照样潜力无限。记忆，是原住民保留所有文化信息的唯一方法。

我尝试模仿原住民的记忆系统，做了不下20种试验。我将不同的技术拆解重组、融汇互补，合并创造出一种几乎什么都能记忆的不可思议的妙方。我的思维越来越倚仗图像与情感，而不是文字了。这感觉非常奇特又精彩，笔墨几乎无法形容。当然，我不会因此就不努力尝试。

在想象中，我可以走遍世界的每个角落，而实际上，我其实只是在家里、后院与邻近社区散步。我将每个国家和所有时间都转译成符号密码，嵌置在这些空间里，每次走过我的任何一条歌之路，我都会往里面多增加一点细节。

我越放任自己的想象力天马行空，得到的乐趣就越多，而知识也就越容易牢记。接下来我所要说的记忆方法，几乎对任何主题都适用。

作为记忆空间的地景

我相信用来创造歌之路的位置记忆法，是目前为止最有效的提升记忆力的方式，而正因如此，所有无文字文化早已经使用这个方法。从原住民的地景歌谣、古希腊罗马演说家的“记忆宫殿”，到现代所有记忆冠军用来帮助记忆的“旅程”，基本上所采用的方法都是一样的。他们在（记忆）空间里，设定了一连串真实的地点，然后将“旅程”中经过的每一个点与信息作联结。等到下次再走这旅程时（无论是在现实还是想象中），只要经过那些点，就会很容易回想起相关的信息。

记忆冠军们在自己的宫殿里四处疾走，一边放入或抽取纸牌，一边继续奔向下一个地点。原住民在朝圣时偶尔会走吟唱古道，同时在经过周密冗长的讨论后，他们为每一处神圣地点添加纪事。在记忆旅程漫步时，通常有狗儿与我同行，在植入新信息的同时，我也会检视早已存在的信息，我衡量着那些以往从未见过的信息联结与形态，然后再度在我想象的“旅程”里散步。

这记忆的旅程时常派得上用场，例如每次在我看电视新闻，或与来自他国的人碰面时，用的是我的“国家之旅”。我已将这世界上的所有国家和地区，各与我熟悉的某个地点联结，这数量会随着充满活力的世界政局的变化而变动，因为这个方法非常具有弹性，要作任何变更都很容易。我从自己写作的工作室开始，然后在花园里到处晃，接着进到屋里。照着一本作者不详的古希腊教科书的建议，我把每个房间和花园各处划分成10个区。那本书的书名是《致赫伦尼之雄辩术》（*Rhetorica ad Herennium*），曾为希腊与罗马学校所采用，中世纪再度被发现，颇受时人推崇，甚至一直被沿用到文艺复兴时期。

在这些区之间，每到第5个地点我又以各种方式作标记（这也是希腊人的建议），在屋子里是用窗户，花园内则是以一些我能坐的东西，总之每两处标记之间一定有4个地点，这样可以确保不会遗漏任何东西。

前120个国家刚好可以放进我的花园与屋子里，其他的就摆在我每天前往面包店的路上，可能是某间屋子或商店，某条道路或某棵树。依照人口多寡来排列，中国的位置就摆在我写作的书桌后面，小小的皮特凯恩群岛（Pitcairn Islands）就放在我经过的最后一栋房子里，那里总是飘着新鲜面包的香气，好像在吸引人过去吃它。每到第5个地点，我就会加上一些助记符号，给出人口大约数量的提示，以便让我估算每个国家的人口数量。

大部分国家我不清楚其地理位置，因此我开始替它们编写歌谣。首先是非洲国家，我用电影《相逢圣路易》（*Meet me in St Louis*）的歌曲曲调，依照地理位置来吟唱国名，走过大陆内陆各地，然后再回头经过群岛。我不知道那个旋律为什么会在这时候浮现，但它就是这样出现了。歌谣一旦写成，就不可能在不破坏节奏的情况下添加其他新细节，所以我只能将更进一步的信息，加到代表那个国家的地点，我家或花园、房屋或店铺里。

在我脑子里有一幅非洲地图，另一幅是加勒比海地区图，再后来是亚洲、太平洋……每个地区都有一首歌谣。这些地图帮助我记住歌谣，而歌谣又能帮我回想起地图，它们共同起着作用，我已分不清谁才是主导。就像澳洲原住民的绘画经常以他们的地景为主题，那图像会令人回忆起歌谣，而歌谣同时也使人记起地景和代表地景的图像。

因为太过热衷于编写新的歌谣，我忽略了知新之外必须温故，以致旧歌谣逐渐散失。于是为了让自己养成定期背诵歌谣的习惯，我效法原住民文化，开始进行周期性仪式：在淋浴时吟唱“国家之旅”，一个晚上唱一到两次；在每周一次替皇家防止虐待动物协会遛狗时，我就唱收录在卢卡莎上的“鸟族之歌”。即使我的歌声会伤害别人的耳朵，但这几次的效果很好。我字字分明地高声唱着“我的知识”。

我在遛狗时穿越“时间”，购物或淋浴唱歌时跨越“空间”。每天，我要么回想已经嵌入的知识，要么添加一些新的东西，一点儿也不用着急，不必额外多花时间去研究，一切就这么自然地与我的日常生活相融合。如同我笔下所描述的口述文化，世俗与神圣并不是分割的两个领域，现世与神话、功利与情感，全都融为一个复杂的整体，而我非常乐在其中。

作为记忆空间的空景

所有文化，无论口述或读写，都会观看群星的结构图形，然后所有的文化都会根据这图形创造神话人物。就像西方社会熟悉的那些星群名称——猎户座、白羊座与天蝎座等，原住民也会替恒星、行星、星座，以及它们之间的暗黑空间命名，他们会记下太阳运行与月相变化的模式。对所有人类来说，天文学都是一门非常重要的科学，西方文化将相关信息储存在书本里，而原住民文化则是蕴藏在神话中。

原住民文化使用空景的方式，就和地景记忆空间一样。而星宿就是嵌置在神话里的记忆空间。相对于地景的静止不动，他们借着故事主角在空间里的来去，表现空景这种记忆空间的移动方式。动态的记忆空间，为模仿原住民记忆法增加了一个维度。空景显然可以当作日历使用，但我还是想试试别的讲述故事的办法。目前我是把物理学的故事——包括其历史和物理学这门科学本身——转译置入星座里。

对于记忆这门艺术来说，生动的故事是关键，而当我创造了故事之后，我的那些物理学家们，不再只是安静地进行研究发现：牛顿的苹果从不曾砸得如此生动，尼古拉·特斯拉和托马斯·爱迪生的争论也从来没有如此激烈。在我的想象中，物理学变得非常生动逼真。然后不出所料，我发现这许多天体完美结合，形成了一个记忆空间。

随着转译嵌入的知识日渐增加，地景与空景也就变得越来越丰富，成为我一生皆可用作学习的架构。

作为记忆空间的纸牌

当代记忆冠军之所以能记住随机洗牌后的纸牌顺序，是因为他们赋予每张纸牌一个角色，然后编写故事，将这些角色与纸牌顺序相联结。我对纸牌顺序没什么兴趣，不过我发现这个方法在某些方面模仿了原住民文化的神话人物。通常原住民都是以雕像或各种媒介的艺术形式来呈现这些人物。借由极端不同的各种故事情节，他们加入这些万神殿里的角色来帮忙加深记忆。我对普韦布洛的克奇那深深着了迷，甚至开始收集当代艺术家的克奇那创作，他们已经影响了我当下的生活，我想如果不是可携带的媒介物最能符合需求，我应该会创造出属于自己的万神殿。

我选了两副不同的纸牌来象征先人，一副是一般的纸牌，一副是塔罗牌，总共 130 张牌，可以代表 130 位先人。我挑选一些重要的历史人物，依照时间先后，依序替每个人分派一张纸牌：先用一般纸牌，从古希腊作家荷马开始，到英国独裁者奥利弗·克伦威尔；接着再用塔罗牌，从法国哲学家布莱兹·帕斯卡尔（Blaise Pascal），到最后一张牌，是 Linux 作业系统之父林纳斯·托瓦兹（Linus Torvalds）。

借由将传说人物与纸牌的图案数字相联结，然后我再通过传说故事来记住这些“人物纸牌”。于是当我带着狗去“时光穿越”旅途上溜达时，我的那些先人们就会在历史的正确时间点上，自己主动和物件相联结。借由纸牌与“时光穿越”之旅，我将他们按照顺序排列了起来。有时候是散步帮助我理出顺序，有时候则是在我信步绕过街角时，纸牌告诉我接下来会碰到谁。这两个系统彼此紧密配合。

既然每张牌都有了相对应的人物，于是我便开始为每位历史人物添加越来越多的细节，如出生地及家族成员、成就与奋斗、同僚和功勋等。有时说的是荒诞不经又夸张的奇幻故事，有时则直接反映现实，先人的所作所为成为纸牌里生动故事的一部分。

为了记住如此多种类型的多重信息，原住民运用了非常多的装置设备。我想试试自己的系统能否也做到这样，因此我决定在那副中世纪塔罗牌里，全都只转译收录另一种类型的信息。现在我改用塔罗牌来代表世界上 78 处重要的考古遗址，我以牌里的不同花色与大小“阿尔克纳”（arcana，意思是“奥秘”，大阿尔克纳简称“大牌”，指塔罗牌中倾向精神性、抽象性的 22 张主牌，“小牌”则指倾向具体事件或状况的另外 56 张牌），来代表各个区域，然后将各地理区域里的遗址按时间顺序排列。这个方法非常有效。我在跟别人聊天时，眼前仿佛出现了一个屏幕，显示着我所需要的画面，只要一想到某个遗址，纸牌便会即时提供给我相关信息。

我原本就预计自己会把同副纸牌里的先人和不相干的遗址搞混，因此一开始曾试图作区分，但是后来放弃了，因为我的先人们想要参与考古学。“宝剑四”的牌上印有一个男人在岛上的图像，我设定这个男人为西格蒙德·弗洛伊德，在我的想象里，这纸牌同时也代表拉斯科洞窟（the Cave of Lascaux），因为弗洛伊德现正根据石器时代艺术家的精彩画作替他们进行心理分析。我所创造的这些故事不仅非常好记，对我来说还很有趣，我绝不会把拉斯科洞窟的画像和阿尔塔米拉洞窟（Altamira）搞混，因为也只有在拉斯科洞窟才会有弗洛伊德担任我的向导。

作为记忆空间的小型设备

被无文字文化用作记忆辅助工具的，不仅仅有天空和地景这类大型空间，还有先人画像，前一章提过的那些可携式记忆设备，也可当作小型记忆空间。我对待我这现代版记忆空间的方式，就跟地景、空景非常相似。除此之外，我还会运用触觉，去感受每一个圆珠、刻痕或打结的绳线，多增添一些其他的感觉，让当中联结的故事更容易被牢记。

目前我正利用许多木制刻件，来探索无文字文化如此广泛使用记忆板的原因。这话不是在暗示我已能掌握古代手工艺里所蕴含的奥义和精神，我不过是在体验这些工具的非凡效能，以及使用它们时我的心智运作方式，那和通过文字书写去学习是非常不一样的。现在我已渐渐相信，这套学习的方法组合在当代教育中是无价之宝。

我最喜欢的是一块卢巴族卢卡莎式的记忆板，这是一片 15 厘米长的木头，上面装点着带孔圆珠和贝壳（见图版 3.1）。这卢卡莎的作用就像本地（维多利亚州）鸟类的野外指南。最初一看到这项任务，我发现要记住 82 科 408 种鸟类，包括它们的类别、分布地区和其他特征时，我都惊呆了。而后慢慢地，那表面看似随意排列的圆珠，在我想象中变得有次序和有结构，我不再需要带着实体的卢卡莎，因为我已对它了如指掌。

我发现要记住 82 科的鸟类学名非常困难，于是也像有些无文字文化那样，开始使用双关语。以“Sandpiper”（鹬科）为例，它的正式学名为“Scolopacidae”，“Sandpiper”这个词听起来像是在沙滩派对上表演的乐团，所以这就成了我的一个故事主题，而“Scolopacidae”，发音很像“S-go-low-pass-idae”，于是我想象自己正为了参加一场派对，舞动着身体要通过凌波舞的横杆，如果身体压得不够低，就没办法过关。对于规模较为庞大的几个科，我还会添加少许的地景“旅程”。将记忆技巧交杂混合，似乎就是件再自然不过的事。

尽管不是刻意而为，但我编纂的故事常常带有几分道德教化的意味。我发现自己故事里的形象，虽然有着鸟类的名字，但却非常人性化，不像飞禽，这现象一直持续到我熟悉野外鸟类之后。后来这些形象逐渐变得“半人半鸟”，就像许多原住民故事里常见的人物状态一样。沼泽矶鹬（marsh）最显著的特色就在它那双异常细长的腿，于是也就有了“玛夏”（Marsha）这漂亮的长腿女孩出现。因此当我站在沙滩上时，就会知道要去寻找腿非常细长的涉水禽，以此来辨认物种。而随着我添加的细节越来越多，诸如品种鉴定、栖息地与习性等，这些故事也会变得越来越复杂。

在鹬科中有一种体形很小的成员——三趾滨鹬（sanderling）。这种体形娇小的鸟多半是在滨水地区觅食，它们会来回追逐浪潮起落，去捡拾湿地上的昆虫。然后在某天的地景旅程里，我走到分配给三趾滨鹬的那个地点时，也跟着手舞足蹈模仿起它们的动作（至少在想象中这么做了），而这段三趾滨鹬的舞蹈，让我更容易记住它们的习性。往后每次经过这个地点，我都会跳上几下。

自从学会这些拉丁科名后，我就很爱诵念，鸸鹋科（Dromaiidae）、鸭科（Anatidae）、冢雉科（Megapodiidae）、雉科（Phasianidae）与䴙䴘科（Podicipedidae）……我开始吟唱我的卢卡莎，有些歌谣中还加入鸟啼声。我的歌谣除了节奏之外，谈不上旋律优美，但是现在对我来说，这些几乎没什么音乐性的短句就像音乐。当我唱到任一科时，就能“看见”这一科的鸟类身影，不再需要讲出它们的名字。因为它们不是文字，而是人物，有了这些活泼生动的影像，就足以唤起情感上的回应。

我尝试凭空描摹出卢卡莎的样子，而在这么做的同时，我也观看了所有鸟儿和故事。在这张“草图”上，我潦草添加了几笔，加上羽翼的形状及鸟喙，还有我现在凭借卢卡莎想象的那些特征，然后很快我就了解到，为什么原住民制作沙画或在地上绘图，排列树叶或在树皮上刻画，结果最后反而丢弃了那些作品。因为无论在心智还是在情感上，这个描摹的过程既强大又具有成效，真正可以让这知识难以被人遗忘。

我开始为了与角色互动的乐趣而把玩故事，不再只是为了记忆知识。例如，太平洋鸥与黑背鸥极为相像，二者都是大型海鸥，这种鸥类的显著特征就在于鸟喙前端的那点红色：黑背鸥的红色在嘴尖下方，太平洋鸥则是在“鼻头”。我的海鸥故事讲的是太平洋鸥，叙述时口齿还要含混不清，就好像我喝醉酒，这醉酒正说明了太平洋鸥为什么有个红鼻子，而黑背鸥则是个健康的恶魔。这“兄弟俩”为截然不同的生活方式吵得不可开交。构思他们的对话，带给了我许多乐趣。在我的想象中，他们是男人，而在海滩上，他们是鸟。这两个品种我可绝不会搞混。

让我感到惊讶的是，不同的方法竟能如此自然地联合发挥作用，创造出了更好的记忆辅助效果，协助我牢记我的鸟类野外指南。我的卢卡莎、适合较大型鸟科的地景空间、歌谣、传说与动作，所有方法相互结合成一个极为有效的整体，大大超越了每个工具的总和。随着时间推移，我的故事神话色彩日益浓厚，但我在这方面所需要的信息也总是随时可得。我喜欢在做园艺时或睡前构思故事，有时候它们还会进到我的梦里，这些都是自然发生的，并非刻意安排。我的故事很自然地越来越能让我联想起那许多我曾读过的原住民传说。

各式各样的记忆空间

毛利人有种族谱棍——旺嘎帕帕（the rākau whakapapa），我拿木头也仿着雕刻了一个。在太平洋文化中，族谱对建构知识系统发挥了重要作用，若能对此有所理解，便有利于探索知名的复活节岛巨石像建造的原因，我将在第 12 章加以探讨。另外，我也选择了熟记欧洲皇室与中国王朝，借此探究不同的谱系结构。

在我的几块小型雕刻记忆板中，有一块是我根据资料中的澳洲朱林加的尺寸与刻痕而设计，用来将维多利亚灌木林中的本土植物转译收录起来。我还雕了一个小型的加缀饰木制板，这是刻意设计来代表一部内容不断扩增的歌谣集，同时也帮助我定期温习。该板大致上是依据前一章提过的美洲温尼贝戈族印第安人的歌谣板而做出来的。

我正在将世界艺术史转录到我个人的印加奇普（如前一章所述）里，放进那些绳结、色彩、缠绕、编辫与绳线当中。对于我想收录的信息，这项设计居然可以如此轻易便符合需求，这点让我感到惊讶。若说这项工具对于印加帝国的兴盛曾产生极大助力，我并不意外。

我也根据美洲印第安人的冬季清册，制作了一个皮革刻绘画卷，它为我的“时光穿越”之旅提供了强大支援，自 1900 年以来每一年都无遗漏。另外，因纽特与太平洋岛民等许多文化，都会利用翻花绳游戏来说故事，我目前也正以自制的绳圈来讲述伊索寓言。雕刻彩绘的木杆和木柱广为世界各地所采用，于是我便在工作室外的阳台上雕造一根木杆，将维多利亚州 139 种哺乳类动物，以及它们晦涩拗口的学名，全部依照特征和习性等分类顺序，一一转译成密码收录起来。我还将希腊万神殿和罗马众神，转译收录在 6 个刻成心形的木块上，每个木块各有独特的纹理。

我用来“想象”的那些方式，当中有部分是模仿波弗蒂角文化使用黏土球的方法，我将在第 11 章加以说明。至于前一章提到的非洲约鲁巴族的 16 片玛瑙贝“占卜”法，我则是拿来转译收录自己花园里的植物——分装饰、食用与野草 3 种。在第一次抛掷贝壳时，从 16 种植物中选出一种，第二次抛掷时，为每种植物匹配 16 种属性，包括物种历史、耕种时间、开花（收成）期、播种、种植条件、病虫害以及各种变数等。

这所有实验使我相信，这些记忆设备具有不可思议的效用。在使用所有工具时，信息都会与记忆空间内的某个特定地点相联结，知识被转译收录在生动的故事里，而故事又通过想象的联结，牢牢固定在那个地点上。

我最意义非凡的一项实验是根据自己对澳洲原住民歌唱小径的认识，尽可能模仿去创造了一条歌之路。在我家附近灌木丛中的“散步小径”上，我为沿路许多“神圣地点”都取了名字，我发现在吟唱这些名称时，自己竟然能以一种从来不曾预料到的方式，去“想象”这趟旅程的每一步。我从中得到了更深入的灌木知识，那是数年来在公园中散步时从未曾有过的知识深度。借由前面所描述过的几种记忆工具，我将当中的一些歌谣与故事融会贯通，尤其是有关鸟类、哺乳类与植物等信息，每首歌谣在我的歌之路上，都有特有的衔接定点。同时我试着像许多游居文明（mobile culture）一样，依据植物的季节性开花、候鸟到来的时间，以及许多其他特征，尽可能去创造一个可以与世间所有事情相契合的历法。

我这各式各样的记忆空间大杂烩，越使用就越是轻松顺手，在创作歌谣、故事与舞蹈时都轻而易举。我的知识系统已然整合成为一个信息集合体，任何时候只要有需要，都可以毫不困难从中挑出我要的东西。如今它已变得如此错综复杂，连我自己都无法解释在我心里发生了什么事。这是一个如此活泼、生动而又可靠的体验认知的方式，与我之前所使用的一切是如此不同。我也明白了，为什么原住民文化几乎不可能解释清楚他们的知识系统，因为那就算没有几千年，至少也有数百年的经验累积。

若不是实际使用这些记忆方法，我想我大概永远都无法理解。只希望能有读者和我一样，拥有完全相同的体会。

4

我的“时光穿越”之旅

我可以在时间之中“旅行”，穿越所有史前和历史时期，无须去记忆先后顺序。无论何时何地，我都能在想象中的小镇街道散步，然后记忆收录在那里的每样事物。借助树木与旅程、故事与纸牌，我现在能记住的信息，远比原先想要记忆的更多。所有这一切，都发生在我遛狗的时候。

旅程开始之前

我可以在时间之中“旅行”，穿越所有史前和历史时期。在我带着小狗从前门离家的那一刻，最初始的那个生命在地球上诞生，我们走过近一公里路程，途中经过无数个“记忆地点”，最终旅程结束，返回家门，也就来到了现在。

创造记忆之旅，最重要的步骤就是得先有个“地点”的架构，你可以运用某个近郊街区、灌木丛间小径，或是任何地景，只要散步时能有个可靠的路程顺序就好。我的“时光穿越”之旅以自家为起点，然后就在这乡村小镇的几个街区里到处走。作规划的第一个阶段，是为这个旅程的每个段落设定日期。经过多次实验，我发现在第一个人类祖先降临之前，时间必须加快一些，在需要记录比较多细节的时候，就得分配长一点的距离，特别是到了现代人类诞生的时候。

我无须去记世界历史的时间先后顺序，因为地景就能帮我。

在这“旅程”中的任何地点，只要我想要，随时都可以添加信息。一旦我给某个地点分配好了意义，不管它是大门、石头、窗户或信箱，往后这些重点“特征”就会自动跳向我，而其他所有未被指派的特征，则会像背景杂音一样退开，等到我需要它们的时候，才会变得有意义。我从真实或想象的历史中，找出生动有趣的人物放进故事里，照着古希腊教科书《致赫伦尼之雄辩术》的建议，我让故事变得荒诞、有趣、低俗与暴力，然后，容易被记忆。

怀着一种数学的意趣，我替自家小狗取名“艾普希隆·派”。“艾普希隆”（Epsilon，即“ε”）是个数学符号，意指极小数，“派”（Pi，即“π”）则是我最喜欢的数字。在本章艾普希隆将与我一起走“穿越时光”之旅——这个旅程将带领我们，穿越本书中大家将见识到的所有文化。

专家说，地球形成的时间大约是在46亿年前。当我与艾普希隆沿着家里的车道走出来时，第一个生命——第一次光合作用——正要出现。多细胞生物在对面住宅的花园里露了脸，第一种陆地植物与寒武纪生命大爆发（the Cambrian Explosion）也在石墙后面靠角落的地方展开。我们走过各个地质年代和“永世”（eons），每栋房子代表一个世代：冥古宙（Hadean）、太古宙（Archean）、元古宙（Proterozoic）、古生代（Paleozoic），直到进入中生代（Mesozoic）。街区上最后一栋房子的花园凌乱不堪，正好拿来代表中生代，非常好记。

不知道为什么，艾普希隆很不喜欢“中生代”，每次一走到那里，她就想回家。于是我抱起她，在路过三叠纪（Triassic）、侏罗纪（Jurassic）与白垩纪（Cretaceous）时，顺道向恐龙们点点头。然后从上新世（Pliocene）开始，她又非常乐意走路了，即使在这栋“露西”（上新世著名的南方古猿）的房子里，有好几只吵闹的大型犬。露西应该完全没预料到，她的骨骸在300万年后的某一天被发现时，会造成这么大的轰动。

我在第一个角落转弯，那是距今200万年的侏罗纪。到下一个转角的时候，正好就进入新生代（Cenozoic），在这里我们偶遇了许多灭绝已久的原始人种，直立猿人（Homo erectus）就笔直地站在街区最后一栋房子那里。而到了这个100万年前的街角，我选定这里是最适合将“地质年代”转换为“考古年代”的地方，我们就此迈入旧石器时代。

走到街区另一侧时，时间略微慢了下来，在每一个区域里，无论是房子或篱笆，都代表10万年前。北京人（Peking man）、尼安德特人（Neanderthals）全都在这里。最后，我们走到街区半途的大门时，遇到了第一个现代人类——智人（Homo sapiens）。然后在经过下一栋房子的那一刻，最原始的艺术出现了，而那也是最早的记忆空间。

第一个现代人类

我们走过一个信箱，这里还在旧石器时代，因为信箱有着洞穴式的收信开口，所以它就是南非的布隆伯斯洞窟（Blombos Cave）了。目前已知最早的非洲史前艺术就在这里出土，时间约可追溯至公元前 7 万年，那是两片刻有几何抽象符号的赭石岩，旁边还留有几个贝壳串珠。这些抽象符号被用来转译收录多重知识，但是在尚未取得更多证据之前，还不能进一步断言布隆伯斯洞窟也是记忆空间。

到了 4 万年前的下一个街角，澳洲已出现人类。地面上的圆形水沟盖就代表蒙哥湖（Lake Mungo），位于距离悉尼近 800 公里远的内陆地区。当地人类化石时间据推断至少在 4 万年前，但有些学者认为他们抵达的时间应该还要更早。那些教会我许多东西的澳洲原住民，从这里开始也加入了我的旅程，他们将陪我一直走到现代。这些澳大利亚原住民告诉我们，那些绘制或雕刻在各种媒介上的图像，是他们知识系统的关键线索。而近数万年间，世界各地始终不断有人在岩石上描绘或雕凿图像。

我与艾普希隆继续散步，发现石墙上有道裂缝，当时我心里立刻浮现出这世上最宏伟壮丽的几幅岩石艺术图像。距今约 3 万年前，艺术家们在法国肖维岩洞（Chauvet Cave）内，描绘了马匹、欧洲野牛、长毛象、黑豹、犀牛、狮子、熊与鬣狗等动物，那技法让每个游客都为之惊艳。考古学家认为大约在作画之后 2000 年，这个洞穴就被舍弃了，根据洞内遗留的壁炉遗迹与火把造成的烟渍，推测直到 26000 年前才有人再度使用。后来一次山崩封住了洞穴，也将一个小孩走过泥地时留下的脚印保存了起来，直到多年后洞穴再度被人发现。

绘了图的洞穴正好是个绝佳的记忆空间。在洞穴入口后方，通常会有许多深入的隐蔽处所，若需要公共或管制空间，这里都一应俱全。在旅程中有道矮篱笆，我用来作为法国拉斯科洞窟的记忆提示，时间大约在两万年前，洞内绘有动物、人像与抽象图案，数量多达几千个。西班牙的阿尔塔米拉洞窟中，也保留着上期旧石器时代让人惊奇不已的洞穴绘画。尽管只在洞穴入口发现人类居住痕迹，但在长达 300 米的蜿蜒通道与内室里，都发现有绘画作品。

艾普希隆与我爬上距今 26000 年的缓坡，前往末次冰盛期（Late Glacial Maximum）。该时期将近尾声时，出现了一个遗址——澳洲布拉普半岛（Australian Burrup Peninsula），这是世界上最让人感到振奋的几个遗迹之一。半岛还有个名称叫“姆鲁加”（Murujuga），就在西澳大利亚的皮尔巴拉区（Pilbara region）内，经常与英国及欧洲的新石器时代遗址相提并论。不过布拉普遗址的年代较为久远，里面有以巨石摆设的立石、圆形和直线形石阵、圆形石冢、无数个小型土冢，还有最让人兴奋的是，里面有全世界最大规模的岩石艺术收藏，岩石绘画的数量高达 100 多万件（一般认为这正象征了一个持续长达数万年之久的传统），当中有许多画的是这个地区早已消失的动物，诸如灭绝的塔斯马尼亚虎（Tasmanian tiger，或称袋狼，以其身上斑纹似虎得名）。得益于当地岩石质地坚硬及降雨量稀少，这个遗址至今仍保存完好。

我们的旅程来到大约 12000 年前，艾普希隆和我走向另一处艺术遗址，地点就在临近昂佩利［Oenpelli，现名为甘巴兰亚（Gunbalanya）］的西阿纳姆地（West Arnhem Land）。在这最古老的岩石雕刻中可以发现几何图形，这种图形不仅以往常常看得到，即使在最近仍不乏出土实例。人类学家霍华·莫菲认为这处遗址是世界范围内将悠久的岩石艺术传统记录保存得最完整的地方。对于岩石上那一系列至少有12000年历史的图样，他如是形容："就其复杂度以及当中信息可能产出的效益来看，这世界上几乎没有任何地方可与之匹敌。图画本身已记录了一段时期内的巨大变化，包括鳄鱼河流域自然景观的变迁，以及不断有新族群迁入这个地区。"[1]

若缺少了知识系统里口述的部分，想要诠释任何传统艺术，结果极可能都只是推理臆测。基于可永久保存的特性，岩石艺术在考古记录上的价值，比其他艺术形式更为重要。

然而，就算能制造恒久不灭的符号，也不能确保与符号相联结的知识不产生变化。不过，任何表演都可以重新诠释这些图像，尤其是当中抽象图样的部分，借助表演可将相关知识更新，以符合当代认知。这种灵活弹性，对于现代人类的适应能力，起着极为关键的作用。狩猎采集文化也许在社会形式上不复杂，但不应该因此就认为他们在心智上也一样。在诠释古代遗址时，我们必须先认同原住民的才智。他们有技术、历史、宗教方面的才智，但除此之外，还有理性方面的才智——依据对已知地景的持续观察，而获得的科学理解能力。

离开这知名的岩石艺术遗址之后，我和艾普希隆继续往前走，绿草如茵的河岸让我想起了在黎凡特地区（Levant，地中海东部诸国及岛屿），小麦第一次被栽培种植的时间大约是在12000年前。当时中国与日本正进入新石器变迁时期，而就考古记录来看，野狗被驯养的证据也差不多在此时出现。在现今以色列地区的恩·马拉哈（Ain Mallaha）纳图夫文化（Natufian）遗址中，发现过一名年长女性，并且还有一只小狗陪葬。到了这里，我轻轻拍拍艾普希隆，借此使自己绝不会忘记这个时间点上的这个关键遗址。

这一刻，我们已经来到了第一个作为“记忆空间”而兴建的古遗址。

古历史遗址的记忆空间

史上第一个具有纪念意义的记忆空间

我们来到了距今约11000年前，那个位置上有一栋特别可爱的房子，它是附近这一带最古老的房子之一，而位于今日土耳其的哥贝克力石阵（Gobekli Tepe），则被认为是世界上首件纪念性建筑的范例。以狩猎采集为生的纳图夫人所建造的这栋建筑物，我相信它是史上第一个具有纪念意义的记忆空间。

自1996年起，德国考古学家克劳斯·施密特（Klaus Schmidt）率团展开考古挖掘工作，全世界都为他们的惊人发现而震撼不已。纳图夫人树立了超过200根的石灰岩柱，排列成将近20个圆形石阵，每个石阵中央有两根较为高大的石柱，柱上装饰着抽象图案和一些浅浮雕图像，包括瞪羚、野猪、长蛇、狐狸、蜘蛛、蝎子、驴子、昆虫及鸟类等。石柱高达6米，重达20吨。有些T形石柱的下半部，刻有一些类似手臂和手掌的纹饰，经考古学家们推断，这是风格化的人形图案。石柱之间有矮石墙连接，墙上装设长凳，显示此处为受管制的表演场所。

在同一地区其他聚落中，同样也发现了T形石柱与动物图像。在这整本书里，你们会看到此种模式不断出现——在主要历史遗迹外围，会围绕着与主建筑形式相同但规模较小的建筑。这是因为知识保管人必须在较大型的庆典场所进行聚会，但同时他们又需要复制自己部落的知识系统。

遗憾的是，施密特替哥贝克力石阵贴上了“神庙”的标签，也因为这个名称，此后每个人一谈到这处遗址，便已预设这是一个宗教场所。[2]

这个地方没有人类居住的迹象，它不是住所，地点位于一处森林高原中，但是该地现已成为沙漠，附近并无水源，没有墓葬，也没有富有阶级存在的证据。但是遗址里却有举办宴会的痕迹，有公共与管制的表演场地，石柱排列具有明确次序，哥贝克力石阵具备了记忆空间的所有标志。

哥贝克力石阵系由非农业人士所兴建。长久以来大家都认为，为了建造纪念建筑，人们必须从事农耕，才能有空余时间从事这种劳动力密集活动。但我却认为，为了定居下来，原住民民族势必得找到方法，建造出记忆空间，来慢慢取代原本嵌置在广大地景中的那套知识系统。而任何具有固定次序性的成套物品，如直立的石柱或木桩，都可用来复制歌之路或朝圣小径沿路各个地点。

许多纪念建筑皆呈圆形，由此可以看出，在资源管理与农耕活动方面，原住民文化所具有的周期循环的时间概念模式。同时这些纪念建筑还必须代表原本自然景观中的那些地点，并且提供作为公共与管制之用的表演场所。

我与艾普希隆不依不舍地转过了一万年前的街角，这时虽然看不见哥贝克力石阵了，但我永远不会看不见一项事实：布鲁普半岛的岩石艺术，时间比哥贝克力石阵还早，而且我还没到达史前巨石阵，那还在 5 栋房子之外，还有 5000 年的时间。

“公元前”的新序幕

就在这个转角，我不再说“距今多少年”，而是改用“公元前”的说法，所以这个转角同时是距今一万年，也是公元前 8000 年，并且从这里开始，每一栋房子都代表 1000 年。在走过转角的同时，艾普希隆看到了我们的家，她加快脚步，跑过土耳其加泰土丘（Catalhoyuk），这精心装饰的新石器时代遗址，接着就在快到公元前 7000 年的地方，她又无视于切达人（Cheddar Man），这个英国最古老的完整人类骸骨正从树篱上方“瞪”过来。到了下一栋房子，大约公元前 6000 年，我让艾普希隆慢下来。在这里，我首次瞥见石圈和通道石堆，这两种是我最喜爱的记忆空间类型。

在这栋房子的花园里，公元前 6000 年，有伊比利亚（Iberian）巨石石堆。如同法国布列塔尼、英国与爱尔兰的通道石堆一样，有些伊比利亚石堆也有天文校准功能。在这里，我用来置入伊比利亚新石器时代遗址的地方是信箱，以它来代表通道石堆，我想象自己在信箱上设置了雕绘有抽象图样的石制铭牌。有少数几位考古学者不断谈到知识系统，而其中一位，卡提娜·莉莉欧斯（Katina Lillios）还认为这石牌代表族谱。[3]

至于信箱下方的圆形报夹，则是用来提示伊比利亚的石圈。就以葡萄牙的阿尔门德雷斯环形石阵（Almendres Cromlech）为例，这个最大型的伊比利亚巨石群，是举行庆典时使用的场地，由近100块石头组成，呈椭圆形排列，数千年来还在不断发生变化。

大约公元前4500年，埃及也开始兴建石圈。纳布塔普拉雅巨石阵（Nabta Playa）乃对应夏至点而建，有考古学家声称，这是目前已知石圈中，有天文校准功能迹象的最早一座。这千年期间，建造人员所建造的巨石结构一天比一天复杂。

到了这里，我必须嵌置的信息实在很多，何其幸运，下一户宅院里面有许多建筑物，还有个花团锦簇的花园。约自公元前3600年起，马耳他岛（Malta）早期的农夫，建造了至少30座仪典用建筑，这些建筑并非供作墓葬之用，集体墓园另在他处。因为没有居住或墓葬的迹象，有人将这些建筑物归类为“神殿”，而这个称谓暗示人们那些遗址纯粹只是宗教性纪念建筑，但是考古研究却对此提出了更为复杂的说明，社会学家大卫·特恩布尔（David Turnbull）便指称这些建筑为“知识剧场”。[4]

这类会场的格局规划通常呈四叶苜蓿形状。就今日废墟所见，这些马耳他的仪典建筑里面相当宽敞，当中有些具备屋顶并且格局完整的内部剧场，则是相对比较昏暗、密闭的小型空间。建造者在前场修建了雕刻的石材外墙，上面有红色赭石的装饰，以此作为公开表演场地，墙上有洞，被称为“神谕孔”，这是为了让那些在内部会场的人可以给外面的人传递信息。

所有建筑中时间最早的是马耳他戈佐岛上的两座吉甘提亚巨石神殿（Gantija），四周有一道石墙包围，正门有6米高。两座神殿当中较大且较古老的那一座，内部中间有一条走道，四周为5个半圆形的隐蔽空间。在马耳他还有另一座年代相近的巨石群建筑——姆纳德拉神殿（Mnajdra），由3座修建时间已有数百年之久的神殿组成。当中某些石柱上横向雕凿了一排排凹点，其他的则雕有螺旋状的纹饰。借助太阳在至点（solstice）及二分点（equinox）时照射石柱所形成的不同形状的影子，原住民长老就能维持历法运作。

数百年后，在距离姆纳德拉神殿大约500米远的地方，哈尔萨夫列尼地下宫殿（Hypogeum of Hal Saflieni）开始动工。天然洞穴极有利于开凿地下建筑，具有非常好的构造比例和属性。此处地下宫殿盖在墓地上方，根据出土统计，在较底层的乱葬岗子里，大约埋有7000人。这里并没有富人或精英墓葬的迹象，面对死亡时，人人都是平等的。

不过，长老们还是把维系知识系统的需求一并纳入了这座地下宫殿。他们从岩壁上开凿出来的圆形隐蔽主室，拥有真假两个入口。在最小的几间侧室里，其中一间因为拥有声学共振功能和装饰繁复的天花板，让人印象极为深刻，因而博得“神谕室”的称号。另外还有一间侧室，精心装点着螺旋形纹饰。至于其他房间，看起来似乎都是储藏室。

新石器时代的建筑与生活

在后续 2000 年旅程中，我与艾普希隆经过爱尔兰、英国与西欧等地的大量新石器时代建筑，它们都已被加入不断变化的地景之中，而这也将是接下来几章的重点。这些建筑物当中，有许多会让人联想起马耳他神殿，以及伊比利亚纪念建筑中的巨石室。大约在公元前 3300 年，爱尔兰人在米斯郡的波茵河谷（Boyne Valley）建造了通道石堆，一般都认为这是坟地，但是有关新石器时代通道石堆的考古发现所揭示的结果却远比这说法复杂得多。我确信这些建筑基本上都是受到管制的记忆空间，其中有些也是最受尊敬的长老们的埋身之所。

据考古学家推测，法国西部大约在同一时间进入新石器时代。装饰华丽的巨石通道和超过 3000 根直立巨石，都在布列塔尼地区被发现，被人们称为“糙石巨柱”（menhirs）。那些曾经茕然独立的糙石石柱，一根的尺寸足足都有英国史前巨石群最大石柱的 3 倍。其他石柱有些排成石圈，大多数则呈平行排列，绵延几公里。当石堆、石圈与圆形木阵（henge）在变动不定的地景中同时出现时，奥克尼岛（Orkney）与埃夫伯里（Avebury）的纪念建筑，也将于公元前 4000 年开始兴建。

我忍不住要先预告一下接下来的这栋房子，它代表了公元前 3000 年。就是这里，总是让我回想起首次探访英国史前巨石阵，在索尔兹伯里平原上那极不平凡的一天。史前巨石阵兴建的第一阶段，大约是在公元前 3000 年，而后修改变更的工作持续进行了

1500年，这完全都是为了配合长老们向农业生活转型的需求。

不过，现在我们还没抵达史前巨石阵。我和艾普希隆停下脚步，欣赏眼前这栋房子里的那相当美丽的花园。这栋马耳他神殿的房子，花园里的不同部分带领着我的思绪，转向英国、爱尔兰与布列塔尼等地的通道石堆，然后我注意到有几座小土堆，这又会让我想起，纪念性建筑物此时也正要在美洲地区出现。在第9、10、11章里，我们要来谈谈有关这个极端不同的文化的故事，看看他们如何在北美洲与南美洲大陆各地，兴建土冢、平台金字塔和广场。

世界上第一座纪念性土冢，是由美国路易斯安那州沃森布雷克（Watson Brake）一支狩猎采集文化族群所兴建，时间约在公元前3500年。在农业发展稳固之前，仰赖狩猎采集为生的人们，将会持续修建这种土冢式构造体长达数千年之久。在考古记录中，玛雅文化第一次现身的时间是在公元前2600年，而后他们终将在自己宏伟的城市中，建造出许多土冢与金字塔。我顺着街道往下看，可以看见玛雅人就在下个街区附近走着，然后来到现代，就像澳洲原住民文化一样，他们今天仍然在持续发展着。我可以看到，与玛雅文字以及其城市建设高峰相联结的那个地点，还在2000多年的距离之外。而与此同时，美洲大陆最早的一座城市正要出现，就在秘鲁沙漠中，一处如今叫作“卡拉尔”（Caral）的地方。

大约就在同时，埃及第一座金字塔——左塞尔金字塔（Pyramid of Djoser）修建完成。几个世纪以来，有关这些非凡历史遗迹的每项发现，都深深吸引着古埃及研究学者和一般大众。没有内部会场和墓地的阶梯金字塔，在埃及中部与南部各地兴建，他们所采用的正是美洲的记忆空间形式。尽管如此，绝大部分埃及金字塔都是由读写文化所建造，他们从公元前 3300 年左右，便已开始使用象形文字。虽然我已将吉萨大金字塔、狮身人面像，还有更多不可思议的埃及历史遗迹全都放进了我的旅程中，但很可惜这本书里所要讲的故事并未将它们囊括进去。

来到公元前 2000 年时，这个被我想象成史前时期的街区，艾普希隆和我已经全都走了一遍，现在回到自家外墙。就从自己家开始，我们走过半个街区，去到下一个转角，我已决定这里是“公元 0 年”*。这个街区有 4 个街角，分别是公元 500 年、公元 1000 年、公元 1500 年与公元 1800 年，而我的家是公元 1900 年。每过 25 年，我就做个标记。遇到重大事件时，则是与树木或石头、篱笆和大门、排水沟、路标和墙上形状不规则的砌砖进行联结。一个具有意义的地点一旦被设定，便会从整个环境中跳脱出来，于是我只要在心里想象这个地点的画面，就能推断出这前后 10 年内实际发生的事件。而从公元 1900 年起，我更是将每一年的事件与住所和花园附近的某条“旅程”相联结。

站在家门前沿着街道往下看，可以看见美洲的故事正在快速上演。在公元前 1800 年那里，我想起在路易斯安那州波弗蒂角时，曾经在那些巨大土冢的营建地点遇见的乌云似的成群大蚊子。

---

* 指公元 1 年的前一年。

而在公元前 1400 年那边，极具影响力的奥尔梅克文明（Olmec Culture），已在美索亚美利加（Mesoamerica，古代中美洲）出现。前印加时期的查文文化（Chavin Culture），很快也将在查文德万塔尔（Chavin de Huantar）打造自己的城市。然而，故事还不只发生在美洲。

位于地中海马耳他东部的克里特岛，是米诺斯文明（Minoan Culture）的发源地。虽然有大量证据显示，比米诺斯更早、远在新石器时代此地已有人迹，但是因为那座同时存在于现实和神话中的克诺索斯（Knossos）城，克里特岛拥有较高知名度，因此人们通常还是认为这是欧洲最古老的城市。

克诺索斯第一座宫殿建立的时间大约是公元前 1900 年，后来在《伊里亚特》和《奥德赛》两首史诗中，荷马曾说过克诺索斯国王米诺斯的故事。当我站在公元前 1700 年这个地点往街道上看时，可以看见荷马，他就在公元前 800 年那边等候着。在克诺索斯迷宫似的上千座房子里，装饰着陆地及海洋动物、植物和神话生物的画像。我对当地出土的手抄本上的两种文字——“线性文字 A”和“线性文字 B”极为着迷，但因为克诺索斯宫殿基本上并不算是记忆空间，我必须继续往下走。

我与艾普希隆经过了公元前 1000 年，那里有许多“石圈”，正照着斯堪的纳维亚地区的船只形状兴建中，这石圈建造的目的，与后续几章将提到的新石器时代石圈被公认的用途完全吻合。在约旦出土的巨型石轮，也与北美大平原部落的“医药轮”（Medicine Wheel）遥相呼应。在中亚与西伯利亚南部，也发现

900多个带有刻纹的古代巨石，其中有些高度超过5米，这些石块被称作鹿石或驯鹿石，因其上的飞鹿图像而得名，时间大约是在公元前1000年，据说这是由青铜器时代狩猎采集先民雕刻而成的。巨石表面除了猪、牛、马、鸟、老虎与青蛙等动物的写实画像，还有许多抽象符号和神话图像，但是此地并未发现与这些巨石有关的墓葬，所以我敢肯定这些都是用来组成记忆空间的。

与古人在旅途中相遇

接着我们开始遇见“古人”——就是前文提到的，我在玩纸牌时设定联结到纸牌上的那些人。首先出现的是荷马，大约在公元前800年的地方，随后现身的每个人，都与同时代的人共享一个舞台，都受到身边事的羁绊。我可以看见在毕达哥拉斯、佛陀、孔子、苏格拉底、柏拉图、亚里士多德与亚历山大大帝之前，有谁曾经来过，影响了他们的生活，然后继续走，前方又有谁，受到他们的启发而决定自己的人生。我不可能搞错顺序，因为他们都被安置在地景里，而有关他们人生的种种事迹，都已被转译收录在纸牌诉说的故事里。

从公元前1000年到公元0年，这短短的路程里涵盖了中国的周朝、首届古代奥运会、巴比伦帝国的崛起与衰落、罗马共和国的创建，还有中国战国时期。我赞叹欧几里得的几何学和澡缸里的阿基米德，同时也看着万里长城正在修建；我瞥向丝路，而玛雅人也正利用符号，将声音转变成他们最早的文字；我注意到有人类登上了马克萨斯群岛（Marquesas Islands），然后我向西赛罗、恺撒大帝与耶稣基督点头致意。

当文字书写的历史开始主导我的旅程时，我意识到书写让知识的表达产生的变化。虽然如此，我依然看到许多以无文字文化的符号来创造的记忆空间。公元前200年至公元600年，纳斯卡人在秘鲁平原上搬动数百万颗石头，创造出了大型动物地画（glyphs）、几何图形与极长的线条，而如第10章所作的说明，在安第斯山脉与海岸之间，那片平坦的贫瘠沙漠上，纳斯卡线（Nazca Lines）形成了一个记忆空间。

在我与艾普希隆走到公元前400年时，庞大的教堂大厅的阴影遮蔽了小径，因此这里完全见不到阳光，但是我却开心极了，因为就在这一刻我进入了欧洲黑暗时代。罗马帝国分裂为东西两国，西罗马帝国就在我的路径上，而东罗马帝国，因为基督教教会的缘故，灰飞烟灭。当我抵达教堂时，差不多就在公元878年，阿尔弗雷德大帝（Alfred）正在焚烧一个教堂大厅形状的蛋糕。在历史上他当然不可能真的这么做，但是每次经过的时候，想着他这么做，总是让人忍俊不禁。

在我们的另一侧，古普韦布洛人已经开始兴建他们的“大房子”（great houses），就在那个我曾见过最为振奋人心的地方——美国新墨西哥州查科峡谷。这里有一道天然石材制成的檐槽，我将它与查科峡谷的石制品相联结（后者也是本书第9章的主题）。我在公元1000年处，转过教堂附近的角落，此时正当查科峡谷地区的发展巅峰时期。我仿佛能听见赞美诗的歌声，而这也提醒了我，现在这里正是中国的宋朝时期。檐槽的末端大约就在公元1150年，这也是查科峡谷被废弃的时间。

此时人类已登上复活节岛了吗？考古学家们为拉帕努伊人（Rapanui）首次登陆的时间争论不休，从公元600年到公元1200年，各种日期说法都有。复活节岛采用了无文字文化运用地景的方法，以及太平洋传统文化编整知识的方式，形成雕像式的记忆空间，这是本书最后一章的主题。

在那之后又有许多事件、人物、图像与思想，然后艾普希隆与我来到公元1200年这一年。我才刚经过理查一世（King Richard I）身边，他的那棵树上有只狮子。（英国）所有“理查”王的地点都在树上。我之所以想象在理查一世的树上有只狮子，是因为这可以提示我“狮心”一词。* 约翰王（King John）的位置还在转角处，所以在这里他才刚登上英国王位，罗宾汉也在那里，就躲在玫瑰丛中。在车道上，大津巴布韦（Great Zimbabwe）一地的非洲文明也正攀上巅峰。同时在美国科罗拉多州，古普韦布洛人也已在梅萨维德（Mesa Verde）建造他们的悬崖住宅。成吉思汗正在纵横驰骋，所以他就是花园里那个生锈的高大装饰品，上面还有看起来很邪恶的爪子。

走了30多米后，我看见《大宪章》正在拟定，在与托马斯·阿奎纳（Thomas Aquinas）打招呼时，也看见蒙古人入侵了俄国。然后向前望去，我注意到接下来的几十年里，奥斯曼帝国亦将崛起。我们朝中国的那边走去，进入元朝，马可·波罗也正在前往的途中。再去到南美洲，印加帝国已在地景里出现，同时阿

---

* 理查一世因骁勇善战而博得“狮心王”的称号。

兹特克人（Aztecs）占领了美索亚美利加，之前我一直以为他们的年代比这还要久远。瞥了眼公元1500年的街角，我看到前方有很多战争，但文艺复兴正要来临，瓦斯科·达伽马（Vasco da Gama）将要抵达印度，哥伦布也即将发现新大陆。天啊！在这个转角，西班牙人正在搞破坏，我在第11章里写下的那一切，都将被他们摧毁，短命的阿兹特克与印加文明都将灭亡，而历史悠久的玛雅文明则将绵延不息。

如人饮水的旅途“见闻”

费心劳神去筹备一趟真实的地景旅程，真的值得吗？如果考虑换个更常见的记忆方式，例如下面这首诗，可以帮助我们按次序记忆英国历代君主。就从征服者威廉一世（William the Conquerer）开始，直到现代。

Willie, Willie, Harry, Stee,
Harry, Dick, John, Harry three,
One, two, three Neds, Richard two,
Harrys four, five, six... then who?
Edwards four, five, Dick the bad,
Harrys Ⅶ and Ⅷ, then Ned the Lad...

背诵这首诗，我就能依序认识英国历代的国王与皇后，但是却无法知道他们的年代，更重要的是，这个结构无法再扩充。例如，我听说了“坏家伙”（Dick the Bad）——比较好听点的称呼是理查三世，他的遗体在莱斯特议会停车场被人发现，新闻里充斥着许多他的娱乐八卦，以及有关其二度葬礼的各种争议，这些要如何加进诗里？没办法。但若换成我的地景之旅，理查三世是一棵树，被摆在大约公元1483年的位置，也就是他加冕的时候，那棵树有那么多枝干、节疤和树皮纹路，随便都可以找到些小细节和他的任何事情作联结。例如一根弯曲的树枝，可以让我想起他的脊椎侧弯，底座的混凝土则让我想起发现遗骸的停车场。我的树变成了一个有文化的物体，它拥有生命、灵魂与故事。就如同原住民文化与他们的地景旅程一样，他们可以添加越来越多的知识进去，因此在我的旅程中，我得到越来越高阶的启迪。

借助树木与旅程、故事与纸牌，我现在能记住的信息，远比原先想要记忆的更多。而且我的记忆方式效率极高，实际上也比传统的学习技巧更不费力。倘若没有亲身体验，我永远无法想象这种情感联结，以及在生动地景里散步时那种纯粹的喜悦。我也许只不过是略窥了一眼无文字文化的思维模式，但就认知理解而言，这却是至关紧要的一眼。

所有这一切，都发生在我遛狗的时候。

5

史前巨石阵：不断变化的记忆空间

当一个游居文明要定居下来时，遍布在整片地理景观里的许多歌之路、古道和一系列神圣地点要怎样加以保存？答案是，用一个巨石石圈来代替以往年度例行造访的神圣场所。索尔兹伯里平原，这个知名的史前巨石阵所在地，展现了变迁过渡时期的迹象。对我而言，考古学所描绘的，正是这些卓越的知识中心在变迁过程中的故事。

人类从狩猎采集的生活形态，逐渐转变为定居的农耕畜牧形态，在经历这整个缓慢的变迁过程的同时，原住民也开始兴建英国史前巨石阵，然后又不断加以修改变更。考古学家们重建过去的社会时，凭借的全都是实体遗迹，所以我必须要先去探究，游牧的原住民群体与定居的农耕群体，这两种群体各自会产生怎样的具体影响力，才能进一步了解，当遗址建造者不再在广大地景中四处迁移，而是在某处村庄安家落户时，考古学家们究竟能从考古记录里看到些什么。毕竟，人类除了吃喝拉撒睡、畜牧繁殖和建造遮风挡雨的住所之外，也会思考与求知，我必须要先辨认那些记忆技巧遗留的痕迹，才能从考古记录中察觉到它们的存在。所以接下来我必须让大家看到，考古学报告中有关史前巨石阵“地景”的所有一切。在去索尔兹伯里平原之前，我从未想过，我所做的有关原住民记忆巨量信息的方法研究也可以运用到考古学范畴。根据解说，巨石阵中央的那些带有符号的巨大蓝灰砂岩遗迹，是在这个历史遗址形成500年之后才于此处出现的。

原本巨石阵的石圈涵盖范围比较大，直径约有 100 米，由 56 根直立巨石组成。

在那一刻我问自己，当一个游居文明要定居下来时，遍布在整片地理景观里的众多歌之路、记忆古道和一系列神圣地点要怎样保存？他们承担不起失去这些知识的代价，但又不能再度遨游在这片广阔的土地上，于是答案很快就浮现了——用一个巨石石圈来代替以往需要年度例行造访的神圣场所。这显然是个好方法，就用一个个独立的石块，将原本那些场所全部复制过来。于是他们就这样创造了一个记忆空间。

一个心理游戏：从游牧到定居

我们来玩个心理游戏，想象这里有一则故事，已经流传了许多世代，经过了几千年。

来想象一下，你不只是对身边刚发生过的事，对祖先所有的事情也都能记得，还可以一直回溯到狩猎采集时期：那时你们虽然已经不再四处游牧，但一整年里，依旧需要为了已知的食物来源而奔波迁徙。然后你会在某些地点，顺应环境条件设法提高主要资源收获量，也许是在某个适合捕鱼的地方设计捕鱼装置，或者是将天然适合马铃薯生长的地区进行整理。一代一代过去，每次你回家的时候，都对附近的其他资源更为清楚，于是你能取得的食物越来越多，然后在一地停留的时间也越来越长，因此，你逐渐能生产更多的当地食物，替牲畜围起栅栏，然后减少对野生资源的依赖，你会与远地的部落以物易物，交换种子和牲畜，也交流相关知识。在所有居留地当中，你开始特别喜欢其中某个住所。不过，现在有个问题来了。

身为经常迁移的狩猎采集者，在一整年里追随着一个个季节性资源而四处奔走，你的部落经常会在移动路径附近的神圣地点，展演仪式、庆典及知识，你还会在岩石、树木、洞穴与栖身处所描绘或雕刻，将知识嵌置在地景——你的广阔记忆空间里。因为开始在一地较长时间逗留，于是你们借助某种朝圣的制度，使长老们能够回到神圣地点，去演示那如今已然“古老”的仪式，以确保知识得以留存。即使已永久定居，你们也找到了解决办法：长老们会将原先地景一带的神圣场所，全部复制到你们现在居处的附近某个地点，利用石块或木柱来代表神圣遗址，以及嵌置在里面的知识，诸如动植物属性、导航术、族谱、资源权利协议、文化愿景，当然，还有宗教和历史。

兴建具有记忆空间功能的纪念性建筑，需要投入大量劳动力，但因每个人都能体会到这些故事对于部族在生命与文化存续方面的重要性，所以大家都很乐意付出。这些石头并非随意树立，木桩也不是到处架设，无论是圆形和直线排列、圆中有圆、平行排列的多条直线，或土冢与广场，全都是为了满足某种次序结构的需要。不管是公共或是管制性表演空间，全都已纳入仪典广场的设计当中，而且几个世纪以来不断修改变更，以改善声音的呈现效果，容纳日渐增多的人口。吟诵时之所以要走动，目的也在于回忆故事，为此而修建和维护的那些通道及行走路径，因此也受到人们重视。

当你的部落规模还不大，几乎人人平等时，想要获得权力并取得长老手中的管制版知识，唯一的途径就是提升入门培训等级。随着人口逐渐增加，知识专家们会形成权力集团，以守护他们在整个信息系统中的特别职责，确保信息能维持正确。这种团体有点类似美洲原住民与非洲农业部落的秘密社团或医疗社团。

对于农业与庆典活动来说，历法的维持都是非常重要的事，因此“司时者”在你的社会里是个极具权威的人。例如为了参加庆典，长途跋涉前往主要村落，常常需要耗费几天甚至几周的时间，这时就必须有人知道你应该何时出发，以及该如何确定方向。而回溯到狩猎采集时代，早在很久以前，你的长老们就已通过观察植物开花期、星辰运行与鸟类迁移来维持历法。定居之后，必须仰赖在一处固定地点反复观察和精确记录，才有可能进行至点、月球停变期（the lunar standstills）和其他天文活动的预测。有些纪念建筑就是依据冬夏两至点和其他天文现象来进行方位调整。

在少部分像史前巨石阵这样的仪式地点中，握有知识的精英分子受到高度尊崇，也因为那些被赞颂和传授的知识，这些地点成为著名的知识中心。人们会不远千里到此相聚和参加庆典，于是这些重要的知识中心日趋精致考究，而遍布地景各处的那些缩小版知识中心，在地方社区里也发挥着类似但较为单纯的功能。这里没有个别的富裕酋长，也没有人会带着贵重的陪葬品被埋进墓穴，知识才是真正的权力。

然后你们的社区变成了农业村落，对于长老的依赖大幅减少，他们仍然在使用的旧时记忆空间，虽然千年来已根据周遭变化进行了调整。某些人在财富和个人权力欲望的驱使之下，开始展开强制统治，打破了原有的平等思想。农夫懂得如何栽种作物或繁殖牲畜，面包师傅对烘焙很拿手，铁匠精通打铁，战士擅长厮杀，而如今部落长老们宣称只有他们与神灵具有特殊联结。在许多世代之前，曾经与所有人如此接近的神祇，如今却变成了被供奉在神坛上接受膜拜的神，神圣地点也被划上防护界线。曾经与日常生活实用事务有着紧密关联的神灵，现已不复存在，宗教与宗教“专家”们自成一体。

尽管歌谣早已无人传唱，但古老的记忆空间仍然屹立不倒，留待考古学家们努力从中重建你们的世界。

上面这一系列剧情描述，每个部分都可以再进行几倍内容延伸，产生许多不同版本的变化。从狩猎采集到农耕畜牧，任何经历过这种变迁的文化，在成百上千年的变迁过程里，必定在某方面都有过类似经历。只要人们仍旧相当程度地依赖野生资源作为食物及原料来源，仍然为了交易四处游走，需要法律与道德制度，想要维护族谱、历史与一套可以一以贯之的信仰，那么他们就会需要一个复杂的知识系统与记忆空间，来协助保存这所有一切。

下面我们将从英国开始。就英国人来说，他们转变到农牧生活形态，这期间的过渡阶段就是新石器时代。威尔特郡索尔兹伯里平原，这个知名史前巨石阵的所在地，展示了所有我所描述过的过渡时期迹象。

史前巨石阵与英国新石器时代

史前巨石阵的考古发现，究竟说明了哪些事情？跟前面描述过的那些剧情有什么关系？索尔兹伯里平原上的那些部落，自新石器时代早期已居住在那里，时间达数千年之久。考古研究显示，他们是平等主义者：在史前巨石阵1500年的历史当中，从未出现过个人墓葬和贵重的陪葬品，也没有居民被强迫修建纪念性建筑。

在史前巨石阵第一座石圈出现之前大约4000年，游牧的狩猎采集部落在距离现址不到100米远的地方，曾架设过一条巨型石柱阵列。而后人们开始定期造访某些特定地区，甚至可能在那里一待就是几周或几个月。在第一座石圈出现之前，史前巨石阵"地景"曾经延伸极长的距离。[1]

新石器时代（the Neolithic Era 或 New Stone Age），狩猎采集者在这个时期，开始迈向定居农业生活形态。长久以来他们都将信息系统嵌置在旅途地景中，但是现在为了维护这个系统，必须寻找永久性记忆空间。在新石器时代早期，比巨石阵时间更早，他们便已兴建了各式纪念建筑。

堤道围场（causewayed enclosures）是由土堤与深沟圈起的大片土地，以其横跨深沟的通道或土堤而得名。这个围场不具有防御功能，任何敌人都能轻易进入，也不是聚落地点。据估计，建造堤道围场大约需要10万个工作小时，也就是说，相当于一个人工作10万个小时，或100个人各自工作1000个小时。兴建一个永久性庆典场地，需要动用如此庞大的人力，势必得有个能让狩猎采集部族认为合理的理由——这是为了拥有一个既能保存与交换信息，又能寻觅婚姻伴侣、交换物质商品的场所。

新石器时代，英国人兴建的建筑之间存在着巨大结构差异。以考古学者重建的一处新石器时代堤道围场为例（见图版 5.1），围场位于布莱顿附近的怀特豪克（Whitehawk）。在这里可以看到以土堤与深沟划分的许多区域，入口的限制一圈比一圈高。每圈石柱与石柱内部装置，便形成了一个记忆空间。很难想象还有哪种结构比这个更完美，更适合逐级提高入门资格的知识系统的教学运作。新石器时代早期的英国人，还兴建了另外一种纪念建筑，他们运用并行排列的大型深沟和其内侧的土堤，包围起一大片狭长形的土地。早期英国考古学家们认为这种狭长的历史遗迹，可能是罗马竞技比赛的跑道，因而以拉丁文“cursus”（跑道）相称。这个巨石阵“跑道”，比巨石阵第一个石圈出现的时间还早数百年，长约 3 公里，宽约 100 米至 150 米。跑道最靠近史前巨石阵北边的那一侧，相距不到 1 公里。考古学家现在认为这些通道，是可供人们列队行进的一种场所。（本书会再三提到“沿着队伍行进路线步行同时吟唱”这个概念，毕竟没有比这更好的方式可使用“记忆空间”。）即使吟唱者已离开了这个地点，他仍然可以在脑中想象自己的队伍，同时回忆那些歌谣和相联结的知识。

约在公元前 3000 年，在英国的新石器时代地景中，开始出现一些圆形石阵（henge）结构。每个圆形石阵，是由最外围一道土堤，搭配深沟圈划出来的一个区域。在许多圆阵内部，还有由石块或木柱构成的圆形阵列。要建造这种圆阵纪念建筑，据说一般大约需要 100 万个工作小时。史前巨石阵是第一批圆阵当中的一个，最初还只是简单的一道深沟和一圈土堤，加上石头或木材构成的圆阵，后来经过不断修改，才形成现在的样貌。[2] 在所有圆形石阵里这算是最为精巧的一个。据估计，到最后阶段的演变完成时，若再要兴建这样一座巨石阵，必须耗费 3000 万个工作小时。虽然这些数据只是概略估算，但由此可以看出，对于当时那些小型部落来说，这些圆形石阵显然不是无关紧要的成品，必定具备某种他们非常看重的用途。

史前巨石阵曾被频繁使用过相当长的时间，对于当中不同阶段的确切日期如何划分，研究新石器时代的考古学者们仍有颇多争议，仅于几个主要阶段上达成共识。下面分段陈述的这一系列大事记，资料主要取自一项重要出土文物调查——2003 年至 2009 年展开的“河岸巨石阵计划”（Stonehenge Riverside Project），其中一位专案负责人以及公认的史前巨石阵研究专家，迈可·派克·皮尔森（Mike Parker Pearson）教授之研究著作。[3]

第一阶段：公元前 3000 年至公元前 2920 年（新石器时代中期）

古赛道（cursus）出现后数百年，在新石器时代中期，大约公元前 3000 年，进入史前巨石阵兴建的第一个阶段。这时候巨石阵还只是个简单的圆形石阵纪念建筑——一圈直径约 110 米的深沟与土堤。在深沟的内侧有一道主堤，外侧还有另一道，是从白垩岩中挖凿出来的较为窄小的深沟。就技术层面来说，史前巨石阵并不算是真正的圆形石阵，因为从字面定义来看，既然说是“堤”，位置就应该在深沟外围，但是，大部分的巨石阵土堤却是在内侧。不过土堤的位置在内或外，都不能改变“史前巨石阵是个记忆空间”的说法。

在深沟与土堤的包围圈内，还有一个由56个地面坑洞——奥布里洞（Aubrey Hole）所组成的圆形（见图5.1）。这些坑洞最初究竟是威尔士蓝灰砂岩巨石（Wales bluestones），抑或是木柱所留下的痕迹，考古学家们仍各执一词。因为在巨石阵这个古代遗迹的历史中，蓝灰砂岩较晚才出现。但是最近的研究报告已强力证实了这里的巨石为蓝灰砂岩，因此我选择采用前者说法。不过，无论结果是哪一种，二者都能提供建立记忆空间所需要的一套“有序地点”。

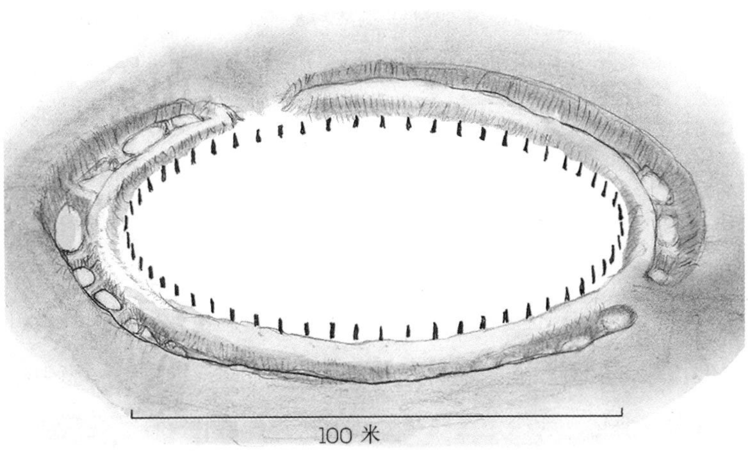

图5.1　第一阶段巨石阵复原图。琳恩·凯利绘。

史前巨石阵最初期的石圈，正是绝佳的记忆空间。一如世界各地口述文化的习惯做法，长老们必然都曾利用过这个地点，无论是复诵歌谣与教导具备入门资格者，或者在庆典中进行公开与限制性表演。保留原始粗糙状态的蓝灰砂岩，很容易与周遭岩石进行区分。（“蓝灰砂岩”一词乃为统称，泛指多种地质特性类似的岩石，大多数为火成岩。在史前巨石阵的岩石中，带有斑点的粗粒玄武岩居多。）由 56 块巨石组成的石圈，每块间隔约 6 米，以确保在每个人绕石圈行走时，每一块石头都能被单独看待。

依据使用位置记忆法的希腊人的说法，整套“地点”各个都具有显著差异，有足够间隔、照明良好，并且远离旁人走动的干扰。我曾在英国、爱尔兰与法国各地的巨石阵阵列里走动过，每块岩石都与相邻的石头有很显著的差别，也都有足够间隔，加上是露天空间，光线也十分充足。那时我对于信息可以嵌置在石块里的想法还半信半疑，等到自己实际尝试后才改观。

我将自家花园里那一系列 35 颗磨边石，与对我的思想及人生观产生较大影响的书籍相联结。其中一颗代表达尔文和他的进化论；一颗代表混沌理论，以及我首次拜读詹姆斯·格雷克（James Gleick）的知名著作时令我印象深刻的文章片段；还有几颗石头则代表一些伟大的小说家。

讲到利用天然的石头作为记忆空间，我很快就发现在石头表面上，那许多由凹痕、裂缝、凸块和苔藓所构成的图案，当中有着巨大的变化，就像是在观看云朵变换各种形状一样。我只要具备人类的想象力，就能与想要的任何事物联结。而新石器时代的英国人必定具有丰富的想象力，我毫不怀疑。因为石柱上可以雕刻或绘画，若以石柱圈来联结故事，比其他东西还要容易得多。我曾在记忆实验中只运用一根木柱——以阳台木柱转译收录家乡特有的哺乳类动物相关信息，效果非常好。

史前巨石阵考古研究最有趣的几个方面，其中一项是蓝灰砂岩的来源。最近有些研究报告指出，巨石阵的建造者挖掘这些石头的地点，是位于威尔士西南部的彭布罗克郡（Pembrokeshire）克雷格罗西菲林（Craig Rhos-y-felin）的一处蓝灰砂岩巨石矿场。然而，派克·皮尔森与其团队却认为，有些蓝灰砂岩原本可能是威尔士某座纪念遗址的一部分，后来才被搬运过来搭建史前巨石阵。如果此话当真，新石器时代英国人这是将他们的整座记忆空间，搬到索尔兹伯里平原上来，足足移动了200多公里啊。[4]

虽然大多数考古学家都赞同这些蓝灰砂岩是巨石阵遗址建造者刻意从威尔士搬运过来的说法，但仍有人相信，这些石头在久远以前就已经由冰河运送过来。这个冰河作用理论认为，建造者当时所运用的只不过是周遭地区的石块而已。考古学者奥布里·布尔（Aubrey Burl）指出，所谓蓝灰砂岩是种“来自威尔士西南部不同地区，由粗粒玄武岩、流纹岩与凝灰岩混杂而成的混合体”。他接着说，如果“人们真的从几百里外搬运石头，那么这些未经筛选、种类混杂的石头，绝对不会是随意收集来的”。[5]

还有一群冰河理论的支持者这样写道：“从石头的多样性，看不出经过人为审慎筛选。”[6]

假如我们接受了这个观点——这些石头的作用是一组记忆地点，它们是为了建造复制地景的石圈而挑选来的石头，那么，这些天然岩石的差异越大、种类越多，纹路、斑点、形状与色彩越丰富，就越容易创造所需要的多样化记忆图像。所以蓝灰砂岩非常理想，史前巨石阵的建造者挑选的正是他们“需要的石头”。

圆形石阵深沟

尽管遭受5000余年的蓄意回填和严重侵蚀，今天史前巨石阵看起来仍然相当醒目。这里的深沟并不是沿着圆周均匀地开凿，而是切割成多个区段，每个区段底部都是平整的。

在考古研究报告里，圆形石阵的深沟多半只是顺便被人提起，大多数人都视深沟内的泥土为土堤的原料来源，而土堤的作用可能只是作为观赏区或是用来标识石阵范围。假若按照目前的理论说法，史前巨石阵主要是被当作墓地、天文台或治疗中心，那么何必还要花如此大的工夫，将每个区段的深沟底部铲平？考虑到挖掘者的工具只有鹿角制成的铲子，开凿深沟时必定已费尽九牛二虎之力，却还要那么慎重地再将深沟底部铲平，似乎有点画蛇添足。

如果挖掘深沟纯粹只是为了供应制造土堤所需要的泥土，那又为何还要开辟陡峭的侧壁与平整的底部？我努力想找出其中的原因。再看向巨大的圆形石阵遗址边的杜灵顿垣墙（Durrington Walls）深沟，更是让人困惑，与史前巨石阵深沟相比，它在深度与宽度上更为壮观。杜灵顿垣墙被视为史前巨石阵纪念建筑群的一部分，距离史前巨石阵不远，建造时间晚了几百年。圆形石阵的建造者花了几百年时间，费尽力气持续挖掘工作，力求每个沟渠区段底部平整，假使只是为了获取制造土堤需要的白垩土，或是标识圣地范围，又何必挖掘这么深的渠道，并且还要铲平底部？

我坐在阶梯式演讲厅里时，因为听说了杜灵顿垣墙深沟的规格和眼前的这个房间相同，于是试着在心里描摹深沟的尺寸和形状。向前方望去，在演讲厅最底部，讲者正站在一个平台上演说，这画面触动了我，如果长老们不是在巨石之间表演，而是在深沟的底部，那么深沟形状的作用正好就像这演讲厅一样：比较大的区段可供公开表演之用，比较小的区段则可轻易杜绝未取得入门资格者的窥探。我立刻就可以想象长老们吟诵的画面，他们的歌声在高耸的巨大石墙之间回荡，然后纯白侧壁反映着火炬的光芒，那情境必然十分壮观。

针对巨石阵和其他带有深沟的圆形石阵，在阅读过几百份相关考古报告后，我发现许多遗址不太容易找得到深沟的侧面图资料，最重要的是，从中无法得知它们的底部究竟是平坦的，是 V 形的抑或是崎岖不平的。V 形深沟往往表示具有防御功能，就像在史前巨石阵失去作用之后很久，铁器时代（Iron Age）常常可以见到的那种情况一样。若是雕凿得极为粗糙的深沟，则多半暗示这只是种范围标识，或是筑堤材料来源。唯有底部平坦的深沟，才是适合表演的场地。事实上，虽然还有许多圆形石阵的沟渠尚未发掘，但是在经过进一步研究之后，我发现底部平坦的圆形石阵深沟，似乎已看得出是一种标准形式。

土堤底部宽约 6 米，高度据估计曾有 2 米，堤的区段与深沟的不规则性恰好吻合。这个以耀眼的白垩石建造而成的土堤，从远处看必定十分醒目。整个深沟并未挖掘成连续的沟道，反而划分成将近 60 个区段，为什么？答案很简单，只要你想象一下，表演者站在深沟里，而观看者在土堤上方的情景。这一整圈深沟恰好超过 340 米，不可能只单独运用于某一种仪式。每个区段宽度从 2 米到 5 米不等，深度也不同，有些还超过 2 米。沿着整圈圆形深沟的区段逐个走下来，这区段划分应该是为了满足当时一整年不同庆典的需求而设。以第 18 号区段为例，它特别平坦宽阔，应该很适合那种需要很多名表演者，同时还有舞蹈的大型仪典，如冬至时的重要聚会。较小型的区段则可供限制性较高的活动使用。至于一些特别小的深沟区段，比较符合参与者不多的仪典需求，如入门仪式。

很显然，只有将史前巨石阵设想成记忆空间，才有办法解释为何这个深沟要作区段分隔，并将底部铲平。举办仪典是他们必须要做的事，如果歌谣无法被吟唱，故事没人来述说，知识不加以背诵，这宝贵的信息也许就会遗失。见诸文献记载的所有口述文化，如果没有举行仪典，可能遭受的惩罚是：狩猎一无所获，作物歉收，甚至招致疾病与死亡。周期性仪典主宰着文化生活。当考古文物显示新石器时代英国人曾在冬天举办最大型集会时，那表示他们当时已预料到即将有寒风与大雨。

假如表演的地方是在石圈中央，观赏者在周边的土堤上，那么这些臆测很难提出合理证明，毕竟不可能仅靠人的声音就让

50 米外的观众听得见歌谣或演讲的字句。在那样的距离下，稍有风吹，原本清晰的声音就会涣散。而在气候不佳时，将兽皮悬挂在两旁土堤的木桩上，这深沟倒是很容易遮蔽。此外，仲冬时节昼短夜长，火把的光线投射在深沟内侧洁白的白垩石墙上，可以提高长老与舞者们的能见度。当时在深沟壁面上甚至还可能有刻画或描绘的符号，只不过在几千年之后，那些图案都消失了。

史前巨石阵的建造者刻意在深沟里摆放重要物品，当中最值得注意的是一些动物骸骨。有些在深沟刚挖掘完成时，便因某种目的被埋藏在沟底，而在被埋放时，那些骨骸早已存在 70 年至 420 年不等的时间，其中包含一个牛头盖骨、一根鹿胫骨，以及两个牛下颚骨，虽然没有牙齿，但骨头表面仍保持光滑。有考古学家因此认为，这意味着动物死后并未马上被埋葬，骨骸曾被照管过颇长一段时间。

在其他深沟区段里，放置有比较多的动物骨骸，考古学家们发现有狐狸、狼与渡鸦的骨头，这些都不是食用物种，在新石器时代遗迹中也并不常见。还有个区段里埋有多副狐狸骸骨，同时在另一个区段则发现一只乳猪的骨头与完整的狗爪，然后在同个区段还发现另外类似的骨骸组合，但时间晚了几个世纪。有考古学者因此推断，这种组合配置反映的不是日常生活，似乎是一种更广泛的当代背景。你是不是也会这样推想，那些骨骸或许与某些知识有关，然后在与深沟区段相联结的某个仪典中，他们会将这些知识表演出来。狩猎采集生活所留下的全部记诵曲目，很可能在当时就有部分是借着这些埋藏于史前巨石阵的古代遗骸作为表演参考。

史前巨石阵里也埋有人类遗骨。在新石器时代，人类遗骨被当成圣物到处流传。在整个族群当中，仅有极少数的人骨会被保留下来。世界各地的原住民文化都知道在仪典中利用人类和动物骸骨作为记忆辅助工具的方法，如加纳与象牙海岸的阿坎族（Akan），会在仪式中使用已故酋长的头骨与颌骨，当需要回忆各个酋长在位期间所发生的大事以及与他们相联结的知识时，这种做法全然合乎逻辑。同样地，新几内亚巴克塔曼族（Baktaman）极具神秘色彩的巫术大师，在许多神圣物件中，也会选用人类祖先和丛冢雉（brush turkey）的骸骨作为记忆辅助用具。那些被当作圣物流传和埋在史前巨石阵里的人骨，应该都是曾经备受尊崇的长老们。

考古研究显示，有些深沟区段在挖掘后不久，就立刻有人蓄意回填，而其他有些则是任其随时间自然淤积，还有一些是不断重复挖掘，一直维持使用。在人们定居之后，有些仪典仍保有原本的重要性，其他则变得无关紧要，同时也会有新的仪典被引进。至于深沟，几乎可以肯定，必然会根据长老及其仪典需求而进行调整。

除了石圈有个可通向东北方的宽大入口，参与者也可以从一条（也许两条）堤道进入圈内，这条仍保持未修整状态的堤道，让参与者可以从南边越过深沟。在超过 1500 年的使用期间内，石圈中央区域不断变化，这意味着考古学家们无法真正确定这石阵曾经是怎样的排列方式，又是于何时在这里出现的。石柱所排成的各式各样的阵列以及可能从很早即已存在的直立石块，或许会对准“北方大月出”方位（the northern major moonrise）——月亮赤纬角变化 18.6 年周期的极点（culmination），也可能会对准夏至的日出方位。

史前巨石阵曾是某种广泛文化现象的一部分。在英国、爱尔兰与西欧等地的新石器时代地景中，大约有上千座开放式圆形石阵，从非常小的石头、圆形木柱阵列，到像威尔特郡埃夫伯里（Avebury）那样的，直径长达 420 米的圆形巨石阵，若要对这些遗址的用途提出看法，就必须能对其间差异作出合理解释。

我参访过大大小小的石阵，试图了解它们与史前巨石阵的关系。英国康沃尔郡博德明高沼地（Bodmin Moor）的赫勒石圈（The Hurlers）景色壮丽，高沼地的矮种马将屁股在这古代巨石上磨蹭着，完全无视观光客的存在，它们大概几千年来都是这么做的吧。我还曾独自站在康沃尔郡的波斯卡温（Boscawen-Un）小石圈里，四周不见任何游客，那一次也有同样深刻的感受。说它是个圆形石圈，倒不如说是椭圆形，平均直径约为 24 米。石圈有 19 颗石头，除了西边有比较大的缺口之外，其他间隔都很平均。石头大小不一，不过最大的也只有一米高，所有石头较平滑的那一面，始终朝向圆圈内侧。我沿着圆阵慢慢走动时，发现每颗石头都很独特，可以轻易看出与其他石头的区别。所有石头间距约有 3 米，因此任何时候你的眼睛里都只能看到一颗石头。正中央是一块倾斜的庞大巨石，从上面斧凿的痕迹可知，这是建造者刻意摆放的角度。

就如同我们在主要城市中会有大型知识中心，而在市镇与村庄里的则是比较小型的知识中心，新石器时代的人们也一样，在比较小的定居地点，为了日常生存所需，当地长老们会需要比较小型的场地以保留物质与文化的重要知识。而这些长老也有可能前往像史前巨石阵这类较大型的地点参加部落间的集会，进行知识和物质商品交易。

史前巨石阵相关理论

圆形石阵初建完成之后 500 年，新石器时代的英国人将别处遗迹的巨大砂岩，搬到现在史前巨石阵的地点来重新架设，组成石阵内部的石圈，以及今日极为著名的“三石牌坊”结构（trilithon，即在两块直立巨石上横搭一块巨石的构造形式）。若要解释史前巨石阵建造的目的，那就必须说明为何最初结构近似的石圈会演变成后来遍布不列颠群岛的上千个石圈。再后来，经过不断修改，这些石阵逐渐转变成更具限制性的场所。

对于史前巨石阵为何兴建，目前的理论不计其数，但是许多都忽略了实际的出土文物，以及巨石阵在约 1500 年的使用期间不断变化的方式。任何理论只要涉及巫师、外星人、古道（ley lines）以及欠缺科学依据的现象，在遗址中都找不到证据佐证。我花了多年时间评估这些超自然的主张，以及有关史前巨石阵的推论，由于没有任何考古证据，这些主张很容易便能推翻。至于德鲁伊教祭司（Druid），因为是在史前时期较晚期才出现，未能在史前巨石阵的故事里留下一笔。

撰写本书期间，最普遍为人们所接受的理论主张是史前巨石阵是一个给死人的地方——坟场，因为从最初便有人类遗骨被埋在史前巨石阵里。但这里并没有遗体被安置在个人墓穴中，也没有私人珍贵财物陪葬，与我对“墓葬”一词的理解并不符合。当时我还不习惯考古学的表达方式，其实考古学者口中的史前巨石阵“墓葬”，指的是集中埋葬的经过火化的骸骨。因为错误的挖掘与早期研究人员的不恰当记录方式，这些骸骨在遗址里的最初埋藏地点和聚集处理方式，现在均不可考，但是史前巨石阵里埋葬的个体总数，经统计约为 240 人。鉴于史前巨石阵的使用期约为 1500 年，所以这个遗址很显然是属于某种“有选择性”的墓葬类型：几乎每个新石器时代英国人死后都不留痕迹，但是最为人尊敬的长老们逝世了，他们火化后的遗骨能得到安葬于神圣遗址的殊荣。这想法应该是合理的。

在石圈最初建造以及史前巨石阵的大半历史沿革中，都没有个人墓葬的迹象。在考古记录里，始终未见有遗体与陪葬品共同入葬的记录，一直到第一个石圈出现后 1000 年。青铜器时代，农耕畜牧已成为人们既定的生活方式，此时才开始有了个人墓葬——“圆坟”（round barrow）。在史前巨石阵景观中就可看到许多圆坟。

迈可·派克·皮尔森是史前巨石阵墓地理论的主要提倡者，也是新石器时代考古研究的重要学者。他在与同事，马达加斯加原住民考古学者瑞米莉桑妮娜（Ramilisonina）讨论到当地以巨石建造的历史遗址乃为死者而建的时候，派克·皮尔森提出了一个论点——史前巨石阵基本上是一个属于先人和亡者的纪念建筑。就在进入史前巨石阵时代500年之后，附近出现了大型圆阵，稍后章节中将加以说明。巨大圆阵系由木材所建，这些遗迹促使派克·皮尔森主张：像这类遗址，是为了居住在史前巨石阵东北方仅3公里外的那些活着的人而建。两地之间步行时间不到一小时，他认为两处遗址以埃文河（River Avon）加以衔接，这条河是一条与死亡联结的仪式路径。

2015年9月，几名考古学家宣布他们发现一长列巨石，数量超过50颗，分布范围广达300多米，出土前巨石原本被埋在杜灵顿垣墙土堤之下。目前还没有足够的出土文物可以确定它的年代，但是这个巨石阵的出土却印证了我的想法：杜灵顿垣墙是个公共的知识空间。

我觉得派克·皮尔森的主张——这两处遗址都是某个纪念建筑群的一部分，非常具有说服力，但我仍然相信，这两处遗址代表公共与管制仪典场地的可能性更高。不过，这些论点有共通之处，那些在巨石阵里传授与表演的知识，最后都可以肯定是来自“先人”——不管是神话里的或真实的祖先，或是二者的某些综合体。

假如发现人类骸骨，是否就表示我们挖掘到的是墓葬场地？可能是，也可能不是。许多原住民文化会将祖先与动物遗骨当作记忆工具，将有关祖先的故事或动物图腾与知识联结在一起。他们不会使用全身骨头，而是挑选头盖骨或较大的四肢骨骼。

新石器时代个人墓葬的趋势，就和前文假想剧情的预料完全一致。在定居之后，一个更有权力、资格限制更严格的精英阶级随之形成，社会规模也跟着扩大，而最具权势的长老们的坟墓里也开始出现富裕迹象。因此，巨石阵可能勉强称得上是一处墓地，但我相信“故事”不只如此。

另外还有一个普遍认同的理论，认为巨石阵主要是座天文观测台。遍布英国与爱尔兰的新石器时代遗址中，那些圆阵、石圈与木柱阵列都显示了它们具有低精确度的天文校准功能。史前巨石阵及其他相关遗址的部分作用当然与观察天象有关。（不过，有一点请切记，但凡涉及追踪太阳运行与辨认至点的操作，都需要两根棒状物，或者一根棒子和一座地平仪，而最早期的那些石圈、深沟与土堤，对天文学家来说都派不上用场。）因为“至点校直”在后来的阶段里非常重要，再加上早期巨石阵列里可能有依据至点和月亮进行校直的迹象，他们便提出一个很有说服力的论点——史前巨石阵的兴建目的之一是建造天文观测台。

还有些理论则主张，遗址是为了古代先进的数学与复杂的天文学而建，但不管哪一种，都很难提出合理证明。依照该理论，不管是单独的，或是各种椭圆、马蹄形和圆形阵列里的石块，都是某种复杂数组的一部分，共同构成一个为了数学运算而设计的天文台。因为夜空里存在的星宿行列和目标实在很多，只要将地面所有石块与木柱画线连接，都可以找到某个可指向任何天体的指标。对此，我个人认为对于纪念建筑的使用者来说，兴建目的确实是要与知识联结，但比起那些没有实际效益的“抽象技术”，还是实用知识更为重要。就如同所有已知原住民文化的情况一样，新石器时代英国人所维护的，是一种可以涵盖各种学科训练范围的“知识堤道”，这个主张应该比其他说法合理得多。

英国考古学家尤恩·麦基（Euan MacKie），是组合式天文台理论的支持者，他认为新石器时代英国人受到“天文祭司”（astronomer priests）阶级的掌控，这些人操作深奥的天文观测技术，制定一年16个月的历法，并且懂得使用复杂的几何学。我毫不怀疑，长老们除了会讲夜空里可见的那些人物的故事之外，还会借助观察太阳、星球与月亮，来维持历法运作。虽然我们几乎可以确定，长老们必定会主导一个文化的精神层面，但是“祭司”一词所暗示的宗教专业概念，却并未具备民族学方面的理论依据。因此，虽然我赞同麦基所提出的知识精英的说法，但却不能接受他提出的“天文祭司”一词，也无法认同他所加诸其上的那种数学和天文知识的深度。毫无疑问，史前巨石阵具有低精确度天文观测台的作用，但是我要再说一次，这个形式只是“整个故事的一部分”而已。

考古学家提摩西·达维尔（Timothy Darvill）与杰弗里·韦恩瑞特（Geoffrey Wainwright）认为史前巨石阵的作用就像是石器时代的某种健康温泉疗养中心，这个论点在2008年受到广泛报道。新石器时代英国人免不了有些健康问题得处理，如脓疮、牙龈发炎、营养不良、小儿麻痹、鼻窦炎、破伤风、结核病、关节炎、瘟疫及疟疾等；也可能误食毛地黄、番红花或龙葵而中毒；或在狩猎时发生骨折、割伤、擦伤等意外；同时还可能遭遇蛇、大黄蜂、狼、野牛、棕熊和野猪的攻击。就像现代人类一样，当时人们会受到头痛、背痛、关节痛以及精神疾病方面的折磨。当然，正如现代社会，他们也会有一群学识渊博的精英分子，充分利用现有的知识治疗这些病症，他们懂得如何包扎伤口，也知道使用源自本土植物的某本药材和膏药的药典。如果有史前巨石阵作为知识中心，这些精英分子便能保存并传授这些医疗知识。不过，还要再次强调，那些知识必然只是他们所有（歌谣）曲目的一部分。

所有这些理论，都与一个观念相符合：史前巨石阵基本上是一处知识空间。葬礼、天文观测、司时与医疗，全都是这错综复杂的组合体的一部分，在历史上的原住民知识系统里，全都看得见。

第二阶段：公元前2620年至公元前2480年（新石器时代晚期）

史前巨石阵首座石圈，连同周围深沟及土堤兴建完工后，过了大约500年，下一阶段工程展开了。今天大家很熟悉的大量砂岩和巨大石块，是从30公里外的马尔堡（Marlborough）搬运而来的，在整个石圈中央搭造5座大型三石牌坊，高度超越遗址中其他石块。原先奥布里洞的蓝灰砂岩，被搬移到石圈中央，不过这些岩块在此安顿之前，可能也曾属于其他阵列。最初的深沟和土堤如今已然倾颓，那时的石圈也已不复存在。

30块竖立的蓝灰砂岩排列成一个小半径的圆圈，包围住中央区域与三石牌坊（见图5.2及图5.3）。史前巨石阵最为独特的特征便是那圈蓝灰砂岩摆设的方式：在 5 座顶戴横梁的三石牌坊之外，外围石圈也都加上了横梁石，形成一个精巧的圆圈。众所周知，坚硬的硅化砂岩或蓝灰砂岩，不仅重得不可思议、难以搬运，同时也不好雕凿，而巨石阵的特色便是使用这样的石头架构出来的。在横梁石上，原住民们千辛万苦地凿出凹洞（榫眼），与直立砂岩顶端的凸块（榫舌）紧密接合。使用石锤奋力敲打，建造者一定耗费了数不清的时间来雕凿这些砂岩。横梁石间的榫舌榫眼的接合点，使得整座蓝灰砂岩石圈变得坚牢稳固，也让上方那一圈横梁石可以衔接平整。此外，这些结构不仅运用在石头上，在木构造上也看得到。刚完工的砂岩应该是亮白色，在面对这些新架设的巨大石头时，人们想必是惊叹连连。

假如史前巨石阵是记忆空间，那么每块石头必然都有其重要性。考古学家已注意到，这个石阵的三石牌坊由不同来源的石头

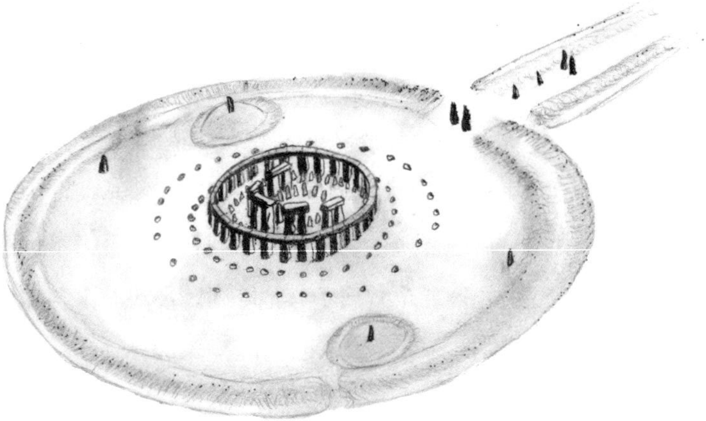

图 5.2　使用期末期的史前巨石阵。琳恩 · 凯利绘。

图 5.3　三石牌坊和蓝灰砂岩圈所构成的空间示意图，本图系依据比例尺粗略描绘而成，借助图中所添加的人形，可以看出该空间曾经具有的出入限制性。琳恩·凯利绘。

组成，每块石头都刻意加上了非常显著的修饰以凸显各自差异。从500年前的开放性仪典场所开始，史前巨石阵逐渐转变为更具隐秘性与限制性的空间。如今，这些外来的蓝灰砂岩被深埋在遗址底下，从外观几乎看不出来（见图版5.2）。

随着漫长的时间流逝，通往遗址最神圣区域的通道限制越来越严格，这个模式完全符合我的预期，这正是游牧的狩猎采集文化迈入农耕畜牧生活形态后会有的模式，但是这其中必定也有公开的表演空间。当史前巨石阵的范围日渐缩小，到只剩下雄伟的蓝灰砂岩中的小型管制区域时，原先的开放空间便消失了。就在首次从英国回来后不久，我便已发现，史前巨石阵的部分深沟曾被蓄意回填，然后放任它淤积，直至不再适合作为表演场地。我费尽力气想要找出可以与我的预期相吻合的空间模式，却只得到封闭的蓝灰砂岩精英区，缺少了公共表演空间。我感到非常沮丧。

进一步研究后，我发现了自己的错误所在。就像许多研究史前巨石阵的学者一样，我把注意力全放在了最醒目的那组石头上，却忽略了周遭环境。就在我开始密切关注学术报告，尤其是“河岸巨石阵计划”时，我发现了自己的问题。这项计划牢牢地将史前巨石阵摆进了更为广阔的人类活动地景中，更严谨的说法是，这项计划将巨石阵与英国最大型的圆形石阵之一的杜灵顿垣墙联系了起来。[7]

大约在公元前2500年，新矗立的外来砂岩岩体包围住了原本的蓝灰砂岩，使得史前巨石阵成为限制性地点。同时，人们在步行范围内还建造了两座新的圆形石阵：杜灵顿垣墙与康尼博利山丘（Coneybury Hill）。虽然在史前巨石阵的考古出土文物中几乎没有宴会的迹象，但是在两座新的圆形石阵中，都发掘出大量陶器、石制器具与动物遗骸，人们曾在那里举行极大规模的聚会。当时的英国人也会远从威尔士到杜灵顿垣墙放牛。

杜灵顿垣墙的建造位置紧邻埃文河，埃文河是当地一处大型村落不可或缺的供水来源，现代考古学者相信该地曾经极为繁荣。杜灵顿垣墙边的巨大深沟长度超过一公里，直径400多米，环绕的圆形区域面积约有12公顷。深沟被划分成大约22个区段，外有一圈高高堆起的土堤包围。

迈可·派克·皮尔森，是该遗址考古工作的几位主要学者之一。他曾如此描述杜灵顿垣墙深沟：“从平面图上，就像是一串尚

图版 2.1 原住民一边指着卢卡莎记事板上的痕迹，一边叙述着卢巴族的历史故事。

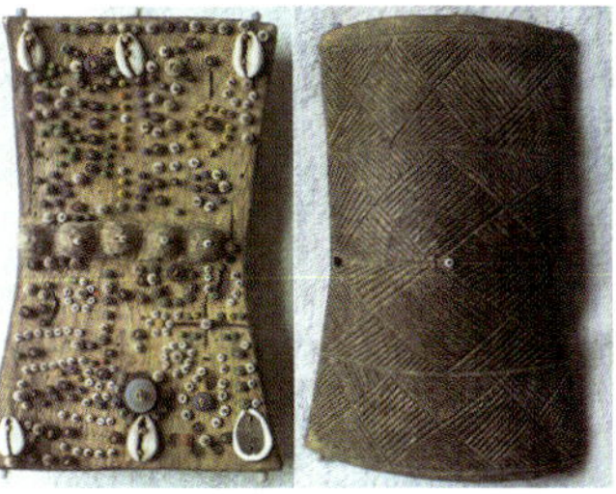

图版 2.2 卢巴族的卢卡莎。

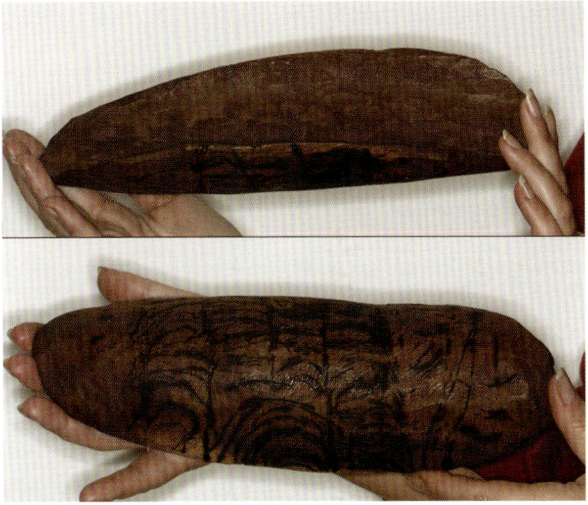

图版 2.3 澳洲原住民使用的一种盛水盘，底部刻有辅助记忆的抽象图形。

图版 2.4　孤犬冬日清册上记载了纳可塔族 70 年的历史事件。

图版 2.5　克奇那人偶。

图版 3.1　作者模仿卢卡莎制作的记事板。

图版 5.1　怀特豪克新石器时代堤道围场。伊恩·丹尼斯绘。

图版 5.2　史前巨石阵。中间可见一块小型蓝灰砂岩，位于前方地面上的是深沟遗迹。

图版 5.3　经过雕琢的白垩铭牌。

图版 5.4　刻纹器皿。

图版 6.1　史坦顿德石柱圆阵图。

图版 6.2　埃夫伯里地区的土堤与深沟。

图版 6.3　布罗德盖岬考古挖掘工程鸟瞰实景。

图版 6.4　布罗德盖岬出土石板。

图版 6.5　斯卡拉布雷村出土屋舍。

图版 6.6　从上往下依次为六结瘤雕刻石球、多结瘤雕刻石球与精雕陶伊石球。

图版 6.7　恩史坦石室内观。

图版 6.8　德瓦尔菲斯坦古墓。

图版 7.1　纽格莱奇墓。

图版 7.2　纽格莱奇墓外围的 97 块路缘石之一。

图版 7.3　纽格莱奇墓入口上方的方形石洞。

图版 7.4　T 形石冢，早晨的太阳在春分、秋分时照亮了通道。此照片摄于 2011 年秋分。

图版 8.1　石板的模型。

图版 9.1　“大房子”里较低层的房间。

图版 9.2　利用电脑重建的查科峡谷博尼托村。

图版 9.3　大型“基瓦”。

图版 9.4　绘有大耳蝙蝠图案的满博陶碗。

图版 9.5　博尼托村角度奇特的对外窗。

图版 9.6　查科峡谷外的烟囱岩。

图版 9.7　图中所指为“太阳匕首”蚀刻画的位置。

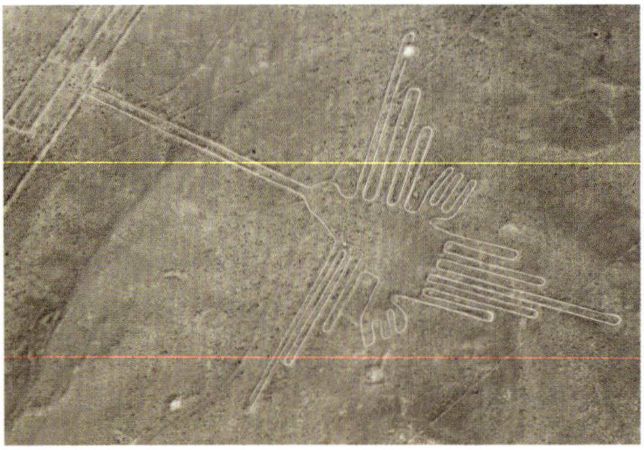

图版 10.1　蜂鸟图案的纳斯卡线。

图版 10.2　猴子图案的纳斯卡线。

图版 11.1　迷你版“波弗蒂角代表物”。

图版 11.2　米斯特克文化的鹿皮画卷摹本。

图版 11.3　库库尔坎金字塔。

图版 11.4　巨木阵，卡霍基亚印象画。

图版 11.5　比格霍恩医药轮。

图版 11.6　印加奇普。

图版 12.1　大阿胡东加历奇祭台。

图版 12.2　山坡上的摩艾石像。

未完全成形的腊肠，每一条平均长约 40 米、宽达 10 米，深度超过 5 米。”[8]

5 米深的沟道真是巨大啊，任何人站在沟底，和高高矗立在头顶上的沟壁一对比，都会显得十分渺小。为了开辟深沟，建造者在坚硬的白垩石上挖凿了整整超过一公里，而且还是用一只鹿的角去削下一篮篮白垩石，然后再徒手搬运到土堤上。

如果两米的深度就已足够遮风挡雨，为何还要在杜灵顿垣墙四周挖掘这样深得吓人的沟道？我认为，答案就在另一项尽人皆知的记忆辅助工具——音乐上面。事实上，有些人类学家主张，对原住民文化而言，听觉比视觉更为重要，歌谣无疑远较散文更容易记忆，只要在音声上稍作加强，表演就会更具娱乐效果，更容易让人留下印象。

专门研究声学的考古学家指出，那些直立的石块和新石器时代的厅室所制造出来的节奏律动，会以各种方式反射声音，从而创造出奇特的声音形态。这声音越有趣、多变和异于寻常，这歌谣就越能在记忆中余音不断。那些奇特的声音不仅可以使人产生敬畏感，如此转译收录在吟咏和歌谣中的知识，也更容易为人们所记忆。

史前巨石阵蓝灰砂岩的声波分析显示，就在这石圈之中，这些岩块能够产生回荡作用，在扩大音量和回音的同时，还能防止声音外传。目前尚未有人提出深沟底层可作为表演场地的说法，所以还没有人对深沟进行声学研究。根据我对一些基础射线图的分析，确实发现了较小型巨石阵深沟里所存在的声音效应。如果是在杜灵顿垣墙的深沟里，将能产生怎样的声音效果？增强的程度会和深度一样，达到两倍以上的效果吗？

从我的分析可以看出，站在地表和土堤上的人所听到的声音会失真，而且仿佛是由地面和深沟同时发出了声响。在另一项实验记录中也可看到同样效果，有人在苏格兰高地坎姆斯特圆冢（Camster Round）的新石器时代通道式石冢里击鼓，从外面听到的声音不仅失真，也不像是从石冢里发出来的，更像是地面传来的声音。任何人如果站在杜灵顿垣墙深沟里，一定也会为那样的体验惊叹不已。在白垩石反射的光线中观赏表演，由于声波的共鸣和干涉作用，声音效果必定倍增，而表演者在这深沟里演出，绝对有十分吸睛的效果（见图 5.4）。

在杜灵顿垣墙的圆形石阵深沟范围内，还有两座庞大的露天

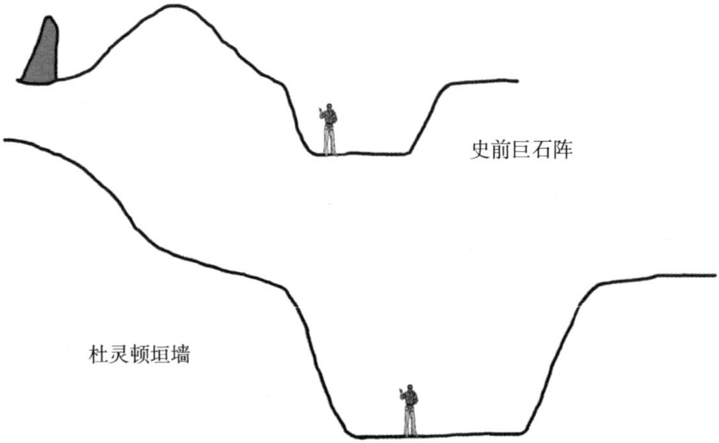

图 5.4　史前巨石阵和杜灵顿垣墙两地深沟侧面图，借助图中所添加的人形，可以看出两种深沟中表演空间的使用方式。琳恩·凯利绘。

木柱圆阵，南面一座已被发掘出来。目前已知南侧圆阵直径为40米，整个结构包含超过200根木柱。由木柱孔的考古结果可知，这些柱孔曾一再被开凿和重复使用，时间至少有300年之久。考古学家们发现，即使这个同心圆的圆阵多达6层，人们进入圆阵后，似乎总是会按照一个特定方向绕行，如果此地在建造时是为了满足一套知识系统的需要，那么该现象的出现自然在预料之内。而在这个庞大的公共圆阵场地里，南侧圆阵中划分出了一块限制相当严格的区域。纵使木材维持自然状态，一座木柱圆阵仍旧可以完全发挥记忆空间的作用，当然，如果能像图腾柱一样，在木柱上加些雕刻与绘饰，效果显然会更好。关于这些木柱圆阵的作用，目前尚未出现任何令人满意的理论，不过作为一个记忆空间，这木柱圆阵绝对是相当完美的。

距离杜灵顿垣墙70米处，还有一座更为孤立、限制性更高的巨木阵（Woodhenge）遗址。根据其168个木柱孔的大小来推测，当年木头竖立起来的高度应该超过7米。遗址中有一圈深沟和外侧土堤，涵盖直径超过100米，其中还有木桩排列成的6层同心圆。任何人站在圆形木阵中，大概都会被这些巨大的木柱完全遮蔽吧。深沟底部平坦，深度超过两米，宽度达12米。

尽管现在圈内的混凝土标记都很矮小，但是行走其间时，我想在这一个个矮小的标记位置上，原本一定有过非常高大的木柱。沿着一层层圆圈行走，除了一个接一个木柱孔，几乎再没有别的东西了。而在这极度密集的遗址里，很明显存在非常明确的次序，引导人们穿过一圈圈圆阵，最终抵达中央的“炉膛区”。在这里面，另有大约 5 根直立石柱形成一个小型围栏，或者说“拱顶”。

当别处纪念建筑的残留岩体被送达史前巨石阵时，杜灵顿垣墙也正在兴建，而就在奥布里洞（柱孔里现已空无一物）附近，两个 D 形建筑物已然建造完成。D 形建筑物后来会被矮土堆覆盖，土堆就在内侧土堤边上，人们称之为北冢（North Barrow）与南冢（South Barrow），4 块站台石（Station Stones）的其中两块就位于土冢之中。其他石块，如脚跟石（Heel stone）与屠宰石（Slaughter stone），竖立的时间差不多也在这个时期。

就在史前巨石阵跨入第二阶段，蓝灰砂岩已竖立起来时，当地自然景观里开始出现个别富人的正式墓葬，并且有私人饰品与武器陪葬。目前在较广义的史前巨石阵范围里已发掘确认了 9 座这类墓地，其中一位墓主来自欧洲，被人们称为“射手阿姆斯伯里”（Amesbury Archer），墓中还发现社会上等阶层的随葬品。

第三阶段：公元前 2480 年至公元前 2280 年

史前巨石阵的第三个阶段，亦被称作“铜器时代”（the Copper Age）。史前巨石阵建造者在这一阶段修筑了一条通道，从杜灵顿垣墙直通巨石阵东北方入口，它沿着古冰川边缘线，与“至点”方向一致。通道建造的方式是：挖掘出两条平行深沟，沟的内外两侧均筑有土堤，将古冰川边缘线包围在其中。这个通道以埃文河为起点向外延伸，中间转过几个弯之后，最终衔接上了那条通往巨石阵的“队伍行进路线”。通道两侧的深沟沟底不平坦，因为这通道是队伍行进的道路，而非表演场地，尽管如此，深沟仍然有其重要性。考古学家指出，这些深沟曾经被填平，之后又再度被清理恢复，而此时早已成为古代遗迹的最早期石圈外沿的深沟，人们也一并整理，只是随着时间推进，后来沟渠内又逐渐有了新的沉积物，终致再度淤塞。

史前巨石阵砂岩遗迹里，三石牌坊最关键的一项设计当然是太阳至点校准功能。新石器时代兴建的纪念建筑，有极高比例都存在天文校准的功能。在建造时，人们曾将史前巨石阵的中轴线角度多次变更，使得石阵构造可与夏至的日升点及冬至的日落点对成一条直线。人们在定居之后，才能更精准地进行至点观测。

在农业社会里，司时是一项至关紧要的活动。在农耕方面，为了使产量最大化，必须遵循耕作与采收的历法。同时，农夫们仍须捕捉、采集当季的野生动物和植物。而天文观测的首要目的，几乎可以肯定是维持农业与仪典的历法。在史前巨石阵的奥布里洞，这原先安置蓝灰砂岩的圆形阵列里，考古学家们并未发现天文校准的痕迹。但几块站台石的长方形分布样式，可用来进行至点校准，其东南—西北方向的轴线，则可与“北方大月出”及“南方大月没”进行校直。这些校准工作使得巨石阵与太阳至点之间的关联更深奥了。

因为史前巨石阵、杜灵顿垣墙及巨木阵可共同进行校准工作，从而能展开为期几天的多重至点观测。史前巨石阵与巨木阵，二者皆能用来进行冬至日落与夏至日出的观测。至于杜灵顿垣墙，其入口处可与夏至日出成一条直线，圆阵南侧部分则可对准冬至日出。而在这相连接的两处遗址中，同时还可以对全部 4 个关键时间点——冬至、夏至、日出、日落进行辅助观测。这重复的多处设置，让司时者能够核校他们的观测结果，人们在恶劣天气下也能进行观测工作。

对于位于杜灵顿垣墙的定居点，人们最新的看法是，那是巨石阵建筑工人的住处。然而在那里并没有任何制造或种植的物证，也没有验定过的在此地生产的任何物品，所以建造巨石阵、杜灵顿垣墙及巨木阵这个纪念建筑群所必需的那些劳工、粮食和建筑材料，是拿什么交换来的呢？

答案是他们是以知识来换取原料、商品和劳动力的，毕竟教育总是需要付出代价。人们所举办的集会应该具有多种功能，就如同文献记载中可见的世界各地无文字社会的情况一样。我相信当人们前来参加仪典、学习歌谣和取得歌谣中蕴藏的知识时，公共区域是在杜灵顿垣墙，较有限制性的地点是巨木阵，而最高管制的地点是史前巨石阵。来自遥远部落的长老们在回家时，必然已能将取得的知识转译收录在他们自己的石头与木材圆阵中，而借助传说与信仰，长老们才能守护住每个部落所需要的信息。

第四阶段：公元前 2280 年至公元前 2020 年（青铜器时代早期）

就在史前巨石阵的故事进入第四个阶段的时候，英国人也已走进青铜器时代早期，农耕生活形态的转变已完成。在外圈的砂岩圆阵与内部三石牌坊之间，蓝灰砂岩巨石最后一次被重新排列，成为椭圆形。这个椭圆形由许多不同材质的蓝灰砂岩所组成，砂岩仍保留天然状态，很可能这些石块就是千年前奥布里洞中的那批岩石。而在数十年后，在三石牌坊内部又建造出一个蓝灰砂岩石圈，该石圈一直被认为是马蹄形，暂且不管其结构，整个石圈用经过雕凿的带有斑点的粗粒玄武岩组成。无论遗址附近石头如何移动，有两种威尔士岩永远与其他石块保持区别，很明显，这种岩石始终都很重要。

根据考古出土记录，带有昂贵陪葬品的青铜器时代精英墓葬，出现在被称作南北冢的圆形坟堆里。坟堆位于巨石阵西南方约一公里处，在坟堆中最著名的“布什古墓”（Bush Barrow）里发现一名成年男性，入葬时间约在公元前1900年至公元前1700年，身边有许多当时极其贵重的物品，其中最知名的一件是名为“布什古墓菱形金”（Bush Barrow Lozenge）的黄金薄板。钻石状的薄板上，装饰着非常精准又优美的三角图形。出土遗骨的腰间还有一块黄金皮带板，另外还挖出了几把匕首、一把青铜制斧头、一块石刻的权杖头，以及其他贵重物品。

第五阶段：公元前1680年至公元前1520年（青铜器时代中期）

在青铜器时代中期，石块不再被搬移，根据考古记录，唯一可见的变动是在砂岩石圈外围，凿出了两圈长方形坑洞组成的同心圆，人们称之为“Y 洞”（Y Hole）和“Z 洞”（Z Hole）。每个坑洞周长 4 米，呈锥状往下逐渐变小，直到平坦的底部，深约 1 米。洞内有些鹿角铲，可能是用来挖洞的，有些鹿角铲被放进洞里可能已有数百年之久，能被保存这么久，可见对时人来说肯定是很贵重的东西。这一时期在英国的自然景观中，未见新的纪念建筑。

看起来此时的长老们似乎已经失去了权力，无法再召集大量劳动力。但是坑洞尽管没有那么壮观，但其作为辅助记忆歌谣及仪典的工具，效果仍和庞大的巨石一样好。在新石器时代与青铜器时代早期，其他地区也出现过相同环状排列的坑洞。考古人员在洞中发现了一些积贮物品，如白垩石刻件、带有刻纹的陶制器皿、动物骸骨、鹿角以及燧石等，这所有物品都可以与知识系统相联结。在某些坑洞里也发现了人类遗骨，但这只是比较次要的物品，在坑洞使用期间的较后期才被放入。

在所有坑洞积贮物品中，白垩石刻件与刻纹陶制器皿，二者皆具有可携式记忆辅助工具的功能。正如第 2 章提到过的澳洲原住民所使用的朱林加，以及非洲卢巴族的卢卡沙，它们的作用十分类似。

可携式记忆工具

如果史前巨石阵是一个记忆空间，那么我们也会期望能发现作用类似可携式记忆工具的物件，就像世界各地无文字文化所使用的那些工具一样。之所以把它们当成小型记忆空间，是因为人们在使用这些工具的时候，大脑运作方式和使用地景记忆空间时一样。我必须避免自己犯下“以一概全”的错误：一旦发现了一个，就把所有可携式装饰物件都看成正规的记忆装置。毕竟有时候某些物品只是表演或讲故事时的道具而已。在许多新石器时代遗址，包括杜灵顿垣墙与史前巨石阵中，都挖掘出象征阳具的物品，从文献中也可以看到许多无文字社会的低级幽默记载。性暗示是人类的一项特性，不过也有些故事，讲的是有关性观念与禁忌的教化内容，这在口述传统文化中相当常见。哪些是表演当中添加的视觉趣味，哪些又是记忆技术，二者间的界限其实暧昧不明。

有些可携式人工制品，从图案装饰模式可以看出，可能是新石器时代长老们曾使用过的正规记忆装置，如史前巨石阵的白垩铭牌——一种雕刻的白垩石圆柱体，被称作“佛克顿鼓”（Folkton Drum），还有最重要的刻纹器皿（Grooved ware）（见图版 5.3 和图版 5.4）。

许多物件上的图样，与岩石艺术以及有隔间遗址中所发现的图样非常类似，包括接下来几个章节将会讨论到的分布在苏格兰、爱尔兰与法国布列塔尼地区的历史遗迹，这些部落之间都曾互有联系。考古学家们常针对英国新石器时代的基本图案发表评论，认为它们几乎已全然抽象化，没有具体形象。如果我们从知识系统记忆工具的角度来看，那么对于这种现象就不会意外了。就如同澳洲原住民艺术一样，长老们正是利用这些抽象图案，将多层次的含义纳入单一物件之上。

在索尔兹伯里博物馆中，当我看到刻饰白垩铭牌时，出乎意料地感动。看到如此罕见的物品就在几厘米之外，同时明白它们是多么完美的记忆辅助工具时，心情真是难以抑制地激动。白垩是一种质地较软但极为沉重的石头。这些铭牌大约两厘米厚，近10厘米宽，上面的蚀刻痕迹明显具有多重象征含义，但完全无法辨识其代表的是什么，所以除了含糊地说这些铭牌是“仪式用品”之外，也不可能再提出其他用途了。尽管在史前巨石阵地区范围内曾挖出过一些白垩石铭牌，但只有极少数上面才有雕刻痕迹。依我猜想，倘若这些铭牌是管制性物品，那么在当时就不可能普遍可见。这些物件被隐藏在辽阔的白垩土平原上的地景里，大概除了考古学者之外，很少有人会注意。

佛克顿鼓，是一组奇特的白垩刻饰物件，与白垩铭牌类似，但更为精致。在大英博物馆的展品中，很容易就能找到这3个圆柱形物体，它们的尺寸很适合作为手持记忆装置。佛克顿鼓直径为104毫米至146毫米不等，其上覆盖的图案，与前面提到的刻纹器皿相似。

在巨石阵及其他仪典场地中，陶制刻纹器皿是正式的贮藏物。对英国多塞特郡（Dorset）芒特普莱森特区（Mount Pleasant）大量的圆形阵列进行分析，可以发现这类型陶器与圆阵之间存在紧密关联：在圆形阵列开始兴建之后所有出土的陶制物品中，刻纹器皿所占的比例从0.5%上升至98.6%。

刻纹器皿上的图案，比之前出土的任何陶器都要复杂许多，同样的图案也可见于巨石堆砌的通道石堆上，相关细节将于后续两章再作讨论。考古学家们相信，这些刻纹器皿在被积贮之前，已经先被刻意敲碎了。这个做法与管制知识的技巧全然一致，假若没有具备资格的合适人选可继承衣钵，他们就会销毁神圣的记忆物件，以免其落入未具资格者的手中。

在英国埃夫伯里亚历山大凯勒博物馆中，刻纹器皿专家罗斯蒙·克里欧博士，向我展示了一只她精心修复的出自杜灵顿垣墙的大型陶壶，壶面的图案结构包含了条纹或点状的三角形，这样的结构很一般，似乎很难拿来当作记忆辅助工具，但是这个图案，与我在第2章里提过的卢卡莎背后的图案结构十分相似。在那个案例里，每块卢卡莎背面均绘有象征龟壳的格式化图案，经由卢巴族长老实际演示如何使用，我们知道卢卡莎上所刻绘的每个三角形或方形条纹均具有提示关键性故事的作用。由于曾利用自制的卢卡莎来收录鸟类的信息，我现在已经了解这些抽象图案是非常有效的记忆辅助工具。

克里欧博士个人所做的研究特别具有启发性。她说在当时，刻纹陶制器皿被重新修复的可能性是其他陶器的4倍，这就表示它们比仅有简单纹饰的储存容器更为重要。事实上，那些敲碎的陶壶，往往是在不被用作遗址贮藏品时才会被修补，可见刻纹陶制器皿当中所象征的信息远比其实际用途重要。

我曾提到过新墨西哥州查科峡谷的那次探访，当地某种被判定为圆柱状广口瓶的纹饰仪典容器也呈现了相同的特征，修复后的功用也远超这种大杯子的实际饮水用途。那些圆柱状广口瓶，曾一度被用来盛装当时极为少见的可可茶，只在“大房子”的几个房间内出土文物中被发现过（将于第 9 章详述）。

记忆空间、矿场与变迁

我经常被问到一个问题，能否将在史前巨石阵所看到的地景模式，套用到所有考古遗址上，并且断言它们全是记忆空间？答案是不能。2013 年我前往英国诺福克郡，去探访被称作“格瑞姆斯坟场”（Grimes Graves）的新石器时代燧石矿场。这些矿场大约从公元前 3000 年即已开始运作，其间经历了史前巨石阵仍为人使用的阶段。在格瑞姆斯坟场的地景里，现仍密密麻麻分布着矿井，但其间既没有秩序感，也没有表演场地以及类似记忆装置的手工制品，这些矿井尚未形成某种模式，在考古发现上也不具明显的实际用途。当我沿着 9 米高的阶梯下到开放参观的矿坑时，发现这段下坡很明显只有一个功用：带领燧石矿工前往地底，在那里，横向的燧石矿井通往四面八方，整个场所里没有任何一点像记忆空间的地方。

史前巨石阵是一处记忆空间，就像遍布不列颠群岛与爱尔兰各地的圆形石阵与木阵一样，可惜的是，巨石阵并未保留下记忆空间的内容，这些知识只留存在此地使用者的记忆中，歌谣、故事、舞蹈与神话，全都早已消逝，永远无法恢复。

到了公元前第二个千年的早期，大多数前面 500 年还在使用的遗址，包含杜灵顿垣墙，均已遭废弃。等到公元前第一个千年的初期，上千座巨石与巨木阵，圆形石阵、隔间圆形石堆，甚至包括史前巨石阵，在使用了3000年之后全都遭到废置。史前巨石阵是最早被建造的，也是最晚被舍弃的其中一处遗址。

随着部落规模的日渐扩大与复杂，单一群体已无法掌控整个知识系统，于是专家诞生了。掌握权力的人可以获得财富，随着地位崇高的武士阶级的出现，平等主义已成明日黄花。当知识是权力的主要来源时，记忆空间便成为文化的主导象征。一旦财富和暴力取代了知识成为掌权的决定性因素，兴建巨石纪念建筑所需要的大量劳动力，便不再被整个群体视为合理。于是在地景中开始出现丘陵要塞，位于山丘顶端上那些加强防御的定居聚落，四周环绕着深沟，内侧还伴随着土堤。借由深沟的V形断面与内侧土堤来守护这个居住地点，任何人想要攻破这圈屏障都困难重重。有些丘陵要塞兴建在先前圆阵的位置上，深沟平坦的底部也被重新挖凿成尖锐的V形。

学识渊博的长老们尽管不再握有曾经的权力，但是他们仍旧必须维持部族的谱系、宗教、历史、天文知识，以及影响文化伦理的教化故事。青铜器时代晚期与铁器时代，圆形屋（the round houses）的太阳校准功能，取代了司时者的部分作用，而在丘陵要塞的考古记录中，可以找到有关圣地与表演空间、季节性采集与高灵敏度农作周期的证据。事实上，有些考古学者认为，将这些要塞单纯视为具备防御性的定居地是种过于简化的看法，因为这些要塞拥有所有仪典中心显现的迹象，这些学者认为此时知识专家依然为人们所需要，也可能仍然拥有权势，但是不再位居阶级顶端。

英国口述传统第一次被文献记载的时间是在史前巨石阵最后使用期过后的1000年左右，文献里记录了一些知识守护者的工作内容。恺撒大帝与其他古典作家都曾描述过高卢人与英国人的传统，包括被称作“德鲁伊族教祭司”（the Druids）的负责维护历法的精英阶级。恺撒大帝曾撰文提到口述专家的存在状况，他们可以免除兵役、税赋与公民义务，“据说他们必须依靠背诵大量诗句来学习，结果，有些人读了20年的书，还在受教育”。[9]

在恺撒的许多诗句中，都提到与天体现象有关的事情。在知识即权力的时候，新石器时代的人们兴建了记忆空间，直到今日这仍是前所未有的大事。而后当财富与暴力变成权力时，史前巨石阵为人们所舍弃，已然失去了它所有的作用。

6

埃夫伯里与
奥克尼群岛巨石群

歌之路中吟唱的歌谣，可以确保文化数千年来累积的知识不断被复诵、加强和更新。当狩猎采集生活逐渐转变为定居的农耕生活形态时，人们发现有必要将曾走过的地景路程“在地化”，于是开始兴建纪念建筑。在新石器时代的英国到处充斥着记忆空间。

看见一位艺术家笔下描绘的史坦顿德鲁村（Stanton Drew）时，我完全相信新石器时代的英国到处都充斥着记忆空间。

萨默塞特郡（Somerset）史坦顿德鲁村附近发现的那座圆形石阵，非常适合用来表演，环绕该区域的一圈深沟，底座平坦，直径超过100米（见图版6.1）。就像史前巨石阵一样，深沟内侧竖立着一圈石柱，在这石圈内，还有由柱状物排列组成的9层圆圈，可以有效遮掩住中央圆形区域里进行的任何活动。这一组组雕刻或描绘着纹饰的柱子，可以供具备入门资格者与长老们用来作为一系列记忆地点，9层圆圈就代表9个入门层级。根据考古学家们的计算，这里至少有400个柱孔，每个直径约为1米，可以想见原本矗立在这些坑洞里的柱子一定非常巨大，而当人们站立在这整齐划一的“柱子森林”里时，那感觉一定非常震撼。

艺术家的画作当然进行了美化，细节也没有影像资料多，但即使如此我仍然从中发现史坦顿德鲁村完全是为了用作记忆空间而设计的，除此之外不可能还有其他结论。

英国与爱尔兰有上千座石圈，我只走访过其中一些，有的巨大，有的小巧，但是在史前的地理景观中，这些石圈都不是单独的存在，木桩和石头构成的圆阵、多重石圈或同心圆木柱阵列，很多都是某个更为复杂的结构群的一部分。有些石圈带有深沟与土堤，有些只见深沟，有些则完全没有土木工事。部分石圈附有墓穴，部分刻有纹饰，有些还有石列与通道。这些石圈出土的器物，有些为刻饰陶器，其他则为小型铭刻物品。石圈的面积，有些直径超过 400 米，有些则不到 10 米，但即使最小的石圈，组成的石块也都各不相同。这各式各样石圈建造的时间，都是在由狩猎采集生活转变为农耕生活的过渡期。

尽管在考古记录中，这些遗址都一条条并列在一起，但是在新石器时代，它们实际建造、使用的时期并不相同。我必须厘清这些遗址的时间次序，才能判断我对史前巨石阵所作的臆测是否能套用在其他仪典所用地景上。

我决定先以两个最著名的英国新石器时代地景为重点。埃夫伯里村位于威尔特郡，距离史前巨石阵仅 30 公里，而奥克尼群岛上的新石器巨石群，则远在北方 1000 多公里外。埃夫伯里与奥克尼群岛的巨石遗迹，已由几名顶尖的英国考古学家挖掘。借着他们详尽的出土报告，我才得以研判，前一章针对史前巨石阵所作的推测，是否也可适用于其他重要仪典地景。

埃夫伯里村

6000 年前，埃夫伯里（Avebury）出现第一批原住民的踪迹。[1]这批原住民当时是否还四处流浪，停留在狩猎采集的生活形态中，仰赖放牧与耕作为生，仍有待考究。唯一可以肯定的是，人们在这段变迁过渡期里，逐渐转变了先民的狩猎采集模式，固定居住在某地的时间慢慢延长，同时他们开始耕种作物。由于发觉有必要将过往所经地景中的记忆空间在目前定居地复制保留，于是，他们开始产生了兴建纪念性建筑的需要。

在 2010 年艳阳高照的某天，我与达米安在埃夫伯里的自然风光里走了好几个小时。从埃夫伯里的小村镇出发，来到英国最雄伟的石圈里，走过一个又一个石块和横跨巨大深沟的堤道，然后沿肯尼特河（River Kennet）穿过欧洲最庞大的史前土冢“西尔布利山”（Silbury Hill），再向上爬到极其壮观的通道式石冢“西肯尼特长冢”（West Kennet Long Barrow）。接着，我们向东走，来到多层同心圆地标圈，由那些地标可看出这里曾矗立着巨大的木材与石头，组成石阵圣所（The Sanctuary）。而后我们再回过头来，眺望埃夫伯里这一片辽阔的地理景致，左边是西肯尼特长冢、西尔布利山，然后是环绕圆形石阵的树林。接着沿下坡路通向奥弗顿山（Overton Hill）一连串圆坟。之后，沿原路往回走一小段，我们又转回通往圆形石阵的正规路径，两旁是西肯尼特大道（West Kennet Avenue）巍峨的成对巨石。那天下午，我们从村里开车走了一小段路，再徒步攀上风车山（Windmill Hill）的堤道围场。那

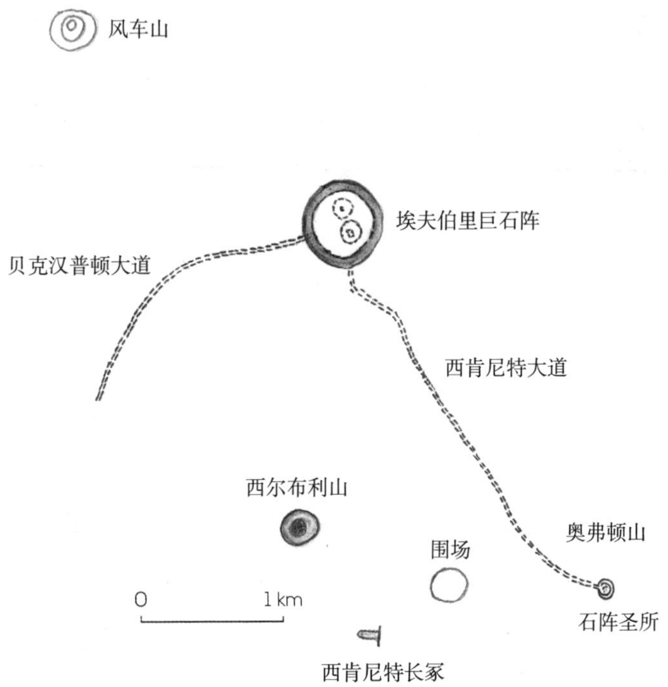

图 6.1　埃夫伯里遗址地图。琳恩·凯利绘。

里没有什么可看的，但只是站在如此重要的遗址上，就已觉得实在太棒了。由图 6.1 可见整个遗址群的范围。

风车山

距离埃夫伯里西北方仅两公里，在风车山山头，沿山腰白垩岩凿有 3 道同心圆深沟。据悉在新石器时代早期，先民大约耗费 63000 个小时，才修建完成这 3 道共圈起 8 公顷多土地的深沟。最外圈的椭圆形深沟比里面两圈要深得多，深度介于 2 米至 3 米之间，只比史前巨石阵最早期的沟渠稍深一点，平坦的底部想必是用来作为公共表演的空间。遇到天气恶劣时，深沟区段还能遮蔽起来。最内侧的深沟，包围的范围仅有半公顷，正中心有几个炉床的标记。如同英国各地典型的“堤道围场”，此处的深沟也不是连续结构，而是由多个区段组成，在深沟缺口上有堤道横跨，作为通往中心点的通道。

挖掘风车山的考古学家亚历山大·凯勒（Alexander Keiller）注意到：“从各方面来看，深沟区段都显得十分不规则，若要找寻当中有什么一致的地方，大概也就只有整体形状上的相似性，以及始终维持平坦的底部。”[2]

如前一章谈到的巨石群深沟，底部必须平整，挖掘足够深度，才能举行仪典。其中区段长度为 4 米到 17 米不等，可满足一年中不同仪式的场地规格需求，另外里面也各自埋藏着先民刻意留下的器物。各区段迥异的设计，正显露出那里曾举行过各种不同的仪典。

从风车山挖掘出土的动物遗骸至少有数百只，其中大多是畜养的家禽。根据考古学者推测，当中某些狗、猪与山羊的骨骸，时间可追溯至公元前 3600 年至公元前 3300 年。通过分析两万多枚各式陶器碎片，显示当时曾有许多人远道来此参加仪式，此外还发现近 10 万颗经过雕琢的打火石。不过，学者们并未找到任何人类定居的证据，因此推断此处或许只是先民偶尔逗留数周或数月的据点。考古专家认为在集会期间，此地曾举行多场大型宴会。

风车山虽出土了大量动物残骸，但人类骨骸却相对稀少，因此尽管有某些到访者将携带来的人骨埋藏于深沟之内，仍可研判此处的主要功能并非墓地。沟内还葬有孩童遗骨，其中一名骨骸目前收藏于凯勒在埃夫伯里创立的同名博物馆中。

2013 年造访埃夫伯里期间，我们曾在亚历山大·凯勒的博物馆中与罗斯蒙·克里欧博士碰面。这次的话题着重在小型刻饰物品的细节上，这是无文字文化记忆系统的一项重要元素。我对风车山考古记录里的白垩粉球特别感兴趣，只是记录中对此大多草草带过。博物馆橱窗内展示的白垩粉球，直径多为 5 厘米至 6 厘米，起初凯勒认定它们并无实际用途。克里欧博士从橱窗内拿出粉球，以便我们可以近距离观看球上勉强可辨识的铭刻标记。那些标记透露出先民也许曾将它们当作记忆工具来使用。白垩石质地柔软，比苏格兰地区较为坚硬的纹饰石块更容易雕琢，这点我将于稍后详述，并从记忆空间的角度来探讨风车山遗址，以全新观点检视其中的出土文物。

当人类社会从狩猎采集生活逐渐转变为农耕生活形态时，知识受管制的程度变得更为严格，同时知识也成为权力结构的一部分。如此一来，先人会更加需要具有隐秘性的表演空间，而埃夫伯里地景中可见的遗址，即为满足此需求的产物，建造时间更在史前巨石阵之前。

西肯尼特长冢

英国新石器时代的早期人类，在距离风车山仅数公里远处兴建了境内最为壮观的石室墓穴——西肯尼特长冢。其实际建造年代不明，但一般认为应该是在风车山遗址出现后数百年内，大约为公元前 4000 年至公元前 3000 年。第一批出现的农夫们在这一时期的英国、爱尔兰与西欧等地区建造了狭长的大型土冢，有些“长冢”里面还有巨石堆造的石室，不过在整个土冢中，通道与石室所占比例通常很小。其他还有被称作“土冢”的坟堆则没有通道或内室，在埃夫伯里一带的土冢中也未发现墓葬的迹象。不管是石室或土坟，古坟的前院与顶部应该都是作为公共表演场所，巨石堆砌的长形石冢中的内室，提供了很理想的管制性集会空间。

长冢内一般都会发现人类骨骸，有些数量繁多，有些则寥寥无几，学者经常以“通道墓穴”相称，但这不代表它们的主要用途是坟墓。我猜想，长冢的内室应是为那些获得入门资格的人而准备的，当中有男性也有女性。有年纪极小的人即已接受入门认可，但他们很有可能是学识渊博的长老的后代。出土骨骸大多为成年男性。西肯尼特长冢埋藏的人类骨骸数量远高于同类遗址，大约有 40 人至 50 人，各年龄层皆有。即使数量相对大于同地区内其他遗址，但仍只占当时整体人口的极少部分。

所有骨骸均置于长冢侧边的房间内，长廊或后侧的主要厅室并未发现骨骸。考古学家发现长冢内的彼得伯勒陶器（Peterborough Ware）上刻有特殊装饰图案，这些陶器只存放于特定几个房间里，如果按照之前章节里我的说法，这些刻饰陶器是帮助记忆的工具，那么现在出现这种现象实属意料之中。此外，学者们也注意到一些陶器似乎曾遭刻意破坏，这再次印证了世界各地原住民社会的行为模式——如果没有合适的学习者可以继承知识，长老便会摧毁一手打造的秘密记忆空间。

考古学家无法推知每项陶器的制作年代，但根据纹饰类型推测，先民在西肯尼特长冢的活动时间持续了 1000 年之久。长冢前院有部分空间是封闭的，由此判断，越内部的房间进出管制越严格。到后期，先民在前院竖起 3 座大型砂岩，将石室完全封死。同一时期，埃夫伯里地区另一项史无前例的建筑工程也正在建造。

埃夫伯里圆形石阵

大约在史前巨石阵的第一道深沟、土堤与石圈完工时，居住在 30 公里之外埃夫伯里地区的原住民，也建造了直径达 420 米（史前巨石阵的 4 倍）的石圈（Avebury henge，见图 6.2）。

图 6.2　埃夫伯里圆形石阵复原图。艾伦・索瑞尔绘。

他们挖凿深沟，打造了一条有史以来最壮观的渠道。若你实地走访埃夫伯里巨石阵，必定会震撼于那恢宏雄伟的石阵。整个圆形石阵占地极广，范围大到在石圈内部可以形成村落。然而在新石器时代，与柱脚边那深度落差达 10 米的沟道，以及至少有 5 米高的土堤的相对照之下，这些石柱便显得微不足道了（见图版 6.2）。这个遗址的规模实在大得令人难以想象。

埃夫伯里深沟周长超过 1000 米。凭借石块、骨骸与鹿角在白垩石上挖掘，要凿出 1 公里长、10 米至 14 米深、21 米宽，并具有陡峭石壁的渠道，考古学家们估计大约需要 300 万小时才能完工。经过长年侵蚀，现深沟外围土堤仍有 4 米高。能让人投入如此巨大心力的工程，肯定存在一个非常合理的建造理由。

深沟的底部相当平整。每个区段虽然深度不同，但都有着平坦的底层。20 世纪初，哈洛德·圣乔治·葛瑞（Harold St George Gray）曾在此地进行考古勘查（见图 6.3），据他推断，深沟地面极为平整光滑，应该是利用河槽加以铲平而成，但他并未作进一步解释。如果这里与史前巨石阵一样都是进行表演的场地，那么具备平坦的底座的确有其必要。

由于白垩是一种质地柔软松散的白色沉积岩，因此考古学家们认为石阵的深沟无法用于储水，倘若真能用来储水，也就意味着此地不适合举行仪式。如同前一章里有关杜灵顿垣墙深沟的研究分析，此地举行仪式时的音效效果必然也不同凡响。

研究埃夫伯里遗址的考古学者认为，深沟内贮藏的物品年代久远，在被放入之前一直得到妥善保存。在当时许多无文字文化

图 6.3　1922 年哈洛德 · 圣乔治 · 葛瑞工作小组挖掘埃夫伯里深沟的情景。

中，这类物品都是用来作为记忆辅助物，照理来说它们在新石器时代也应具有同样用途。深沟包围的区域里，竖立着 95 块至 100 块天然巨型砂岩，共同构成了欧洲最大规模的石圈。其中的石头大小与形状各异，这符合我先前提过的，知识精英会将石头作为正式记忆空间的推论。

巨大的石阵内还筑有两座较小的石圈，作为限定特定人士进入的专属空间。两座石圈直径约 100 米，各由 25 根至 30 根石柱所组成，每根宽大石柱的形态差异极大，石头表面凹凸不平，可以制造回音及其他声音效果。这些特征透露出一个信息，即这两座石圈可能曾经也是记忆空间。

除此之外，长老们同时还打造了小型的具有高度隐秘性的空间。南边的内部石圈中有块名为“方尖碑”（Obelisk）的石柱独自矗立，高度约有 6 米，正面由 9 块较小的石头排列而成；北边的内部石圈，则是 3 块巨型砂岩呈盒状排列的结构，一般称之为“窟窿”（Cove）。窟窿与夏至日出方位一致，可作为长老们操作历法的一项工具。目前有许多遗迹都还掩埋在村落之下尚待挖掘。同时还有证据显示，此地曾有独立的木柱以及木桩圆阵，不过无法确认其数量。

尽管圆形石阵的石圈已然极为庞大，但通向石阵的两条通道用的是更为高挺的石头。两条通道大约皆有 15 米宽，两旁每 20 米至 30 米各竖立着一对天然砂岩，共有近 100 对岩柱，高度均达 3 米。其中一条名为“贝克汉普顿大道”，供人从西侧进入巨石阵，可连往另一处窟窿。

西肯尼特大道为当代地景中较显眼的通道，长达两公里，靠近巨石阵的南边入口。不过，我们无从得知在新石器时代人们是从哪个方向进入的。大道上有数根原始石柱仍屹立不倒，也有些是后人重新竖立的。行走其间，我想起我的瓦尔皮瑞族朋友努伽拉伊说过，原住民非常珍惜能有这样的机会，一边走访每处圣地，一边利用行走与吟诵的节奏，回想与那些地方相联结的知识。大道两旁，石柱排列整齐，彼此间隔恰到好处，这让人们在行进时，目光所及之处，每次仅有一对石柱。随着前进的步伐，我看到后方的石柱慢慢淡出视线，前方的石柱逐渐清晰，不禁想象起先民行走此地的情景，他们虔诚步行，吟唱歌谣，一心朝圣仪典。

石阵圣所

在西肯尼特大道的尽头，奥弗顿山上立着6圈同心圆木头圆阵，以及两个石块。此处遗址现名为“石阵圣所”（The Sanctuary），看起来就像是缩小版的史坦顿德鲁巨石遗址（见图版6.1）。与埃夫伯里大部分地景相同，此地的确切兴建时间难以推算，只能大约判断其与其他重要圣地一样，建造于公元前第3个“千周年”（millennium）中叶。

外围石阵直径约为40米，内部石圈直径则仅为其一半。6层同心圆木圈立于内部石圈之中，架设的年代与石圈应不相同。最中央矗立着一根柱子。这种结构就与前一章提过的巨木阵极为相似。在我看来，这些木柱的作用很可能就像图腾柱一样，人们会利用上面的雕刻或绘饰，来记叙故事及其他具有文化含义的信息。

有些考古学者们主张，这些木柱原本顶端应该有横楣相连，结构与后来史前巨石阵的砂岩石阵以及三石牌坊类似，唯一不同之处在于其所使用材料为木头。无论这项推论是否正确，这些石圈明显适合作为记忆空间。

不管是巨石阵外围与内部的石圈，或是石阵圣所的大道与木圈，所有阵列似乎都经过精心设计，而这点正是记忆空间的首要条件。对于阵列整体结构，人们当然无法像看地图一样从高空俯瞰，只能在旅程中穿越一个个石阵或木圈。这些纪念建筑的作用，就是将狩猎采集者在地景中曾走过的路程“在地化”。在歌之路沿途每个神圣地点里表演的歌谣，可确保数千年来逐步积累的文化知识被复诵、补充和更新。对埃夫伯里的部族长老而言，这些石阵不仅是系列古地景的重建，他们还可借此添加新的有关农耕的信息。根据考古研究显示，他们会顺应不同时期需求，调整石阵与木圈结构。整体而言，埃夫伯里区域古遗址的地景，是与时俱进的记忆空间。

西尔布利山

西尔布利山常被视为埃夫伯里地区最神秘难解的遗址。它在埃夫伯里南方仅一公里之外，是一座直径 165 米的圆形土冢，底面积超过两公顷，高达 40 米，呈由下往上逐渐缩小的圆锥体形状，平坦的顶部直径为 30 米。这座土丘全由人工打造。根据考古学家推测，当时唯一可采用的建造方法，只有以鹿角与牛肩骨挖凿白垩石，然后将所收集的一篮篮白垩土逐步堆积而成。据估计，以这样一篮白垩土的分量，必须搬运 350 万次方可竣工。

圆冢内部不见任何坟墓或通道，它纯粹只是一座巨大无比的白垩土丘。其兴建年代与建筑耗费时间均无法确定，唯一可知的是工程分为3个阶段。即使放在现代来看，这座土冢最终的规模也十分惊人。它的外围有条6米深的沟道，宽度为20米至150米。站在土丘顶端，就像是在一幢7层楼高、圆锥状建筑屋顶上一样，外围深沟之上横跨两条小型土堤。学者们研判土冢内部原本应有螺旋式楼梯可通往顶端。虽然现代冬季深沟里经常充满积水，但在新石器时代是否也会这样，考古学家们持保留态度。在这宽广且平坦的深沟里有着开放的表演空间，但未获资格认可的人站在地面上，很难听到或看到长老们的一举一动。而与下方的这个公共表演空间相比，西尔布利山打造的则是地势较高、具有管制性的表演空间。在这遗址内虽有动物骸骨，却几乎没什么人造制品，让人觉得在土冢顶部也许曾举行过盛大宴会。

近年来，考古学家在西尔布利山与石阵圣所之间地区，发现两处大型围场遗址，并称其为“栅栏”（palisades）。这些围栏由间隔极密的木柱构成，每根木柱直径约1米、高6米。这个极具隐秘性的空间，建造时间可追溯至公元前2300年，比大道和巨石阵更晚出现。这里有饲养猪与举办宴会的迹象，另外也发现了刻纹器皿。然而，这些栅栏的庞大规模远超过圈养猪所需，这说明此处应是为了要有更具管制功能的空间而建。

因为已经拥有了合适的管制性空间，所以大约在公元前2200年，人们封闭了西肯尼特长冢，它的使用期长达1500年。而这时英国正要进入铜器时代，带有陪葬品的个人墓葬式圆冢开始在地景中出现。阶级分明的大型定居社会也逐渐取代崇尚平等主义的无文字小型社会，长老们不再能单凭掌控知识就取得绝对权力。也从这个时期起，战斗武器在考古记录中出现，它成为寻求个人权力、财富与暴力的工具。这阶段人们对野生物种知识的需求越来越少，致使长老无法再维持知识系统的完整性。信息分散在各类专业人士手中，农人、面包师傅、战士与商人等。就像其他地方一样，这些纪念建筑逐渐失去作用，终至遭到废弃。

奥克尼群岛

虽然最著名的历史遗址位于威尔特郡，但能代表英国新石器时代起始的许多遗址并不在这里。考古学家们认为，第一批农夫及第一个石阵出现的地点，是位于英国最北端的苏格兰北边的奥克尼群岛（Orkney）。奥克尼的考古发掘，堪称是地球上最惊人的几处发现之一，直到近年才公之于世。

在所有我造访过的纪念性地景之中，奥克尼群岛与众不同，它因纯粹的美丽及保有诸多新石器时代风貌的遗址而独树一帜。这座群岛由 70 多个岛屿组成，位于苏格兰北方海域，现有人口仅两万多人，其中有人烟的岛屿不到总数的 1/3，其他则因面积过小不适合居住。此地地处偏远却极肥沃，已供养人类长达 6000 多年。最值得称赞的是，第一批定居者所遗留的痕迹，至今依然保存完好。

数世纪以来，奥克尼人均以主岛中央的狭长陆桥为交通要道，这条陆桥划分了哈瑞湖（Loch of Harray）与斯藤内斯湖（Loch of Stenness），人们一直以为这座陆桥系属自然地貌，但是2002年的一项地球物理学调查颠覆了这个看法，调查指出布罗德盖岬（Ness of Brodgar）上存在大量考古文物。成群结队的考古学者们长途跋涉，从斯藤内斯立石（Stones of Stenness），经过布罗德盖岬一直到布罗德盖石圈（Ring of Brodgar），全然不知就在自己脚下，沿途埋藏着地球上最壮观的新石器时代建筑（见图版6.3）。我曾在2013年短暂加入考古工作。至今仍记得，自己与其他学者从地底下小心抬出发掘到的石板，亲自抚触那一刻的激动感受（见图版6.4）。

位于布罗德盖岬附近的这个广大仪典区域里，包括3座巨石阵、各式立石、一座大型通道式墓穴、梅肖韦古墓（Maeshowe）及一系列从不曾出现过的新石器时代组合式建筑群。人们现称其为“庙宇”。虽然我并不喜欢此地被贴上这个标签，暗示这是一处全然宗教性的遗址，但也必须承认这里明显非人类居住地。在新石器时代，布罗德盖岬不断被重建，直到所有建筑都停止使用为止。在最近的挖掘工作里，此处被称为“第十号结构”（Structure 10），长25米、宽20米、厚达5米的墙壁令人惊叹。

奥克尼群岛各处尽管不见其他巨石阵，然而小型墓穴仍显现如梅肖韦古墓一般的构造，保存良好的新石器时代村落，诸如著名的斯卡拉布雷（Skara Brae），更丰富呈现了当时的生活风貌。概括而言，核心知识空间位于布罗德盖岬，而较小型的知识中心则散布于各岛屿。在这里，我认为有必要依照各遗址建造顺序，一一介绍它们的历史，在后文我会分别加以详述。

到了公元前3500年，奥克尼人开始种植作物与豢养牲畜，小型部落中也出现了大量石造房屋。万物欣欣向荣，洋流带来了丰沛的鱼类、贝类、海洋哺乳动物、水鸟与水生植物，弥补了农作物的不足。

造访奥克尼群岛的游客，可在其中一处古代小型部落的遗址中自由走动与参观。在斯藤内斯立石附近，有一处由至少13根独立石柱组成的结构群，两者运作的时间大致相同。岛上还有民居，里面可见壁炉、排水管与床的痕迹，人称“巴恩豪斯民居”（Barnhouse），另外也可见体积较大的附属建筑，据分析以供举行仪典之用。这些住所大约被使用了600年之久。然而，巴恩豪斯民居的居住者，是否就是在附近遗址负责举行仪式的长老，仍有待考证。至于另一个更有名的斯卡拉布雷村庄，居民身份亦存在同样争议。该村落位于群岛中心西北方约10公里处，其活跃运作时期比巴恩豪斯民居延长了数百年。

斯卡拉布雷村

超过4000年时间，小巧的斯卡拉布雷村均被泥沙覆盖，因此它的保存一直相当完好，直到公元1850年冬天，经过一场剧烈的暴风雨冲刷掉覆盖的积沙，斯卡拉布雷村才现出原貌。此地村落屋舍与新石器时代的风格一致，较大的房间中央皆建有壁炉（见图版6.5）。单一入口处的矮门可从里面闩上，墙边嵌有大型石造橱柜及沉重的石架，旁边竖立薄石板作为床框，上方墙面安置有小型架子。每个房子至少都有一间在厚石墙中挖凿出的小室，里面设有排水管，由此研判应为厕所。相连的通道上盖有屋顶，在奥克尼群岛冬季的恶劣气候下，也能供人安然穿梭于不同屋舍之间。

在彼此相连的房屋之外，还有一座建筑独自矗立。学者多数认为这是工作室或公共的集会场所。虽然这座建筑可能具有前述用途，但任何一个小型村落都需要开辟一些空间，让长老们能在此演示知识、维系传统口述文化或是防止信息外流。对所有的原住民社会而言，医学知识是最崇高的信息种类，斯卡拉布雷村落亦是如此。考古学者在这里发现了许多“尘菌”（puffballs），这是一种可凝血植物，在古代被用来治疗伤口。

面临严峻气候时，例如奥克尼群岛的冬季，食物的保存显得十分重要。从大量的捕鲸器具来看，鲸肉应是当地居民的主要脂肪来源，此外鲸鱼油也可用于照明。当代原住民文化的“狩猎巫术”仪式，会演示合作捕猎大型动物的技巧，让渔民谨记鲸的习性，以及猎捕时遭遇各种情况的应变方法。

由于当地气候极端，村落长老需要借岩石雕刻以帮助记忆。有时，在立石与其他地景结构上凿刻会很困难，此时就需要借助较小型物品。在斯卡拉布雷村落及布罗德盖岬的建筑中，均可见一些新石器时代样式的艺术品，其上的彩绘颜色，应是利用赤铁矿、赭土或其他奥克尼群岛上的物料来调色。

雕刻石球

2013 年，考古现场负责人尼克·卡德在布罗德盖岬挖出了雕刻石球（Carved stone balls，见图版 6.6），这是此项考古工程最振奋人心的发现。苏格兰新石器时代的雕刻石球，是可见刻痕最为清晰的新石器时代记忆工具。迄今，仍无人能合理地解释为何要如此费心雕琢这些物品。我猜想它们也许与非洲的卢卡莎、澳洲的朱林加、北美原住民的歌谣板与桦树皮画卷一样，可助人回忆无数的实用与文化信息。

尼克·卡德找到的雕刻石球，为数近 400 颗，为苏格兰新石器时代遗址的出土文物收藏更添一笔，其中也包含斯卡拉布雷村的 5 颗石球。大多数石球直径约为 7 厘米，其余则体积较大些。我握着这些石球，明显可以感觉到它们恰好是适合手持的尺寸，相当适合作为可携式记忆装置。

近一半的石球上刻有 6 个结瘤，有些带有雕饰，有些则无。假如这些雕刻石球是辅助记忆的工具，那么它们就必须具有独特的结瘤，以供识别与排列，当然，若没有结瘤，也可以以不同颜色彩绘，例如亚伯丁郡（Aberdeenshire）出土的著名陶伊（Towie）石球，雕饰丰富的圆石，更容易辨别次序。在陶伊石球及其他刻纹圆石上的图案，都与其他我视作记忆辅助物上的图腾不谋而合，例如英国与爱尔兰遗址中所见的刻纹陶器，以及通道石室内的雕刻艺术。

为了确定这些石球在古代是记忆辅助工具，我必须说服自己，即使石球上毫无图饰，但其上的多个结瘤也能供人辨别。于是，我先后前往格拉斯哥大学（University of Glasgow）的杭特瑞安博物馆（Hunterian Museum），及位于爱丁堡（Edinburgh）的苏格兰国家博物馆观察馆藏的雕刻石球。只要能近距离细看石球，我总是能立刻确定，上头的结瘤有特定的走向与次序。因此，这些石球确实是记忆辅助设备。

斯藤内斯立石

位于布罗德盖岬上的巨石群，是奥克尼群岛中最具戏剧性的遗址，每年吸引数以千计的观光客来访。约在公元前3100年，奥克尼人在布罗德盖岬南端建造了斯藤内斯立石群，形成一座圆形巨石石阵。在圆形平台上原本共有12块立石，如今只剩4块依然屹立，其中体积最大的立石近6米高。这些石块与之后出现的布罗德盖圆形石阵相同，石块均是从遥远地区搬运至此的。令人费解的是，邻近地区已有合适的石块，为何选择从远处搬运？其实这些来自外地的石块，是用来直接指代地理景观中的地点的。斯藤内斯立石拥有记忆空间所有的特征，诸如石块各自迥异，有充分间隔，以及露天空间下的良好照明。此座巨石群使用的时间长达数世纪，甚至可能还要更长。

立石群所在的圆形平台，周围有一道土堤及一道深沟环绕，是以床岩刻成7米宽、超过两米深的构造。如同史前巨石阵，渠道之所以凿得如此深，正是为了确保长老们无论在何种天气下均能顺利举行仪式。

石室

新石器时代晚期，除斯藤内斯立石之外，奥克尼群岛上也出现了超过80处石室（Chambered Cairn），学者一般称其为通道式“坟冢”或“墓穴”。恩史坦石室（Unstan Chambered Cairn，见图版6.7）即为此类建筑的典型，目前已开放游客参观。之前探讨过埃夫伯里的“通道墓穴”，基于同样的原因，我相信这些石室的主要用途，也是作为博学的长老们聚集的秘密表演场所，其中有些石室甚至建于面积狭小且无人居住的岛屿之上。除了人类骨骸，里面还埋有驯化与野生动物的残骸。多数石室墓穴外部均圈划出举行仪式的区域，而所有石室的结构似乎也都刻意设计过，使人可重复于其间穿梭。

挖掘奥克尼群岛的考古学家卡洛琳·威克汉–琼斯（Caroline Wickham-Jones）曾写道：

石室内的人类骸骨，丰富了我们对于这些遗址的解读。我们必须牢记，在大部分情况下，一个部落中只有非常少数的人类骨骸可以埋藏于这些石室中（倘若确实有任何东西于此间留存）。而且，人类遗骨几乎总是墓穴众多出土物中的一小部分，大多数都是其他物品与动物骨骸。[3]

走访了几处石室，我深信它们作为干燥、温暖且高度隐秘的记忆空间再适合不过。这些石室的特色是，纯以石头堆成的墙壁与屋顶，多数的入口处都有巨石堆成的低矮走道，通往一个可容纳十几名成人的房间。以往多数石室均为土堆所掩埋。虽然内室与侧间的数量不一，但全都具有相似的结构。由此判断，之后出现的个别部落，一定也会根据当地需求而建造石室。

在一个名为“伊斯比斯特”（Isbister）的石室中，留有大量人类骨骸，只是多数颇为零碎。由中央内室延伸而出的每一端均建有小室，考古学者于其中发现了至少342人的骨骸。这些骨骸在埋葬之前都经过清理，很可能曾经为了食腐动物放置在户外过。伊斯比斯特以其出土的30颗人类颅骨而声名大噪。考古期间，我曾为了躲避南罗纳赛（South Ronaldsay）悬崖扑面的强风，而爬进低矮的入口通道，独自一人在寂静的石室里。在今时今日的天光照明下，我意识到人类的头颅骨就在眼前，而不是索然无味地展示在塑胶板与铁丝网之后。某些当代文化会在仪式中使用人类遗骸，以追忆口述传统，而这也许正是石室内所见颅骨并不完整的原因。

石室中不单只有人类骨骸。在“墓穴”中也发现了大量动物骨骸，包含鱼类与小羊，外头则有小牛，甚至还有老鹰的骨头。伊斯比斯特出土了14只海鹰的骨骸，因而它还有个更广为人知的名称——“老鹰之墓”（Tomb of the Eagles）。有许多人臆测这些老鹰是建造者的图腾。2006年，考古学者通过放射性碳定年法，证实这些老鹰死于公元前2450年至公元前2050年，这一证据反驳了之前的推论，因为石室大约兴建于公元前3000年。

在某些情况下，在石室内举行的仪典中，动物骨骸似乎具有重要意义。在柯温石室（Cuween Hill Chambered Cairn）遗址中，我有幸参观了一处依原型重建的石室。这座石室是在山腰上挖凿而成的，屋顶完好。我逆向迎着奥克尼群岛的强劲风势爬上山丘，进入一个幽深、温暖且伸手不见五指的空间里，揣想此处应为绝佳的秘密聚会场地。考古学者在挖掘柯温石室的过程中，发现了24只小狗的颅骨以及8名人类的骨骸，其中包含5个头骨。经放射性碳技术推定，这些人类与动物下葬时石室仍为人所使用。

影响我最深的“墓穴”位于景色壮丽的霍伊岛（Hoy Island），这处名为德瓦尔菲斯坦（DwarfieStane）的古墓，由赭色砂岩所建成，长达 8.5 米，为英国唯一一座石造墓穴，但其中并未发现任何人类骨骸（见图版 6.8），且石墓在考古学者勘探之前即已荒废许久。据推测其凿成时间约为公元前 3000 年。位于石墓主室两侧的房室空间过小，人在里面难以行走，但看起来却似床座，因此仍视其为一个房间。在紧邻陡峭山壁的山路上走了 20 分钟后，我和所有访客一样，对于仅使用新石器时代的工具，就能在坚硬岩石上开凿出这些石室感到惊讶。而更令人惊奇的是，在我所读过的一些有关德瓦尔菲斯坦的资料中，从未提到该如何进入这座石墓。于是，我只能亲身去尝试。爬进墓穴后，我盘腿坐下，意外发现这个姿势非常舒适，而头上距离穴顶还有几厘米，平滑的弧形地面与后墙间也还隔着一点距离。我提高音调轻哼了几声，回音嘹亮。我想，若是以此地作为秘密场所，令 3 人至 4 人坐着吟唱歌谣，场面想必十分肃穆庄严。

韦斯特雷岛（Westray Island）上也有着一处宏伟的史前螺旋雕刻遗址。而韦斯特雷巨石（Westray Stone）曾是现今皮罗沃尔（Pierowall）镇上石室遗址的一部分。石室内部具有无文字文化典型的抽象图饰，结构也与爱尔兰纽格莱奇（Newgrange）石墓（下章中将作详述）门廊的石阵极为雷同。在英国、爱尔兰各地以及西欧某些地区，在许多新石器时代物件上，无论大小或是否可携带，均存在着相似设计。对此，最合理的解释就是这种模型特别易于打造，尤其适合辅助记忆，正如现代口述文化的类似设计一样。

梅肖韦古墓

随着时间推移，奥克尼人建造的石室结构日趋复杂，其中以建于公元前第二个千周年中叶的梅肖韦古墓最为壮观，它也是欧洲地区规模最大的石室之一。据学者推估，打造这座石室约需10万小时的劳动力。梅肖韦古墓外围筑有深沟与堤道，覆于其上的土冢直径达30米，高度超过7米。根据考古证据显示，这处宽广平坦的空间是公共的仪典场所，内部则另设有限定资格的集会空间。尤其引人注意的是，在通往内室的通道入口设置有一块挡门石，仅可从内部关上。即使挡门石封闭了入口，日光仍可从石块上的裂缝透入，照亮内室。倘若这座遗址主要用于墓葬，那么这项设计可就令人摸不着头绪了。

进入这座古墓，我得躬身走过11米长的通道，才能抵达一个长宽各两米、高5米的内室。石室顶部由扁平状石块砌成略为拱形的顶石天花板。这种以承材支撑的屋顶，是利用重力及高超的砌石技术所造，当中并无灰泥黏着。石室的墙面凿有3间内凹小室，下方均放置一块挡门石。在建筑本体之外，室内4个角落还竖着4块巨型立石，据推测它们属于梅肖韦古墓建造之前，即已存在的仪典场址的一部分。

梅肖韦古墓在古代是用来记录时令的。狭长的通道设计，刻意与冬至日落方位形成一条直线，让石室在那几天能持续有日光照射。如此一来，即使冬至时天气恶劣，长老们仍能观察天象。此外，整座奥克尼群岛的远古历法，很可能正是由那些以梅肖韦古墓为据点的长老们所制定的。

布罗德盖石圈

到了新石器时代末期，即公元前2500年，奥克尼群岛上最醒目的遗址——布罗德盖石圈（Ring of Brodgar）——诞生了。可惜的是，当地的考古挖掘所获不多，学者们对石圈的特色也知之甚少，只知道它的规模、深沟形状与设计以及石块数量，皆和第一阶段的史前巨石阵非常类似。

布罗德盖石圈最初为一条深沟，直径100多米，宽约6米，底部平坦，深约3米。石圈外围没有土堤，全仰赖深沟防护。而这条深沟与史前巨石阵一样，之所以挖凿得很深，全是为了打造一个可以遮蔽的空间，确保仪式举行能不受奥克尼群岛强劲风雨干扰。深沟经过5000年自然侵蚀与沙土覆盖，如今巍然耸立的石壁依旧震撼人心。

有些顶尖的考古学家猜测，这处深沟过去曾被水淹没，这也反映了其所在地景四面环海。倘若布罗德盖石圈的深沟并非用于仪式举行，我的理论就无法成立了。

2010年，我曾与苏格兰国家博物馆史前时代研究员艾莉森·谢尔丹（Alison Sheridan）博士讨论过这个问题，而她表示，深沟被水淹没的推论仍存在极大争议。3年后我回到奥克尼群岛，从考古学家卡洛琳·威克汉－琼斯那儿得知，5000年前这里的海平线比现在还要低得多，因此若站在布罗德盖岬的高处，可以清楚看到石圈深沟的位置远高于海平面。深沟被水淹没的推论无法成立。

深沟圈起的范围内，竖立着由大约60根石柱组成的石圈，估计建造深沟与石圈共需大约8万个小时。这些石柱外观扁平，高达27米，有些从古代屹立至今，有些则为后人重新竖立。沿着石圈走过一根根石柱，不难发现它们之间的间隔是经过精心计算的，使人行走其间时，目光所及范围内仅能容纳一根石柱，而且石柱的形状、大小与纹理也各不相同。远离村落的高地上，它们依照一定的顺序排列，同时光线充足。布罗德盖石圈具备了记忆空间的所有特征，再说，也没有其他理由可以如此诗意地解释先民为何费力打造这座石圈了。

许多考古学家认为，那些起源于奥克尼群岛的石斧、陶器与纪念建筑，后来向南方许多地点传播，包括史前巨石阵在内，而借助这许多物件，即可确定英国新石器时代有农耕与畜牧生活形态。由于布罗德盖石圈的体积与第一阶段的史前巨石阵极为相近，我更加确定，巨石阵深沟包围的开放区域，一定也是演示知识的完美空间。根据考古研究，布罗德盖石圈具有惊人的共鸣效果，这也令人联想起巨石阵的回音，想必此处深沟的回音效果，也与巨石阵外围的深沟一样清晰。

布罗德盖石圈由圆坟所围绕，但这些土冢兴建于铜器时代，与原始深沟及石圈的建造目的毫不相干。到了公元前 2000 年，奥克尼群岛上出现第一批铜器与铁器，系由南方传来。新的技术意味着社会结构将会有所变化。铜器时代里，圆形个人墓穴、陪葬品以及个人财富的象征首度出现，武器与大酒杯状的新式陶器亦于此时期发明，农耕与铸铁的技术也趋于专业。知识精英逐渐失去权力，而打造知识地点的资源也随之减少。

此后不再兴建新的纪念建筑，石圈与通道石室逐渐遭到废弃。就如同在南方一样，奥克尼群岛上的生活形态变迁过渡期也宣告结束，已然转变为阶级分明的农业社会。

7

爱尔兰纽格莱奇墓与通道式墓穴

爱尔兰大多数的通道式墓穴都位于博因河谷，此处遗址占全欧洲的六成。而米斯郡内大大小小的新石器艺术遗址，是人们探索新石器时代英国的首选之地。其中尤以纽格莱奇、诺斯与道斯石室最受瞩目。与史前巨石阵等世界各地原住民遗址一样，它们也具备记忆空间的所有必要特征。

纽格莱奇墓（Newgrange）让人感到惊奇，但同时也让人觉得很丑。当游客面对这座爱尔兰最雄伟的新石器时代遗址时，第一印象多半就是丑。走向这座庞大石冢，迎面便是一堵 3 米高的直立巨石，洁白耀眼的石英上面镶嵌着大块椭圆形花岗岩（见图版 7.1），让人不禁联想起 20 世纪 70 年代设计拙劣的剧院。知名爱尔兰新石器时代考古学家杰拉汀·史图特（Geraldine Stout）与马修·史图特（Matthew Stout），曾形容该遗址是一个“纪念性的错误”[1]，许多考古学家也认为它是世界上最糟的重建工程之一。

纽格莱奇为米斯郡境内众多通道式墓穴之一。米斯郡内有大大小小的石室、石圈、木阵以及大量新石器艺术遗迹，成为人们探索新石器时代英国的首选之地。该墓坐落于博因河（River Boyne）河谷，靠近诺斯石室（Knowth）与道斯石室（Dowth），3 座石室据推测均建于公元前 3370 年到 2920 年。[2]

诺斯石室不像纽格莱奇墓，其墙面看似由一个个格子组成。入口前铺有一块块石英岩，不仅契合当地环境背景，也与其他通道式墓穴的台阶形式一致，现今样貌与5000年前相去不远。

纽格莱奇墓为一巨型石室，内有巨石通道通往宏伟的厅室。其内部结构与北方600公里外奥克尼岛上的梅肖韦古墓非常类似。除此之外，两者还有一个共同点，它们的入口都与冬至日升的方位一致。令人啧啧称奇的是，建墓5000年来，纽格莱奇几乎保存完好，未曾渗进丁点雨水。

在不断变化的博因河谷地景中，除了通道式墓穴外，还有圆形木阵、立石、土堤与石阵。目前，考古学家仍未能架构出该地的完整年表。遍布爱尔兰各地的小型石室中，以米斯郡的洛克鲁（Loughcrew）通道式墓穴群最著名，其中规模最为宏伟的T形石冢（Cairn-T）尤其吸引我。然而，一般人提到爱尔兰新石器时代遗址，总是以纽格莱奇墓、诺斯石室与道斯石室为主。

这些纪念性遗址并非人类的居住地，而是集会场所，它们分布在固定地景的边缘独立区域。石室内具有高度隐蔽性的房间，与外部的公共空间正好达成平衡。由入口走向低矮狭窄的长廊，两旁的房室只有少数具备资格的人才能进入。石室四周有精心装饰过的路缘石环绕，同时附近地区还有石圈与木阵。种种建筑群皆为古人精心设计的记忆空间。

米斯郡通道式墓穴

纽格莱奇由20万吨的裸石构成，每块直径仅数厘米，就这样一块块堆砌成直径长达80米的巨型石室，面积约有半公顷。石室正前方地面整平了作为前庭，因此整体并非呈现完整的圆形。目前高度大约为 13 米，可以想见新石器时期一定更为高耸。顶部有广阔平台，直径达 45 米，过去应是展演仪式的空间，与我对埃夫伯里西尔布利山所作的推测一样。

进入纽格莱奇墓是个令人既兴奋又不安的体验。我一向不甚喜欢密闭空间，但面对如此神圣的遗址，又着实让人惊叹连连。墓穴内部通道与房间 5000 年来始终一模一样，19 米长的走廊仅及内部走道长度的 1/3，然而置身其中却又感觉漫无尽头，因为它只有一米宽、半米高，多数游客都得弯腰才能通过。越接近密闭房室，石块上的图案越繁复。体积最大的顶石长约 4 米、宽近两米，估计重达一万公斤。

石室中央厅室高达 6 米，上方建有屋顶，可容纳十来人。此外，石块上还凿有 5 厘米宽、向下倾斜的沟槽，以便引雨水向外流出，因此即使下雨，石室内依然可维持干燥。

主厅室内有 3 个小型凹室，有些石块上刻满了几何图形，外观因此显得杂乱无章。这些图案不太具有装饰作用，但肯定是绝佳的记忆辅助工具。学者们在纽格莱奇墓进行声音实验，发现石室内的共鸣效果相当奇特，男性的回音尤甚。凹室反射与回响的声音效果特别好，可让歌声听来更加动人，加深歌者与听者的印象。

石室外有 97 块路缘石环绕。为了确保每块石头突出地面高度均为一米，石块还被费力嵌入地面，据估计每块石头重达 2 吨至 5 吨。这路缘石其实就是某种硬砂岩，取自北方 30 公里外的克洛赫黑德（Clogherhead）地区。之所以选用这种岩石，也许单纯只是出于偏好，但更有可能是为了遵循早期重要遗址的结构模式，否则他们大可使用其他较近产地的岩石。

石块上的图饰差异极大，有些花样繁复，有些则保留原始样貌。考古学家无法确定这些石块原本是否曾随意摆设，或者从最初便镶嵌于墓室壁面中，一如今日所见。无论真相为何，长老们应该都很清楚，依序排列的石块是极为有用的记忆空间。石室四周的路缘石，大小似乎都经过刻意挑选，让人一次仅能看清其中一个，绕行石室一圈，等于完成了一趟近 300 米长的记忆旅程（见图版 7.2）。

纽格莱奇墓外还有一块单独矗立的巨石，与一圈地面凹坑。尽管目前并未有人谈到这个圆形构造的用途，但想必与其他石圈、木阵应该也一样，适合作为记忆空间。在石室前方有块约 25 米长的平地，可供数千人聚集。由于前庭坡度平缓，群众也可以看得到入口处的活动。爱尔兰各地的巨石石室均建有公共前庭，与内部高度隐秘的长廊及房室，恰好形成强烈对比。

邻近纽格莱奇墓的另外两座石室也呈现类似性质。诺斯石室中央为一座土冢，直径 67 米、高 12 米，外部有 127 颗路缘石环绕，内部则有两条独立长廊，东边长廊通往 3 个房室。四周共有 18 座小型土冢围绕主要石室，整座遗址面积约达一公顷。至于道斯石室，直径则约 85 米、高 15 米，外围同样立有多块路缘石，其中某些还刻有图饰。墓内有 3 条以石块隔成的通道供人从西侧进入，一些石块上亦刻有图案。两座石室较为明显的不同之处在于，诺斯石室外面还有一座小型木柱圆阵。

3 座石室的位置均建在制高点上，因此视野辽阔，特别是纽格莱奇墓地势高，还可向南远眺约 100 公里外的威克洛山（Wicklow Mountains）。值得一提的是，这座山区正是新石器时代开采石英岩的地点，而后岩块再运送至纽格莱奇墓。这也是 20 世纪考古学家麦可·欧凯利（Michael J. O' Kelly）用来建造白墙的材料。利用重要地景特征作为记忆辅助，记诵与此地联结的仪式，这种模式早已确立，因此我们可以推论，到访的旅人几乎都会带来威克洛山的象征物，借此与嵌置在当地地景里的知识作联结。

新石器时代的纪念建筑建造者，还会将取自四面八方各处地点的未经雕琢的石块组合在一起，最远可达 80 公里外。明显可辨的地质特征，以不同的色彩与纹理诉说着不同的故事，使得石室的作用与广阔地景一样。如果这类遗址的功能是复刻原本与广大地景密切联结的记忆地点，那么这种做法十分合理。如此一来，就能通过与石块产地相联结的仪式，将嵌置在仪式里的知识保存下来。

从纽格莱奇墓往东南方看，一望无际，冬至日升时还能眺望山脉的棱线。可以想见，石室结构必然是经过长老们精心设计的，通道两侧巨石才能不偏不倚正好对准主厅室后方石头，而那块石头在冬至和夏至时会受到日光照射。

就像爱尔兰地区近一成的通道式墓穴一样，纽格莱奇墓也能对准冬至第一道阳光的方位。到了冬至那天，阳光会直射入厅室后端的凹室，日光从长廊一路逐渐漫延到厅室，直到墓室才慢慢恢复黑暗，时间整整持续 17 分钟。虽然前后几天都可以看见这个现象，但只有冬至当天，阳光才能照射到最内部的凹室。

纽格莱奇墓的建造者在入口上方另外搭建了一个房顶盒（roof-box），一米宽的石盒上有 60 厘米高的开口（见图版 7.3）。阳光照入洞口后，会穿过长廊第一片与第二片楣石之间 20 厘米高的缝隙。长廊地面逐渐升高到比入口处高两米，因此厅室地面便与入口的顶部同高，使得日光能穿透方形洞口，直射向最后方的凹室。长廊同时还略往右倾，使得阳光光束变得细长。石室这项特色如此精巧，必定是经过精心设计的。依照入口上方孔洞磨损的痕迹判断，石室使用期间，洞口应该经常开开关关。此外，洞口内的石头均雕有纹饰，只不过有部分受到遮挡而看不见。

道斯石室内部的长廊与冬至日落的方位一致，纽格莱奇墓的方位校准则是以冬至日升为依据，因此这两座相邻石室可进行多项观测，互相验证结果。在冬至过后的 5 天至 6 天，皆可在石室中观察日升与日落的天象，而博因河谷中的司时者，即使遇到恶劣天气，至少也能有一次清楚的观测记录。既然如此，诺斯石室也就不必刻意做一些冬至校准的设计了，而实际上它确实也没有这项设计。

新石器时代艺术

爱尔兰大多数的通道式墓穴都位于博因河谷，光是此处的巨石遗址就已占了欧洲地区的六成，雕饰岩石数量超过 600 颗。所有博因河谷石雕艺术都是抽象的，没有实际描摹对象，正是因为石块上的图案隐晦神秘，可想而知，若要取得当中任何相关知识都得经过训练。虽然纽格莱奇墓的岩石艺术不及诺斯石室来得丰富，但它入口的巨石却最为人知晓。这块石头长约 3 米，高一米多，重约 5 吨，其上刻有巨大的三层螺旋纹图形，是爱尔兰新石器时代的常见图案。

博因河谷石室内的一些石块背面刻有图饰，推测这些石块可能在建造初期即已如此摆放，目的是使人无法查看，但也有可能是因为不再需要石头上刻画的知识，而特意将刻有图案的一面朝内摆设，表示废弃。某些石块还与其他石块交叠，在置入石室之前便刻有印记，还有一些石块则发现有重新雕琢的迹象，有部分图形掩盖了先前的图腾。这与澳洲原住民艺术家会依据故事改编、重新雕刻图饰的做法不谋而合。

长老们在通道式墓穴俯瞰着千变万化的记忆空间。历史上的无文字文化并非一成不变，他们的艺术与知识会随时间而变，因此，数世纪以来，博因河谷的长老们不断应对着瞬息万变的文化需求，调整记忆空间。

石室的规模皆非一蹴而就。纽格莱奇墓里可见数层泥土的痕迹，这是每一层泥土均长时间暴露在外所导致的现象。石室的建造必然经过事前计划，并且有人负责带领，而之所以要投入数百万工时打造这些遗址，必然有其重大目的。鉴于这时期并未出现个人财富或高压统治的迹象，因此我们可以假设石室并非为了某个人所建。此外，四周也不见任何家族聚落的痕迹。在当时要获得权力，几乎可以确定就是需要掌握知识，就跟世界各地小型无文字文化的情形一样。

通道式墓穴的用途

对于通道式遗址的用途，众说纷纭。大多数理论认为它们是“通道式墓穴”，有些则主张它除了是坟冢，有时也会用作天文台或祭坛。

1962 年至 1975 年，考古学家麦可·欧凯利带领开展了纽格莱奇墓的勘探工作。他认为纽格莱奇墓、诺斯石室及道斯石室是“巨石信仰的教堂”，更形容这种信仰是“亡者膜拜”。[4]

欧凯利试图将无文字文化的行为对应到当代西方宗教，却反而使自己无法对这些复杂遗址有更深入的了解。在小型原住民文化中，并没有专为宗教用途打造的建筑，因为古代口述文化已将精神信仰与所有知识相结合，没有必要再另外建造宗教场所，新石器时代的原住民社会亦然。

然而，欧凯利与许多人一样，相信这些石室与日照方向一致的设计，正能显示出太阳崇拜是此地宗教仪式的一部分。的确，石室与冬至日照方位齐准，显示太阳观测是原住民的大事。我们无法得知这是否与太阳崇拜有关，但可以确定当时的原住民长老必须维持历法，以调度季节性资源采集、作物耕种与采收、动物饲养及仪式周期规划等各方面时程。倘若单单研究古代爱尔兰人的宗教，对于通道式墓穴的解读只能流于表面。无论如何，几乎可以确定的是，博因河谷的石室群具有广泛的实用与文化意义。

带领专家们挖掘纽格莱奇墓的考古学者杰拉汀·史图特与马修·史图特写道：

人类周而复始地解读历史，所进行的臆测通常反映了自己的当代文化背景，例如女性主义、弗洛伊德主义、物质主义等。因此，当今的历史诠释比较偏向现代社会，而非新石器时代。此外，人们也可能摆脱不了医药文化的影响，以及连带产生的对于神秘主义与萨满教的爱好。在没有最初创作的艺术家可给予印证的情况下，我们不必奢望能清楚解读他们意图传达的信息。然而，这却是大家都不愿承认的真相。[5]

很遗憾地，我同意他们的看法。我们永远猜不透先民们想要传达的信息，那些符号的意义、仪式的实际内涵或是他们所传承的知识内容，也无从得知他们的信仰或是所遵循的律法。我们只知道，他们在记忆这些律法与信仰时，一定也将生存所需的实用信息以某种形式保存下来。所以我们可以合理推测，由于当时尚未出现书写技术，长老们可能借助记忆空间来记录这些信息。而考古研究给了这项假设最有力的支持。

外界普遍将这些遗址视为墓穴，考古学界也朝死亡仪式与宗教功能的方向作诠释，尽管缺乏相关证据，仍推断石室为举行丧葬仪式的场地。石室内还保留了一些人类骨骸，但数量不多，也许是因为早期淘金者与古文物收藏家已搜刮过此地。虽然盗墓者通常掠夺的都是较具商业价值的器物，而不会带走骨骸，但仍不能完全排除这种可能性。如今，一些考古学者已提出质疑，英国与爱尔兰各地新石器时代石室的主要用途是否真为墓葬。有些人认为这些遗址是“比较高阶的仪式中心”或“领地标记”。[6]

这两种功能均符合我的主张，石室是集会场所，内部房室为管制性表演用的空间，而前院则供举行公开仪式之用。

学者们从纽格莱奇石室只挖出了少量人类遗骸，而且都不完整。寻获的遗骸经过拼凑，显示仅为 5 名成人的躯体。不过，纽格莱奇墓一定还埋着其他人类遗骨，因为石室里发现了 4 个原本用于盛装死者骨骸的石制盆器，比爱尔兰其他墓穴遗址的还要多。即使西北端的凹室不见任何人类遗骸，但遗留该处的石盆透露了端倪。至于西南端凹室及其中的石盆，则同时可见焦黑与未经焚烧的残骸，只是数量远不如西北端的凹室。它们不仅遭到严重破坏，也与非史前动物遗骸混杂在一起。[7]

虽然如此，我从考古记录中找不到任何相关叙述。实际上，考古学家并未证实在石盆内找到了人类遗骸，似乎也不曾对石盆外观进行研究，否则或许就可以得知石盆内是否曾装有骨骸。如此一来，石盆用于盛装人骨的假设并不成立。然而，专家们表示，“这些石盆的大小及外观，与当地部落日常用来碾磨谷物（corn）的鞍磨相较，变动并不大。”[8]

在英国与爱尔兰地区，“corn”一词概称各类谷物，而非专指玉米。我突然想起普韦布洛部族的传统（详见第 2 章）。族人将耕种、采收与拣选谷物种子的复杂原则，记录于神话之中，并在神圣地穴的隐蔽空间中举行仪式，演示这些知识。正是基于这类仪式，他们才得以让多样谷物品种，经过几世纪依旧维持品种纯正。同理，新石器时代的爱尔兰人也需要用某些方式以增加收成，如选择适合种植的作物等。他们需要借助仪式来记忆有关谷物的所有知识，而选择纽格莱奇、诺斯与道斯石室的隐秘空间来作为举行仪式的场地再合理不过了。正因如此，那些石盆会貌似鞍磨，也就不令人意外了。

根据纽格莱奇等长廊墓穴的出土文物，我们可以确定一件事：新石器时代只有极少部分人可以埋葬于此。而且，他们应该是部族的重要人物。考虑到新石器时代尚未出现个人墓葬及陪葬品的习俗，可以推论当时掌控管制性知识的长老才能握有权力，而那些长老们的遗骨就被存放在这些石室里。

木柱与巨石圆形阵列

随着社会的变迁，新石器时代的人类也开始探索知识，并发展新的学习方式。纽格莱奇墓不断变化的地景，令人想起史前巨石阵，后者入口处的 17 个炉床也意味着当时举行公开宴会的次数增加。只是，尽管考古学者们通过比对不同遗骸特征，多少可以推知一些年代信息，但仍无法追溯多数遗物的确切时间，因此也迟迟未能厘清其中的先后次序。纽格莱奇石室完工一段时间后，外围又添加了以凹坑及木柱组成的圆阵，同时还开凿直径约达 70 米的圆形深沟。在这圆圈内，有 6 个以大型木柱构成的弧形阵列，木柱上的图形很可能是雕刻或彩绘而成。阵内每隔一米就凿有直径与深度约一米的凹坑，在几排比较小型的坑洞中，放置着动物遗骸，其特征均与考古学家所谓的“仪式用收藏品”相符，这也就表示那些骨骸是被刻意摆放进来的。这般井然有序的结构，极适合作为记忆地点，而那些“藏品”中所蕴含的知识，也被收录在与这特定地点相关联的仪式中。

刻纹陶制器皿不仅可见于纽格莱奇石室的木柱柱孔内，在诺斯石室东侧长廊附近的木柱圆阵中也有发现。如前几章所述，刻纹器皿是一种与石阵及木圈有关的纹饰陶器，在定居聚落中较为罕见，也只有与部落精英有关的陶器上，才有可能出现蕴藏信息的刻纹图饰。

纽格莱奇墓的大型木阵遭到废弃后，新石器时代的建造者又在原地兴建现称“巨石圈”（Great Stone Circle）的建筑。这座石圈直径 100 多米，原始规模与史前巨石阵相同。由立石构成的圆圈包围了整个石室，这石圈与路缘石的距离为 6 米至 18 米不等（如图 7.1 所示）。大型石柱平均间隔为 8 米，这是一组完美的记忆空间。

大石圈运用了各式各样来自多处地景的岩石。不过，现今学界对于石圈是否与石室建于同样年代，仍有诸多争议。多数考古学者认为石圈兴建的时间，是在石室出现的 1000 年后，亦即铜器时代。无论这座石圈的建造年代是同于或晚于纽格莱奇石室，它的出现及其与遥远地景的联结，都进一步印证了博因河谷的石墓的主要用途是举行集会及交流知识。

纽格莱奇石室被运作了 1000 多年。假如石墓的用途果真为墓

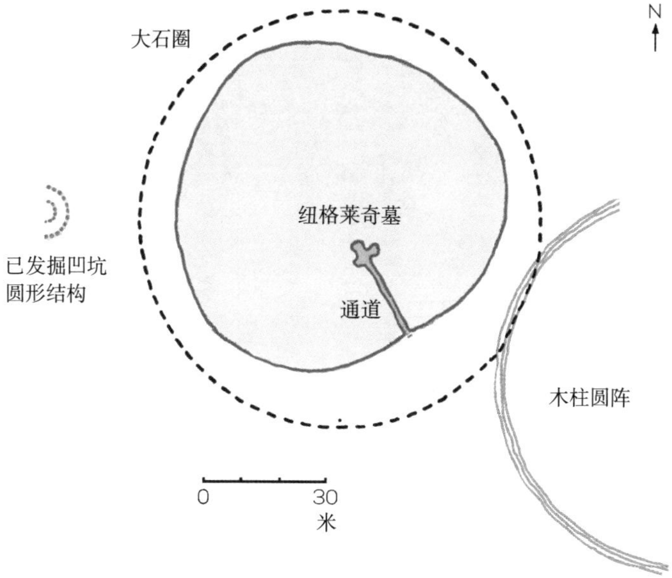

图 7.1　纽格莱奇墓示意图（包含大石圈遗迹）。琳恩·凯利绘。

穴，那么为何还要竖立木阵、挖凿凹坑与柱孔，并在其中存放动物骨骸、打火石与手工制品？相对地，若主张这些长廊石墓主要作为记忆空间，用来存放知识精英遗骸，这个理论就显得合理多了。

具纹饰石块

我认为可携式缀饰物品，是代表知识专家出现的重要象征，在纽格莱奇石室中也发现了这种出土文物。近年的考古挖掘大多不甚周密，在过程中学者们很可能会忽略这些器物。杰拉汀·史

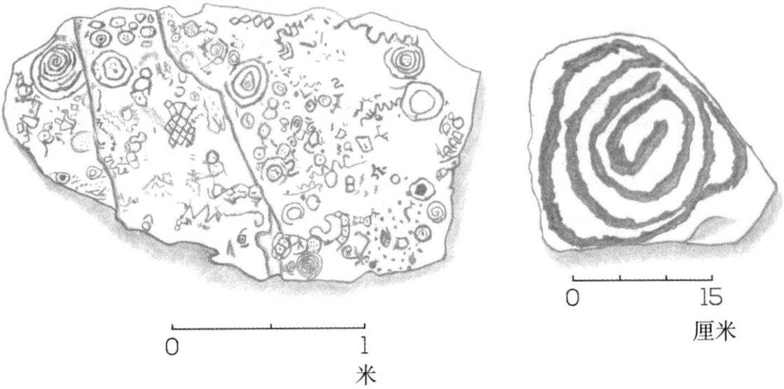

图 7.2　纹饰示意图。左图为大型路缘石 18 号某处被遮蔽部位纹饰，右图为纽格莱奇出土的某小型石块表面纹饰。琳恩·凯利绘。

图特与马修·史图特在勘探纽格莱奇石室期间曾写道：“挖掘团队在覆盖石室的数千吨材料中，辨认出 3 个具纹饰石块，可以说是一项奇迹般的发现。”[9]

这 3 个略为扁平的石块形状奇特，最长约有 20 米至 30 米（见图 7.2），上面刻画的抽象图形，正是可携式记忆工具常见的图案，如同澳洲原住民的朱林加或非洲部落的卢卡莎。我注意到它们非常类似于伊比利亚半岛（Iberia）巨石室遗址中的小巧石块。虽然新石器时代人类经常迁徙，也可能与伊比利亚半岛的原住民有所接触，但我猜想石块应有其他用途，与当地并无直接关联。

米斯郡各地的小型通道式墓穴

纽格莱奇、诺斯与道斯通道式墓穴，位于新石器时代最肥沃的平原之一，彼此距离不到几公里，邻近地区还有大约 40 座规模较小的石室。世界各地遗址均呈现同一种模式：大型遗址外围环绕小型遗址，例如英国新石器时代地景上的石阵与木圈。古代社会将规模最庞大的建筑作为知识精英的专属空间，以供学识渊博的长老们演示知识，为区域内的所有部落之生存贡献心力。而个别部落的长老们也需要较小型的场所，以将知识系统的基础传授族人，保存生活所需的信息。就此而言，纽格莱奇、诺斯与道斯通道式墓穴，均属于供应整个区域之用的大型空间，而小型的石室则为个别部落使用。

在下着滂沱大雨的某一天，我爬上山丘，来到米斯郡洛克鲁石室群其中一座名为 T 形石冢的小型石室。在终于攀上顶峰时，雨停了，阳光也露出脸来，这座体积虽小却刻有精美图饰的通道式墓穴，令我又惊又喜。在这个不管任何时候，均只能允许少数人进入的高隐蔽性遗址里，我仿佛可以想象一群长老在当中会面的景象。

石室直径约 36 米，外围有路缘石环绕，每一块图案各不相同。狭小的长廊通往一个小房间，里面的石块刻饰精致。相对于纽格莱奇与道斯石室的冬至校准设计，这条通道对准的是春分与秋分的太阳方位，日升时阳光直射房间深处绘饰最为丰富的石块（见图版 7.4）。如此一来，长老们便可借助 3 座石室的方位来观测天象，并记录更复杂的历法，在秋分时提醒小型部落族民准备前往冬至集会地，春分时则指示耕种与采收的时程。

个人墓葬

先民从新石器时代过渡至铁器时代，个人墓葬的风气也在爱尔兰与英国等地逐渐增长。铜器时代晚期的土冢，象征着知识专家的权力在平等主义社会中逐渐减弱，由具有富人及战士阶级之分的社会取而代之。尽管已不再建造大型通道式墓穴，石阵与木圈也日渐衰微，但在土冢外围仍会兴建山间堡垒。

爱尔兰巨石遗址所共同描摹的这片风景，正是公共与隐秘性表演空间兼具的仪式场所之一，而隐秘性空间与一系列记忆地点及抽象艺术相关联。巨石遗址本身，同时也是整片地景上最醒目的新石器时代记忆空间之一。

就巨石遗址的规模与数量而言，唯一可与博因河谷相媲美的，就属法国布列塔尼地区了。当地 75 座遗址中出土了近 250 个带有刻饰的石块，大部分发掘自通道式墓穴内，与博因河谷极为类似。当然，其中也少不了记忆空间的所有元素（详情请见下一章）。

8

卡纳克巨石群的高大巨石和无尽阵列

在考古学家眼中，布列塔尼是块宝地，当地众多遗址跨越了近3000年的历史，完整呈现了新石器时代人们由狩猎采集生活过渡至永久定居生活的变迁过程。上千座石阵曾遍布西欧，但其中只有卡纳克巨石阵留存了下来，形成绵延3公里的石林。

我没料到，法国西北部布列塔尼文化区的卡纳克巨石阵（Carnac）规模竟如此之大。之前读过这处新石器时代遗址的资料，但没有任何照片能显示它的宏伟，因此我与达米安实地走访巨石阵时，对于步行距离毫无概念，也不知道这里的石柱数以千计，甚至无法一眼望尽整座石林。我们爬上观景台，俯瞰整座田野，只见石柱阵列一路绵延到两端的高地，在超出视线的尽头转了弯，这提醒我们，眼前所见这些立石，只不过是众多平行阵列的其中一个。这些排列整齐的巨石阵列，正是此处遗址最著名的画面。

当时是 2013 年的夏天，我们在烈日下走了一小时后，决定到附近一间小餐馆休息，一边吃着冰激凌消暑，一边欣赏着周围数百根石柱林立的景象。立石阵列间紧密相连，游客更显稀少。在穿过一条岔路来到一块矩形圈地时，我发现附近树林中竖立着一个巨大石柱，面对这个举世闻名的地景，我忍不住要想象，不知道在 5000 年前它是什么模样？翌日，我们搭船前往布列塔尼南部的莫尔比昂湾（Gulf of Morbihan），想一睹世界上雕饰最为华丽的通道式墓穴风采。在涨潮时，石室外围的马蹄形石阵被水淹没。从波光粼粼的海面望向戈维尼斯（Gavrinis）通道式墓穴与厄兰尼（ErLannic）石圈，那景象着实令人难忘。我钟爱布列塔尼，除了喜爱当地遗址的复杂性，也爱那里的罕无人迹，让我可以独享不可思议的石阵景色。许多游客是为了沙滩风光而来，通常并不会注意到史前遗址。

布列塔尼是法国最西部的半岛，经由海路可轻易到达英国与爱尔兰。当地有多处新石器时代遗迹，但我们在法国只待几天，不可能全数造访，因此选择了最特别且出名的景点——卡纳克石阵。这些石阵并非单独的存在，要了解它们的由来，就如同对待所有历史遗址一样，必须考量同时期的其他遗迹，还有新石器时代，随着人们的生活形态从狩猎采集逐渐过渡为农耕畜牧而不断改变的地景。

在考古学家眼中，布列塔尼是块宝地，当地众多遗址跨越了近3000年的历史，完整呈现新石器时代的人们由狩猎采集生活过渡至永久定居生活形态的变迁过程。当时的布列塔尼尚未出现个人墓葬与陪葬品，部落社会为管控知识的长老所掌握，而这些纪念建筑也根据长老们对记忆空间的需求不同而变动。

到了公元前4000年，原住民夷平大部分的树林，开始投入农耕。当地农业定居的生活形态出现的时间，比英国及爱尔兰早了几百年。许多考古学者认为，农业生活模式（包含豢养牲畜与种植作物），是从西欧经由布列塔尼传至英国与爱尔兰。长期仰赖狩猎与采集为生的人类，需要应对食物量与生活各方面的剧烈变化，记忆空间的建设已成为当务之急，他们因此而兴建纪念建筑。

关于史前时期布列塔尼遗迹的确切建造年代，学者们仍未达成共识，尽管说法各异，但遗址整体形式已然相当清楚。[1] 目前的研究显示，布列塔尼最早的人类活动可追溯至约公元前5000年。当地少见人类定居的证据，学者因此推论巨石阵建造者仍处于游牧狩猎的阶段，尚未定居于某个村落。在从不曾移动过的石块上，有着人称“杯痕”的小型凹痕，那是最为古老的岩石艺术形式，可用来标示地景中的“神圣地点”。先民可能以某种方式将信息蕴藏在这些杯痕里，不过支持这项假设的证据不足。不过有一点可以非常肯定，他们跟全世界其他无文字社会一样，会在联结知识的圣地上做记号。

在布列塔尼各地，那些刻绘了杯痕的石块，后来又被挖掘出来，在一些新石器时代的纪念建筑中加以重复使用，如覆盖在卡纳克村圣米歇尔岩冢（Tumulus de Saint-Michel）中央石室上的那些顶石。当然，使用岩冢的人一定能辨认出那些独特的标记，以及不同来源岩石的地质特色。

据研判，当地农耕生活始于公元前4500年。有段时期该区域一直未曾出现纪念性建筑，而后却在数百年内就转变为拥有多处遗址的农地，这些遗址的作用无疑与生活形态转变密切相关。新石器时代布列塔尼人必定经常为了原料商品及知识的交易而长途跋涉，其中应该包含了农耕、谷种、驯化牲口等各类知识，以求快速开垦田地与发展畜牧。由巨石纪念建筑、艺术与表演场地所展示出来的知识技术，成为新石器时代整套系统的一部分。举例来说，有证据指出布列塔尼人在展开农耕生活之前，便已接触中欧早期农业文化——斑纹陶器或线形陶器（Bandkeramik，或 Linear Pottery）文化。

根据考古学家推断，第一批立石建于公元前第五个“千周年”中叶。论及法国地区巨石时，他们会使用“menhir”（法文，意指“巨石柱”）一词，而许多“menhir”上均刻绘有象征性图腾。尽管失去底座的石柱俯拾即是，但布列塔尼人不光只是找寻这些石柱并加以竖立，值得注意的是，他们还会从天然结构中削凿石柱，包括那些刻有杯痕的石块在内。很显然，他们是在挑选自然地景环境中具有特殊意义的石头，然后加以利用，来创造记忆空间。

在欧洲所有立石中，最大型的是“史前遗留断裂糙石巨柱”（Grand Menhir Brise），位于布列塔尼西南岸的洛克玛利亚奎村（Locmariaquer）。最初是单独竖立的一根石柱，长度为 21 米，高约 20 米，远超过史前巨石阵中最高的砂岩（6.7 米）。

考古学家克里斯·史卡瑞（Chris Scarre）写道：

“史前遗留断裂糙石巨柱”可谓西欧史前时代最伟大的工程。高达 21 米、重达 300 吨的规模，大幅超越新石器时代人类所建造的其他石阵。从岩床凿下石块再重刻成型已属不易，但更令人难以想象的是，将石块从数公里外的地方搬运至洛克玛利亚奎，并竖立排列起来的超凡能耐。[2]

整个工程需要花费惊人的心力。据估计，光是在平地利用木制雪橇与滚柱搬动巨石柱，就需要动员 2000 多名大汉，而搬到地点后利用绳索将石柱拉起，则需要 3000 多人的力量。[3]

这根石柱一段时间后倒下，碎裂成 4 段，之后就一直搁置在尔古拉（Er Grah）长冢最西侧。它究竟是自然倒下抑或是被人推倒，学者们看法不一。虽然撰写本书期间，多数热门理论均主张是地震所致，但从某些巨石柱来看，应该是被刻意推倒的。

卡纳克圆冢与圣米歇尔岩冢

走在卡纳克地景上，我们跟着标示牌来到圣米歇尔岩冢。“岩冢”是考古学家用来代称法国地区大型土冢的词汇。站在顶峰那座小教堂的山丘旁，我们四处寻找土冢的身影，后来才发现圣米歇尔岩冢（Tumulus de Saint-Michel）就在我们脚下。大约公元前 4700 年，史前人类搬来总计近 4 万立方米的土石，没有使用任何金属与机械工具，胼手胝足地一篮篮搬运建造而成。岩冢有 125 米长、60 米宽、10 米高，俨然就是一座小山丘。

过了几世纪，卡纳克地区的新石器时代遗址，全数盖在山顶上。在卡纳克的半径 20 公里内，建有 7 座大型岩冢，每一座均包含小型通道与房室。而圣米歇尔岩冢的两个石室空间更小，里面却有一个直径 6 米的石圈，与一些体积小巧的石棺（不足以埋葬真人）。其中一个稍大的石棺里装着动物骨骸，据推测应为绵羊或乳牛。石室地面上积有一层炭灰，同时还散落着遗骸碎片，年代可追溯至房室建成之前，至今仍无法确定是属于人类还是动物。

屋内摆放着骨骸、象牙工艺品与打火石片，另外还有用来自伊比利亚半岛的磷酸铝石加工制成的垂饰与串珠。这些手工制品是从800多公里远的地方运来的，途中或许经过多手交易才抵达布列塔尼。由此可知，新石器时代的布列塔尼人会长途旅行，他们需要导航知识，也需要为了生存记录知识。

考古学者在圣米歇尔岩冢的挖掘中，最惊人的发现是近40把石斧。这些石斧埋于地面下，切面朝上。有些斧头长约50厘米，学者们因此研判它们是仪式用品。新石器时代的仪式结构不断改变，只有一件事始终不变，即石斧价值非凡，被当成珍宝与限制性物品来交易。巨石遗址出土的石斧多从他处运来，但材质近似当地石材。无论如何，这些交易流动性高的石斧，均由来源清楚可辨的石头制成，仪典中使用石斧的人可以清楚知道它出自遥远的何处。此外，石斧也是重要的实用工具。新石器时期，专事石斧磨制的工厂生产了数百万把斧头，以供布列塔尼与海峡群岛（Channel Islands）的人们在仪式中使用。

随着时间的推进，这些小型通道式墓穴遭土石掩埋，从外界无法进入。虽然如此，布列塔尼人仍持续扩充土冢的规模。大型岩冢的范围日趋广泛，目的不再只是用来遮蔽狭窄通道。

新石器时代早期流行着形状低矮的土冢（法语称为“小丘”）形式。目前已出土近100座土冢，且多数位于卡纳克地区。它们的高度不到3米，长度不一，最长的有近80米。这些土冢起初为仪典用的矩形或梯形石阵，之后才逐渐堆建成石室。土冢里经常可见已封闭的石棺、石室与壁炉，但却没有任何与土冢有关的墓葬文物及人类骸骨。

土冢无论大小，均可作为演示知识的场所。其规模越大，位于下层的人就越难窥知上层的活动，因此大型土冢的戒备日益森严。新石器时代中期，布列塔尼人也开始兴建通道式墓穴，作为有史以来最隐秘的表演空间。

新石器时代中期通道式墓穴

随着布列塔尼人进入考古学所谓的新石器时代中期，卡纳克地区土冢的规模也逐渐达到极限。第一批普遍被称为“通道古墓”或“通道式墓穴”的建筑，建造于山丘上，大多取代了先前的遗址。尽管学者们知道这些建筑的用途不仅是墓葬，但仍习惯使用“通道古墓”一词相称，造成许多误解，毕竟古墓里埋葬的死者人数相对较少，而且其骨骸可能只有零碎的局部而非全尸。由于遗骸遭到布列塔尼的酸性土壤严重腐蚀，考古学者难以据此作出确切判断。虽然如此，在同时期巴黎盆地（Paris Basin）与阿基坦盆地（Basin of Aquitaine）中，有相似的遗址出土了人类骨骸。先民即使不再建造新的建筑，依然继续使用这些石室，时间长达数个世纪。

通道式墓穴的出现，显示位高权重的长老正悄悄从奉行平等主义的游牧狩猎采集社会中崛起，因为仅有少数人可穿过秘密长廊，进入厅室内见证仪式。由于遗址中不见任何个人财富或低等阶级受迫付出劳力的迹象，我们可以合理推论，长老们是通过掌控知识来取得权力。同时，他们需要公共与隐蔽的记忆空间，因此而建造了石室。我个人更认为这些通道式墓穴最主要的功用是作为记忆空间。

多数通道式墓穴均兴建于原有的遗址上方。沿用巨石柱上原有的刻饰，并在通道与厅室内的石块上雕凿更多图案，当中所使用的图腾，较巨石柱原本的符号更为抽象难解，包含有同心圆式的弧形、锯齿形与圆圈，大多在置入之前即已雕刻完毕。由此可知，尽管石室可能用来埋葬某些长老，但这并非其主要目的。随着原住民进入定居生活，这些遗址也逐渐成为更加隐秘的空间。这样的形态在各地原住民文化中十分普遍。

众多令人印象深刻的通道式墓穴之中，位于布列塔尼北岸的巴尼尼兹（Barnenez）石室，整合了 11 条通道与简易房室。石室兴建在一根刻饰巨石柱附近，外部摆设有一块经过雕琢的路缘石，其原本归属于另一根体积更大的巨石柱（约 10 米高）。这块路缘石的顶端缺了一块，至今尚未寻获，石块的另一部分则来自南方 100 多公里外的戈维尼斯石室。

我与达米安在莫尔比昂湾乘船游览，从辽阔的牡蛎养殖区与停泊在海湾中不计其数的渔船，可见当地环境的富庶。我们搭乘的观光船周围全是极尽奢华的昂贵游艇，环绕着河湾与牡蛎田，景色宜人。一名船员指着远方一座小岛，岛上紧挨着海平面的是厄兰尼石圈（ErLinnac）——两座马蹄状立石圈。往上看去，我发现最著名的通道式墓穴——戈维尼斯石室——屹立在山上。它以 25 块精雕细琢的石块而闻名，室内通道与厅室沿着这些石块排成一线。完全以花岗岩堆叠而成的门廊高达数米，阻挡了通往长廊的拱形入口，就连远在数百米外船上的我们也看得见那巨大的门廊。

在公元前6000年之前，莫尔比昂湾一直是个河湾，之后海平面上升，海湾也逐渐成形。公元前5000年的海平面，比现在的高度低了4米。到了戈维尼斯石室建造的时期（公元前4200至3900年），这块土地已变成地势低洼的半岛。戈维尼斯石室与厄兰尼石圈距离该地区其他遗址并不远。我试着想象这座海湾在新石器时代中期的模样，当时没有扩音器的嘈杂声，也没有观光船的打扰，飘荡在空中的是悠扬的歌谣，有些只在秘密仪典中吟唱，也有些会在较不正式的场合公开传唱。无论出海捕鱼或岸上耕作，原住民的日常生活充满了旋律，人们交谈、鸟儿啼叫，万物也各有不同的声响。

在新石器时代，厄兰尼石圈的立基之地应是一座小岛，距离戈维尼斯石室仅数百米远。两座石圈的立石上均刻有斧头的图案，凸显这项工具对当时原住民的日常生活与仪式的重要性。据估计，南边的石圈较先完成，然而海平面急剧上升，使得人们在涨潮时无法到达，因此后来人们又在北边的高地上建造了另一座石圈。前者仅在退潮时可见，后者则在涨潮时依然有部分露出海面。这趟游船行程中，海水处于低潮，因此我们可以清楚观赏两座石圈，在几块立石上还有鸬鹚暂歇。当年的布列塔尼人看到的景象应该也是如此吧。

前人为了打造所需的公共记忆空间，精心设计与建造纪念建筑。戈维尼斯石室的开放参观人数有限，假如无缘进入，你仍可在布贡（Bougon）石墓的博物馆中，欣赏到其中部分刻有图饰的通道复制品。卡纳克与瓦纳的博物馆中均收藏有来自其他通道式墓穴的石雕模型。看着这些石块，我确信它们在古代能有效帮助长老们回忆种种故事与传说。其中一个复制品尤其令我目不转睛，它出自洛克玛利亚奎村的“allee-coudee”，意即“石板”（Les Pierres Plates，见图版 8.1）。“allee-coudee”指的是有蜿蜒走道的通道式墓穴。

这块石头之所以如此吸引我，是因为它看起来很眼熟，上面的刻纹与许多澳洲原住民石雕非常类似，例如马蹄形象征坐着的人，而圆圈代表营火或水坑。但是根据澳洲原住民文化来解读新石器时代的法国石雕太过冒险，甚至会显得荒谬。我们没有相关的口述传统可供查证，无法探究石雕中蕴藏的知识与信仰。然而，臆测无所不在，考古学家们认为这块石头上的图案是乳房。[4] 但我觉得这只是胡乱猜测。事实上，布列塔尼地区出土了大量刻有疑似乳房图形的文物。就以这块石头来说，上面的图案是一排乳房，而学者们推论围绕其外的弧形代表数条项链。有趣的是，我从不知道项链可以这样悬挂。[5]

卡纳克巨石阵列

卡纳克石阵为布列塔尼莫尔比昂湾中最知名、壮观且神秘的历史遗迹。2013 年亲身走访这处石阵，是我生命中最难忘的日子之一，尽管从莫尔比昂湾到卡纳克开车得一小时，若是越野步行得走上 12 公里。但对新石器时代的原住民而言，戈维尼斯石室、厄兰尼石圈与莫尔比昂湾的其他遗址，全都是同一处仪典地景的一部分。

上千座石阵自新石器时代与铜器时代早期以来，即遍布西欧（包含英国）各地，但其中只有卡纳克石阵留存下来，形成绵延 3 公里长的石林。最初约有 3000 多根立石，横列至少 11 排，其中包含 3 大组石列：每乃克（Menec）、科马里奥（Kermario）与科莱斯坎（Kerlescan）。石头从不及一米高的小型卵石，到远超过我身高的大型石块都有，后者的高度大多为 4 米多，全竖立于石阵西侧。那是个艳阳高照的夏日，穿梭于石林之中让我汗流浃背，却也让人乐不可支。某些考古学者主张其他石林曾经也是卡纳克石阵的一部分，意指其规模原本超过 8 公里长。

之前我在埃夫伯里石阵的大道上，想起了自己与澳洲原住民朋友努伽拉伊的谈话。如果我一边吟唱歌谣，一边顺着旋律行走，那么每前进一步，目光都只能看到一根石柱。而走在康沃尔的波斯卡温石圈中，我却可以看到每一个石块明显不同，其间隔比埃夫伯里石阵通道上的巨石近了许多。这两处遗址所引起的人的心理作用截然不同，前者带领人进入静止的沉思，后者吸引人不断前进，一个是有助于全神贯注，另一个则是有利于仪式进行。

石阵的形状不重要，重要的是其规模大小与石柱间的距离。我走在卡纳克某个石列中，一根又一根的石柱映入眼帘，速度快到无法吟唱太多的相关知识。每根石柱都维持着原始状态，形状与纹理也和相邻石柱有着巨大差异。在我看来，卡纳克石阵更像个依序排列的记忆地点，用于学习知识而非举行仪式。

无论如何，最重要的是其结构井然有序，没有任何随意竖立的石柱。天然的石头质地各异，比起精雕细琢的石头，种类更为丰富，凹坑、肿块与刻痕也更为多样化。新石器时代的建筑建造者，刻意挑选不同尺寸的石块且保留其原始形态，以便学习时能轻易辨别每颗石头的独特性，想象形状与纹理之间的联结及其专属的知识。直线排列的石阵适合用来训练大批学生，利用每一列的不同部分来教导知识。列与列之间的宽大空隙，则使每个学生都可于其间单独行走或站立，而不会互相干扰。考古学研究指出，石阵系经过数世纪扩建，而非一次建造完成。这项理论正符合记忆空间会随部落进入定居形态而不断扩充演变。

考古学家马克·佩顿（Mark Patton）认为石阵的建造，可能是入门资格授予仪式的一部分，且石柱竖立之后便再也没使用过。他还拿美拉尼西亚（Melanesia）的男性入门仪式举例。[6]

这是个引人深思的推论。的确，竖立一根根石柱再将特定信息与之联结，可加深学习者的印象，之后他们便能回到自己所属的部落，在当地竖立石柱、复诵所学得的知识。这说明了为何卡纳克地区及其他主要仪典中心，会出现绵延数里的石阵，而布列塔尼等地区则建有较短的石阵。如此一来，学习者可以持续前往卡纳克学习更高阶的知识，而后再回到部落增建石列。不过马克·佩顿的理论依据仍缺乏相关证据。

石阵既无一定形式，也不完全呈现直线，由其方向几乎理不出任何天文关联。原住民文化里，大部分的知识不具备周期性，也非依季节变动，尤其是辨别方位、谱系、律法、资源权利与非季节性动植物的特性等知识。而长形石阵可以有效帮助人类记忆这些类别的知识。无论如何，原住民都需要记录历法，以采集资源及定期举行仪式。因此，卡纳克石阵会与直径从 33 米至 180 米不等的石圈有所关联，丝毫不令人意外。每乃克石列西端的石圈至今仍屹立不倒，考古学者更借由仪器侦测到，所有石列至少在某一端都曾有石圈竖立。除此之外，附近还有其他石圈，供长老为部落担负起司时的任务。

据考古学家推论，多种石列可能在古代同时存在，彼此应有互补作用。因此，高度隐秘的通道式墓穴与土冢，应该也是为了最严格限制与会资格的仪式而建。石阵可供长老用来教授知识，而其附属空间则可用作公开的表演场地。在几排石列的末端，另以紧密排列的巨石围成石圈，形成一处管制性空间。由考古调查可见，对于不同程度的隐秘性需求，这里都可满足。

甬道式与侧向通道式墓穴

到了公元前 4000 年，人们似乎已停止建造通道式墓穴，也刻意封起某些大型石室的入口。随着部落社会日益仰赖农耕与畜牧，生活形态的过渡期迈向终点，长老掌权的时代也步入尾声。个人财富取代了知识管控，成为新的权力象征。小型口述文化不再奉行平等主义的理想，转变为阶级分明的社会。在巴黎盆地出土的人骨，保存情况比布列塔尼遗址受酸土侵蚀的遗骸要好，而当时正是考古史上首次出现大量个人墓葬的时期。

一种新形式的纪念性建筑大量出现于各处地景，被称为“甬道式古墓”与“侧入口式古墓”，结构较新石器时代中期的通道式墓穴简单。有鉴于遗址出土了大量遗骨，以“坟墓”相称实属适当。甬道式古墓内建有狭长石室，但没有长廊；侧入口式古墓则辟有一路通往狭长石室的通道。它们内部的岩石少见雕饰，图案也较前一个时期更为抽象。假如石块上刻有图腾，便会摆放在光线可及处，而非隐秘的位置，这点与前期的通道式墓穴将雕石置于阴暗凹室的做法大相径庭。

随着甬道古墓越来越普遍，新石器时代晚期也出现少数毫无厅室的石室。这些土冢一般呈圆形，直径为 17 米至 40 米不等，高度则为 2.5 米至 7 米多。石室内不见任何骨骸，但挖出了陶器、打火石、矛头与抛光石斧。考古学者马克·佩顿曾在报告中写道：“最惊人的发现应该算是碎裂的手推磨了。这些文物的重要性不明，看来应该是仪式用品。”[7]

这项评论颇为有趣，因为在前一章中提到爱尔兰地区的甬道古墓时，说到出土的鞍磨被学者们视为坟墓的象征。就仪式而言，历史上的口述文化常会将日常生活所需的实用信息，置入反复进行的表演之中，此处的研磨器具很有可能是被用在纪念建筑里举行的仪式当中，是知识吟唱表演的一部分，联结着农作物及储藏运用等相关知识。

这些未建有厅室的土冢应是演示知识的场地。在当时原住民农耕文化中，仍可见知识专家演示知识，只是他们不再握有至高无上的权力，也不再是部落的首领。与从前掌握信息即等于掌握权力的时代不同，他们的记忆空间不再建立在过去唾手可得的大量资源上。

公元前3000年，巨石遗址遭到废弃，入口也照例被封闭。从狩猎采集到定居农耕的过渡时期已经结束。多数大型原住民农业社会中出现阶级之分，由坐拥庞大财富的“大人物”率领。知识精英为这些新领袖服务，维护谱系与土地权等重要信息。掌握知识的长老及其表演空间已成明日黄花。

新的交易网络带动了珍贵物品的交易，如一些象征个人财富与权力的标记，诸如铜制的斧头与短剑、黄金珠宝及片岩制成的护腕等，其装饰功用远大于实际用途。随着富人与权力的联系日趋紧密，他们死后入葬时常伴随着珍贵的陪葬品。新石器时代社会崩解之后，人们在坟墓里除了埋藏一些象征财富的陪葬品之外，也会摆放短剑。

随着社会发展，权力落在拥有财富与威权之人的手里，而非握有知识的长老们。这样的形式在原住民文化中屡见不鲜。

9

查科峡谷
独一无二的建筑

在美国新墨西哥州沙漠地区的查科峡谷，古普韦布洛人建造了世界上最令人叹为观止的建筑——“大房子”。峡谷中共有 12 栋此类建筑，地点通常选在最显眼的位置，以让人借助峡谷的辽阔视野，看清重要圣地和岩石艺术。

西欧与英国的历史遗址具备记忆空间的明确形态，同时也存在可携带的小型缀饰物件。假使现代人类均属于同一物种，都具有完全相同的大脑容量与结构，那么即使未曾与英国人类有过丝毫接触，那些小型无文字文化里应该也存在着纪念建筑形式的记忆空间。

在不同的时间、国度与全然相异的环境下，古普韦部落人建造了世界上最令人叹为观止的建筑。刚到美国新墨西哥州查科峡谷时，我心情平静，之所以关注这处遗址，纯粹是为了研究而必须来实地勘探。然而离开时，停留期间的经历以及对前人的追怀感知，让我内心深深悸动。这是一种在其他地方从未有过的感受。那庞大的石造建筑所展现的不可思议的成就，深刻触动了我，加上遗址位于几乎杳无人烟、与世隔绝的美丽沙漠之中，更易引起思古之幽情。在荒野中开了 14 公里的车，经过大大小小的台地、孤峰、河谷与惊心动魄的赤色峭壁，我来到了查科峡谷。那里的景色带给人极大震撼，但更令我讶异的是游客寥寥无几。查科峡谷不同于多数开放参观的重要考古遗址，这里可以不受外界喧嚣的干扰，我可以尽情探索那些震撼人心的建筑。心中那份虔敬感大幅提升。

查科峡谷位于新墨西哥州的沙漠地区，于现今阿布奎克市西北方 240 公里外。那里有十几座“大房子”（great houses），这些巨大的建筑物有 4 层楼高，里面有数百个房间，但却没有证据证明这里曾是人类的住所。这让人忍不住要问：为什么要在鸟不生蛋的沙漠峡谷里兴建如此庞大的建筑？[1]

数千年前，查科峡谷曾是一个文化传播影响力的中心，现为“四州交界”（Four Corners），意即新墨西哥州、亚利桑那州、犹他州与科罗拉多州的交集处。学者一般称该文化为“阿纳萨齐”（Anasazi，出自纳荷瓦族语）。今日普遍认为原本在此生活的人就是当代普韦布洛人的祖先，而不是纳瓦霍族。事实上，查科峡谷正是一处普韦布洛族的古代遗址。

最晚在公元前 5500 年，以狩猎采集为生的部族即已在此地居住。公元 500 年，第一批陶器出现。同一时期，该地区开始耕种作物及饲养牲畜。这个古文化部落除了会种植玉米、豆荚和南瓜等，也会编织竹篮，因此考古学家将这段时期称为“竹篮制作时期”（Basketmaker Period）。自公元 750 年起，大型村落涌现，但仍有一些原住民散居各处。公元 900 年至公元 1150 年，大型部落致力于在查科峡谷打造专属的仪典中心，是为“普韦部落二代”时期（Pueblo Ⅱ），也是本章谈论的主题。

普韦部落二代期间，原住民豢养牲畜与耕种作物，同时也开拓野生动植物资源，因此仍然需要古老知识，但他们也不断吸收新信息，以利生活形态的转变。

普韦部落二代结束后，该地区中出现多个大型村镇（pueblos，西班牙语），或许因为严重干旱，查科峡谷遭到废弃。科罗拉多州西南部的梅萨维德（Mesa Verde）地区开始有大量人口定居，并在悬崖峭壁上搭建房子。到了公元1600年该区也遭舍弃，古普韦布洛人向南迁徙，最终建立大型村落，演变为今日新墨西哥州与亚利桑那州的普韦布洛社区。

美丽之镇：博尼托村

尽管查科峡谷的大房子多已成断垣残壁，站在其中规模最大的村落——博尼托村——的广场里，所见景象依旧震撼人心。那天高温炎热，我望着终年在干燥气候下耸立的红砂峭壁，朝清澈湛蓝的天空延伸。我的向导是一位考古学家，名为赖瑞·贝克尔。旅途中，他经常让我独自静静欣赏遗址的房室与开放空间，其他时候则为我解说各种貌似才刚完成不久的石艺或木造天花板，以及其中结构元素。此地之所以历经几个世纪仍能维持原貌，全拜干燥气候所赐。根据天花板等处的树木年轮可知，开始建造的时间应是在1000年前。我们游走在一栋又一栋的大房子之间，峡谷的景色美不胜收。

每栋大房子中央均围有大型广场，以作为开放性的公共空间。即使博尼托村已成废墟，仍然可见多处石墙矗立，足以让人想象，在四周几层楼高的富丽堂皇的石造结构环绕下，中央开阔的露天场地里一定曾有过怎样的表演活动（见图版9.1与图版9.2），观众可以坐在房子的屋顶上，如同现代普韦布洛村的建筑模式。圆形仪典房“基瓦”（kiva）现仍明显可见，而在这周围应该还规划有不具观景区的管制性空间。

考古学家认为在查科峡谷大房子兴建期间，几乎不曾发生暴力事件。虽然修建大房子及仪典所用道路，需要投入庞大人力，但遗址并没有暴力强制动员的迹象，同时也看不到曾存在富贵精英人士的象征。这些房间的特色在于，制作精巧的砂岩结构上那出色的石工技艺。但根据考古学者史蒂夫·雷克森（Steve Lekson）推测，建有屋顶的房间中仅约两成可见人类居住的痕迹，因此大房子并非主要作为住所之用。据他推论，查科峡谷中的大房子，是提供给约仅上千人的小部分权贵精英使用的，他们只占圣胡安盆地（San Juan Basin）总人口的一小部分。[2]

那天我站在广场上，旁边是所有大房子中最大的那一栋遗址。普韦布洛的博尼托村曾是一座巨大的D形建筑，至少有3层楼高，超过650个房间，当中还置入47座“基瓦”。

广阔的查科峡谷中共建造12栋大房子，每一栋结构均类似博尼托村。峡谷外，体积较小的大房子则是当地部落的居住地。基于此地社会结构明显与查科峡谷相同，考古学者称这些居民为查科峡谷“境外人”（outliers）。有足足超过200座大房子，分布在这面积为10万平方公里的区域内。这些房子样式设计相似，显示各地仍遵循着共同的建筑主调。读到这里，你应该会觉得这样的模式相当熟悉。如同英国与欧洲地区的新石器时代遗址，在查科的天地里，也有同样的组合模式，在主要仪典中心之外，外围区域还有许多小型仪式中心。

论及物质财富，古普韦布洛族似乎倾向于人人平等，而我也坚信在当时的社会里，应该是谁掌控信息，谁就握有权力。居住在大房子里的知识专家从峡谷境外收集知识，再传达给族人。其实在荷比族（当代普韦布洛语系的一支）的口述传统中曾谈到查科峡谷，他们称此地为"Yupköyvi"，意指"交流知识的地方"。[3]

相较于居住遗址，此地墓葬中发现的婴幼儿尸骨相当少。一直到查科峡谷的区域统治地位没落时，才出现精英阶级墓坟，但即使如此数量依然稀少。学者们在博尼托村内发现两具男性遗骸，旁边还有数千块绿松石陪葬，而他们所在的房间，建造时间是在他们死亡之前近 200 年。

向当代普韦布洛人取经

在查科峡谷兴建大房子的人，即为今日普韦布洛族的祖先。所有的文化都是逐步发展形成的，我们不能将现代的普韦布洛族，直接放在过去的那个时间点上，然后想象查科部落社会应该都是同一种样貌。我们反而应该培养对文化习俗的洞察力，以此作为指引。大约在公元 1600 年，普韦布洛族迁往新墨西哥州格兰德河（Rio Grande）地区，建立了 19 个村庄（他们同样也被视为普韦布洛人）。[4]

那里的部落，被划分为 7 个语系：分别为克里斯（Keres）、杰美兹（Jemez）、陶斯（Taos）、特瓦、提瓦（Tiwa）、祖尼与荷比。语言是辨别一个普韦布洛人归属的最强大依据。7 个语系中，如今只有荷比人居住在新墨西哥州以外的地区，而位于亚利桑那州的荷比族保护区（Hopi Reservation），周围全是纳瓦霍族的土地。

传统上，美洲原住民并无积累个人财富的习惯。某些人在部落中享有世袭地位，也有些人凭借自身的仪典知识、性格、兴趣、口述技能、智慧，以及记忆冗长又艰深的歌谣的能力而赢得声望。所有小型口述文化里，并非人人都有资格习取知识，即使是符合资格者，也必须经过多个阶段的入门认可，才能成为秘密社团的一员。这些秘密组织有时会被认为是医学社团，尽管成员所储存的知识远比疗伤止痛更复杂。例如，司时这项工作，必须仰赖仔细记录太阳移动轨迹。而普韦布洛的太阳观察者，往往就是每个村落里握有非常权力的人，有时可能还会获得免费劳动力，帮忙照应他的农地牧场，或者还有其他好处。不过，不同社团间会互相传播分享知识，他们借此节制权力的发展，因此不会有任何个人所拥有的知识，强大到足以掌控整个村落。

实用、神圣或世俗的知识，都交织在吟诵和讲述的形式里，或借由视觉、动作示意，渗透到整个文化当中。取得入门资格的人在经过长时间训练、学会记忆广泛信息后，获得的知识仍仅是偌大信息系统的一部分，而他们学习的方式是，参与在基瓦、社团房舍与圣地中举行的表演和仪典。假如一名未获入门资格者向长老询问知识，很可能会遭到刻意误导，因为若不这么做，长老们便可能遭受严厉的天谴或责罚，而如此严格的保密规定，都只为了防止信息外流。

考古学者威廉·利贝（William D.Lipe）一直致力于普韦布洛族的研究。他向我解释，普韦布洛人依赖每个掌握知识的社团去造福自己的族群，但是并没有一个凌驾整体的权力中心可以要求这些社团分享他们的知识。虽然这种保密的过程赋予了某些人权力，但它同时也避免“以讹传讹”导致信息失去准确性。人类的生存仰赖对资源的精准掌控，尤其是在环境严酷险峻的远古时代。普韦布洛人不能家长里短随意谈论耕作法则（如第 2 章中所描述的玉米栽种），否则数世纪经验累积而成的知识会快速被篡改，终致失去作用。

2009 年，我从空旷的查科峡谷来到阿布奎克生气勃勃的普韦布洛现代生活中，认识了一位来自克里斯语系的阿科马族领舞舞者。他很肯定地告诉我，即使到了现在，部落中的男人仍然持续表演着蕴含知识的管制舞蹈和歌谣，不过他们会在夜里找个隐秘空间，避免被看见或听到。他还说他们会“使用女人听不懂的话，就算被听到也无所谓”。我看着普韦布洛的舞蹈，听着他们吟唱的歌谣，吃着最特别的食物，然后爱上他们的艺术。特别是，我开始收集当代普韦布洛艺术家制作的克奇那人偶。在第 2 章里提过的“克奇那巫术”，刻画了万神殿里的神话人物，而经由述说他们的故事，也为大部分普韦布洛口述传统作了诠释。

精确来说，在开放性广场上，会表演公共版的克奇那仪典，而在封闭的基瓦里，则是演示管制版的仪式。根据查科峡谷的考古资料，该地区的原住民社会与当今较为传统的普韦布洛村落，呈现类似的社会结构。

查科峡谷古普韦布洛人

考古学家凭着当代普韦布洛长老提供的信息，检视记忆对于这些原住民的重要性，以解读查科峡谷存在的目的。他们推论的结果多半偏向宗教与仪典用途，但我倒认为他们的动机是记录实用知识以及保存知识的方法。尽管我的这项主张——处处可见记忆空间的重要性，似乎彻底颠覆了以往对于英国新石器时代遗址的解读，但与其说颠覆，倒不如说是将当代有关查科峡谷的理论，作了一番精炼淘洗。

随着考古学者们认定大房子并非住所，接着就有人推论这里是圣胡安盆地的物流中心。然而，现代研究者认为，长途搬运容易腐烂的货品，存放于此，然后再次运送到其他地方的做法既不合理，也不符合考古发现。最后他们断定，这些建筑最有可能是用作仪式场所，以及少数仪式主持人的长眠之地。

我同意这个观点，但必须补充一点，这些长老是学识渊博的专家，而他们所监管的仪式，又涉及重要、理性且实用的信息如何维护与传递的问题。倘若事实果真如此，我们便应该根据前述章节中指出的种种迹象，将这些古代遗址视为记忆空间。

大房子通常建在最显眼的地形位置上，即使这意味着建筑会暴露在极端气候下。他们本来可以找个不突出的地点避开这些问题。之所以刻意选定这样的位置，是为了借助峡谷的辽阔视野，便于人们清楚看见在重要地形中所标示的圣地和岩石艺术，如沿地平线可见的火山塞、孤峰、山顶与台地，许多在普韦布洛及纳瓦霍族口述文化中是重要角色。千年之前，人们就以地景来作为知识参照，这项事实显示了地景的重要作用。

还有一点值得玩味的是，峡谷内有道路。古普韦布洛人夷平了约 9 米宽的广漠原野，开辟出进出峡谷的路径，在超过 300 公里长的道路两边，铺造阶梯、土堤、坡道、深沟与土冢。其实，他们只需铺设简单的路径就可以满足需求，实在没必要如此大兴土木。当时没有轮车和驮畜来载运建材，附近明明有比较好走的平坦道路，他们却要沿着陡峭的斜坡开辟直通查科的道路。峡谷内，最长的一段路是 50.5 公里长的“北路”（North Road），不过路并不是完全接通的，中间有多处间隔，最长可达 12.5 公里，有时道路还会一分为二，甚至分出 4 个平行区块。这些道路既无法提供部落间往来之用，也无法通向资源开采地点。就贸易或运输而言，完全不具实用价值。

然而，将道路的区段分隔看成是为记忆轨迹而作的设计，供知识专家忆想与圣地和地景特征相联结的歌谣和传说，它们是整条路上的注记，这并非不切实际。大部分查科峡谷的道路都不长，但都通往剧烈起伏的地形。举例来说，有些小型石室就沿着古代路径，盖在顶峰或山脊上，和现代普韦布洛朝圣路径上的圣地如出一辙。

对当代普韦布洛人而言，在圣地举行仪式是为了追溯先人走过的旅程。他们仍会在仅限少数人知晓的故事中，吟诵古人迁徙途径上的圣地之名。曾有普韦布洛族的宗教领袖告诉我，至今他们仍延续定期朝拜圣山的传统，部落长老会在那儿待上许久，吟诵歌谣。

将这些道路解释为行进间的记忆通道，非常合理，就像澳洲原住民文化的歌之路或吟唱路径，只是它是种更为正式的说法。之前，我的瓦尔皮瑞族朋友努伽拉伊时常提醒我，他们有种传统，会随着不断重复吟诵的节奏韵律，走在具有象征性的地景上，利用古普韦布洛路径上那些圣地的石造标记形式，就能创造出可有效唤起回忆的记忆空间。

大房子

据考古学家估计，名为“杰德罗柯特尔”（Chetro Ketl）的大房子，建造所需工时超过 20 万个小时，但完工后只住了不到 100 人。这栋建筑耗费了约 5000 万块砂岩及超过 20 万棵树，材料全从 80 公里以外的地方运来。[5]

究竟为何要如此大费周章建造一座仅供少数人居住的房子呢？答案显而易见，查科峡谷内的大房子是提供举行仪式的场所，目的是保存、传递与教授那些蕴含部族所有正统知识的歌谣。因此，部族里的每一个人都认为投入大量劳动力来兴建仪典场所，是件理所应当的事。

对来自规模较小部落的入门者与长老而言，基瓦是传授知识不可或缺的场地。这些圆形且具封闭性的仪式场地，提供了可管制进出的空间，在口述文化中，这对知识系统的维系有着不可取代的重要性。博尼托村有些基瓦是面朝广场的地下隔间，只有一半露出地面；有些则建于高突的地面上，与矩形房间交错林立。有鉴于当时的普韦布洛人应无深厚的建筑知识，这样的工法已经相当了不起。

我在第2章里提过理查·福特对于当代普韦布洛族的玉米仪式的研究。当时的原住民根据在基瓦中举行的仪典，学习如何在变幻莫测的气候下，确保玉米品种的纯正与产量丰盛。福特主张，现代普韦布洛族区分玉米品种的系统，正是源自远古查科峡谷先民教导的方法。

基瓦的规模逐代扩展。到了公元1050年，多数大房子的广场上均建有大型基瓦。这些建筑的体积是一般基瓦的两倍，有些直径超过20米、深达4米。峡谷南边建有4座独立于其他大房子之外的大型基瓦，我造访过的那一座，名为“林克纳达房子”（Casa Rinconada，西班牙语中Casa即指“房子”），当时我参观了内部的仪典空间。从里面一条地下通道可直达一处可遮蔽的区域，如果在举行仪式的当下进入，必然会有“柳暗花明又一村”的视觉震撼。

另外，基瓦内有一种较不明显的建筑结构，通过一系列有顺序的排列，可用以保存知识。此外，其壁面还凿有壁龛，有固定间隔。如图版9.3，这是位于杰德罗柯特尔（Chetro Ketl）的一处大型基瓦。这些面积约占一平方米的壁龛，在过去应是用来摆放工艺品，即那些用于年度周期举办的某项仪式中的记忆辅助设备。

这些具有剧院氛围的大型基瓦，过去一定很让人赞叹。就像现代的基瓦一样，知识会在这里被演示，同时必然有歌谣、吟诵、舞蹈和走动，利用这一切再造古人的故事。

外界将查科峡谷外的一座建筑误称为“阿兹特克废墟”（Aztec Ruins）。这建筑当然是由古普韦布洛人所建，并非出于阿兹特克族之手。在阿兹特克废墟国家纪念遗址（Aztec Ruins National Monument）中，当我站在经过重建的基瓦中央位置时，即使只是轻声细语，我所发出的任何声音传到边缘处依然清晰，但假如我站在这个圆形房间的其他角落，就没有这种效果。这是因为房间中心点的两端均为凹形地面。虽然考古学家推断这些凹拱处是用来存放玉米的，但如今却有其他学者认为，它原本可以作为足鼓来演奏。我 2009 年拜访国家纪念遗址时，当时其中一位向导，莎拉·马戈利斯（Sarah Margoles）曾写信给我，信里描述了她在基瓦中说话的经验：

里面的音效太惊人了！每天，我会在大基瓦里向护林员作一场演说，有时是两场。我不能站在房里的中心点说话，回音会震耳欲聋，使我除了自己的声音之外什么都听不到（任何声响在中心点听起来都会比较大声）。

几个月前，《国家地理》杂志来采访，拍摄普韦布洛人在大基瓦中利用凹拱处作为足鼓来跳舞的影片。他们在凹拱上放置木板，配合节奏整齐划一地重踏在鼓上（三人一组）……噢，这声音真是太惊人了！

神秘的纹饰物品

用于保存知识系统的不只是地景与建筑。长老们还会利用大量物品来辅助记忆，这些物品有时被称为“仪式用品”，当中多数确实能帮助记诵蕴含重要实用知识的歌谣与传说。大房子里更有无数个经过雕刻与绘饰的木制物品，许多带有明亮色彩，通常来代表鸟类。此外还有木杖、陶管、铭刻与镶饰的石块和雕像、动物角、箍环、圆盘、祈祷杖、烛架、羽毛圈，以及嵌有贝壳与绿松石的竹篮和圆筒状器皿。

博尼托村落的房子里则有许多个笼子，据悉曾装着多只金刚鹦鹉，包含绯红金刚鹦鹉（Ara macao）与军舰金刚鹦鹉（Ara militaris）两类，二者原产自墨西哥与南美洲。使用鹦鹉羽毛制成的工艺品，只有极少数精英分子才可取得。

众多缀饰物品中，杰德罗柯特尔出土的彩绘木制手工艺品特别引人注目。[6]杰德罗柯特尔内有个房间的屋顶完好无缺，这使得数百个明显无实际用途的木制手工艺品得以保存良好。多数木制品体积扁平，两侧均绘有图饰，从简单色彩到复杂图形皆有。一些物品上有修补痕迹，由此可见其重要性。其他还有刻着动物图案的木制品，大多都与历史上原住民文化的记忆辅助工具相类似。

同样醒目的还有白底黑图的圆筒状陶器，通常称为“圆筒罐”，只见于查科峡谷（见图 9.1）。圆筒罐平均高 24 厘米、直径 11 厘米，绘有各式抽象图形。相对于遗址内各处可见的图饰杯子，这些圆筒罐仅见于少数几个房间。已出土的 210 个圆筒罐中，有 192 个来自博尼托村，与其他贵重物品置于同样几个房间内。其中一个房间内搭有木造土窖，里面埋有一座精致的墓碑，类似墓碑在峡谷里还有另一个。

仔细看圆筒罐，可发现上面有重复绘饰的痕迹。在口述文化中，修改原有图腾或覆以新图饰相当常见。绘制神圣图像与吟唱相关歌谣的过程，都可加深对于知识与应用的印象。罐内可见存放巧克力的迹象，但是在查科峡谷的考古资料中并未记载。由于

图 9.1　圆筒罐表面图样。琳恩·凯利绘。

巧克力在当时是十分稀有的物资，这些圆筒罐无疑属精英阶级所有。其原料可可豆产自美索亚美利加南部，在查科峡谷以南数千公里处。在历史上可可豆的使用，与精英仪典是直接相关联的。我发现，圆筒罐上的图形既不规则，也不对称。每一个罐子各有不同，显示出不同图案可能代表特定的传说或歌谣系列。

邻近地区大致活跃于同时期的满博人（Mimbres），他们在知识与原住民艺术的结合上表现更是突出。满博陶碗以图饰奇特著称，尽管已有千年历史，却充满当代艺术感（见图版 9.4）。哈佛大学皮博迪考古与民族学博物馆的一位评论员为我介绍馆内收藏的满博族艺术品时，我发现这是我所见的最迷人的文物之一。虽然我相信满博人拥有美感，但对他们而言，用来联结蕴含实用知识的故事，或许才是这些工艺品的主要用途。

有只陶碗上刻绘了风格特异的蝙蝠图案，制成年代可追溯至公元 1050 年至公元 1150 年。[7] 如今考古学家依画中蝙蝠的指掌、脚、牙齿与长耳等特征，证实其为大耳蝙蝠（Townsend' s big-eared bat）。大耳蝙蝠亦可见于满博人举行仪式的洞穴内。这个陶碗是否有助于记忆以蝙蝠为象征的传说？又是否蕴含了有关蝙蝠的知识？答案应该是肯定的。我研究过许多满博陶碗，上面的图案似乎都代表了某些故事，而非纯粹只是装饰。

然而，这些绘饰满博陶碗遭到原住民刻意破坏，不是碎裂成好几块，就是底部砸出破洞。因此，若要宣称这些美丽的陶碗在口述传统中主要是一种用来作为辅助记忆的可携式物品，可能需要多花一些工夫，不过证据可是明摆在那里的啊。

查科峡谷的知识交易

查科峡谷中出土了大批贵重物资，却没有交易迹象。亦不见任何证据显示，查科峡谷内曾有任何物资生产或食粮过剩的迹象。该地区的人曾从新墨西哥州圣塔菲市（Santa Fe）、科罗拉多州、亚利桑那州与内华达州，运来大量绿松石。另外还远从千里之外的墨西哥运送过来金刚鹦鹉等鸟类和铜钟，从位于西边 75 公里外的楚斯卡山（Chuska Mountains）搬运数千个陶制厨具、木头、石材和玉米，另有来自太平洋、科尔特兹海（Sea of Cortez）、加利福尼亚州、得克萨斯州与阿肯色州的贝壳，以及产于圣胡安盆地边缘的磨石。那些前来查科峡谷参加聚会的人，也许正是借由进贡物资和劳动力来换取参与庆典、仪式的资格，并借此累积声望。而我们也可合理推论，他们所交易的知识当中，蕴藏着人类生存所需的大量实用与科学性知识。当时的知识专家也会到峡谷内参加最高阶训练，学成后回到峡谷境外之地，再将所学运用在大房子的建造上。

如同所有口述文化（尤其是普韦布洛文化），峡谷中的训练还包含天文知识。当地每个村落的知识专家都肩负维护历法的责任，因为参加过查科峡谷的仪典，他们必定知道何时启程及走哪些路径才可准时抵达。峡谷内外也处处可见高阶天文应用遗迹。

近代普韦布洛族的太阳观察者，以天文观测的精确度及文化方面的能力而闻名。一名荷比族太阳观察者曾在某个仪式中吟诵 20 句短诗，唱出日升与日落相对于地平线的位置名称，这些信息与农耕时令、祭典时程紧密相关。此外，观测者也会观察月亮与行星的变化，以弥补太阳观测的不足，例如，金星的起落可用于指示举行仪式的时机。

考古学家认为依据太阳观测来维持历法，是一种非常古老的习俗，至少可追溯至1000年前。古普韦布洛人不仅在查科峡谷各处的岩石上蚀刻星辰与月亮的标记，还将建筑当成天文观测台。举个例子，博尼托村的房屋壁面可与太阳在春分和秋分时移动的轨迹，以及每天东升西落的方位校准，其中一扇角度特别的外部窗口（见图版9.5），更与冬至日升的方位一致。杰德罗柯特尔的后墙则恰好对准满月静止的最低点（即月亮运行与赤道形成最小角度时），这现象每18.6年循环一次。

查科人知晓月亮静止的周期，已属一项卓越的天文成就。在科罗拉多州西南部、查科峡谷外的烟囱岩（Chimney Rock），每过18.6年，满月升起的位置刚好落在天然的成对石柱之间（见图版9.6）。当我朝群山围绕的大房子遗址前进，走在狭隘山脊上时，刚好来到欣赏满月静止最高点的绝佳位置，那景色让人大开眼界。

考古学者赖瑞·贝克尔也曾对我描述他在冬至时欣赏日落的经验，那是在另一座位于峡谷边界，现名“萨尔蒙遗址”（Salmon Ruins）的大房子里，当时他发现脚下踏着的独特陶制铭版标示了观赏冬至日落的确切位置，为此感到兴奋不已。根据此处遗址的树木年轮推算时间，显示该建筑物的建造可能也与月亮相关的重大天文事件对应。

在峡谷入口的法亚达尤特（Fajada Butte）小山丘顶端，有一处极为隐秘的地方，那里可见“太阳匕首”的蚀刻画（见图版9.7与图9.2），透露了查科人已知如何追踪冬至、春分、秋分及月亮静止点的位置。

岩石艺术不仅仅只用来显示天文知识。美国西南部地区也有岩石大量刻绘系列图腾，如阿布奎克附近的美国国家岩石雕刻保护区（Petroglyph National Monument）。这些岩石艺术作品约创作于400年至700年前，据说是出自美洲原住民之手，目的是延续美国西南部的文化传统。某年夏天，有天我独自在那里待了几个小时。在小径中闲晃时，我知道自己正走在神圣的知识路径上，看着一处又一处岩石画，但是却完全不会重叠，它们本来就是要让人单独去观赏的。

查科峡谷众多岩石画之中，有几幅刻绘着吹笛的驼背克奇那——科科佩利。这个人物至今仍常见于普韦布洛族的传说与艺术中，并且以吹笛为一贯形象。从古至今，笛子一直是普韦布洛人吟唱歌谣时使用的乐器。值得一提的是，查科峡谷出土的木笛雕饰与圆筒罐上的图案非常相似。

科科佩利扮演多重角色，除是以交易物品传递远方信息的说书人之外，主要还是生殖象征。原住民传说细述了他如何诱使美丽村女与他发生关系，以及村女感到欢愉的过程。早期普韦布洛民族志学者米沙·提泰（Mischa Titiev）曾在20世纪初与荷比族人一起生活过一阵子，并记录亲身见闻，当中还描述了6名戴着面具的科科佩利舞者进入基瓦时所跳的克奇那舞蹈。

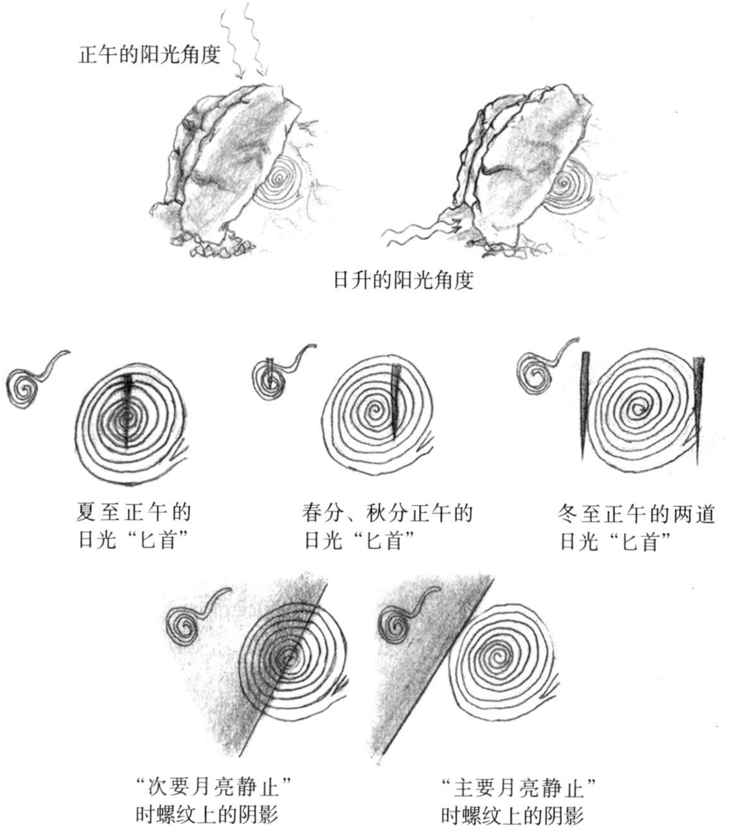

图 9.2　当阳光照射在法亚达尤特“太阳匕首”蚀刻岩石画上时，螺纹上的光影变化。琳恩·凯利绘。[8]

查科峡谷考古史上的许多资料，都来自与其有强烈联结的当代普韦布洛文化。虽然世上没有静止不变的文化，但一瞥当代普韦布洛族的生活，仍能让我生动地想象，曾经在大房子里表演的舞蹈、歌谣与传说，仿佛身临其境。正是这些文化赋予大房子生命，使查科峡谷成为古普韦布洛社会的核心。

克奇那及其故事的重要性不容小觑，因此我珍视自己小小的现代克奇那收藏，包含科科佩利在内。同时我也选择克奇那作为记忆实验中的先人典型。我彻底爱上了新墨西哥州这个地方，爱上了当代普韦布洛文化、古普韦部落考古。还有，我爱上了查科峡谷！

10

纳斯卡沙漠的巨型地画

纳斯卡文明出现于现今秘鲁纳斯卡镇的沙漠高原，于公元前200年至公元600年达到鼎盛。人们在寸草不生的沙漠荒原上，创造了令人惊奇的巨型地画。所有地画均有一个惊人特征：无论多么复杂的图形，整体轮廓都只由一条连续的线条构成。

2000 多年前，纳斯卡人（Nasca）在秘鲁寸草不生的沙漠荒原上，创造了令人十分惊奇的图形。有些可以辨认出是动物与植物，有些则难以辨认，当中包含一只长着猫头的鱼；一个位于山壁上，30 米高，眼睛如猫头鹰般的人形；一只部分呈植物形体的动物；还有狐狸、兀鹰、蜘蛛与昆虫；此外还有一只盘旋不去的蜂鸟（见图版 10.1）；尾巴卷曲成螺旋状，直径约 70 米的猴子（见图版 10.2）；锯齿状脖子占全身一半长度的大鸟；以及长达 285 米的鹈鹕。除此之外，绝大部分画作的形状都是几何图形与直线，如螺旋状、锯齿状、三角形和梯形，其中一个梯形的长度更超过 800 米、宽度近 100 米。另外也有许多绵延 1000 多公里的直线。这些动物、几何图形与直线，被人们统称为“纳斯卡线”（Nasca Lines）。

所有的图形均呈现一个惊人的特征：无论多复杂的象形符号（glyph），整体轮廓都是由单一而连续的一条线所构成。这意味着只要走在这些图形上，皆可从起点一路走到终点，不见任何中断。考虑到要确保每幅图像都能完整呈现其特征所需投注的心力，这样的呈现绝非巧合。

这些图形当中以鹈鹕最为复杂（见图 10.1）。它的图案特别精细，而且循着一条线可以从头到尾不间断。它的设计就是为了让人行走，这是一条人行步道，路径蜿蜒盘旋，宽度恰好供一人通行。因此若你实际走在路上，会发现背后有人、前面有人、同方向的路径有人，但却没有任何人能穿越到你正在行走的道路上来，没有任何事物会让你在吟诵歌谣、跟随节奏行进时分心，如此一来，势必能全心投入仪式中。

图 10.1　正如其他纳斯卡地画，该广场上的鹈鹕图形也可供人行走，而且无法折返。琳恩·凯利绘。

纳斯卡文明出现在现今纳斯卡镇附近的沙漠高原，于公元前 200 年至公元 600 年期间达到鼎盛。高原呈三角形，面积为 200 多平方公里，四周为安第斯山的小山麓与平缓农田所围绕，西部与南部有纳斯卡河（Nasca River）流过，北方则有因吉尼奥河（Ingenio River）屏障。这是一座几乎终年不雨的沙漠，但却有小山谷或沟壑（quebrada，西班牙语的“山沟”）穿越其中。当安第斯山降雨量一多，山谷便可见潺潺流水。高原上还有泛美公路（Pan-

American Highway）横越。

有些地线与其他图案重叠，因此从空中俯瞰彭巴草原（pampas）所拍摄到的影像杂乱不明（见图 10.2）。纳斯卡人将这些图形视为路径。他们不断创造大型图案，其中许多相互交叠，在新地线覆盖之前，旧图形也许已有几世纪的历史。纳斯卡文化与其他原住民文化相同，皆持续不断地变化与演进。可想而知，当旧的故事不再适用于新知识时，他们也会创造新的故事。对此，新地线可以轻易满足他们的需求。只要新的路径能清楚易辨，走在新制造的圣途上其实并不能看清下层地线，因此没有理由抹除旧的图案。从地面上（即纳斯卡人的视角），这些路径脉络分明，

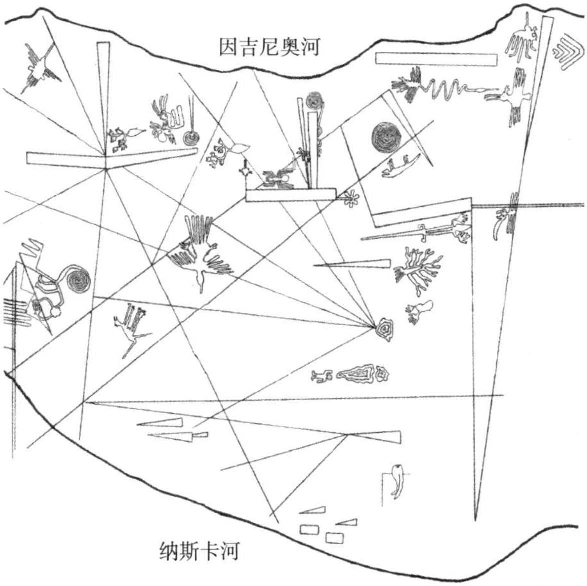

图 10.2　含有动物地画的高原局部综览图。琳恩 · 凯利绘。

而依稀可见的旧路线不过是过眼云烟。

纳斯卡人并非唯一一支会创造巨大图形的安第斯山部族，只不过他们这一族最为人所知。在他们之前，柏拉卡斯人（Paracas）便已在同一区域创作“地画”（geoglyphs），同时还建造了仪式用的土冢，其中至少有一座与冬至日升的方位一致。他们在山坡上组成小型聚落，开凿梯田并灌溉及耕作，他们在肥沃的地区进行种植，在贫瘠的地区则创造仪典用地景。柏拉卡斯地画大多描绘的是别具风格的人像，且凿刻在山壁上，以便于从彭巴草原眺望。纳斯卡人除了在山壁上作画，也将沙漠当成画布，并把主题从人像转移到动物上。这两支部族既未受到庞大中央权力制约，也无贫富阶级之分。部族墓坟出土了织物与陶器，但其中未见任何性别或个人区分的证据。一切迹象都显示，无论在柏拉卡斯族或纳斯卡族的社会里，权力与知识密不可分。

即使纳斯卡文明约从公元600年后逐渐式微，安第斯山脉各原住民文化所创建的地画依旧留存。智利阿塔卡马沙漠（Atacama Desert）上的地画，无论在数量或样式上均远超过纳斯卡线，且涵盖区域范围更广。这些地画制作于公元600年至公元1500年。多数阿塔卡马沙漠地画以美洲驼商队为主题，其中一幅刻画了80头骆驼列队行进的画面，反映出长途贸易与美洲驼对当地原住民生活至关重要。研究此区的考古学家路易·布昂尼斯（Luis Briones）认为这些图形具备一项重要功能，也就是替美洲驼商队记录水源、盐地及骆驼觅食地点的知识。[1]

但无论如何，纳斯卡线现今仍是最著名的地画，部分原因可能跟一名曾犯下偷窃与诈欺罪的瑞士旅馆业大亨深谙经商之道有关。艾利希·冯·丹尼肯（Erich von Däniken）于1968年出版的畅销书《众神的战车》（*Chariots of the Gods*），引发大众对彭巴草原地画的好奇心。冯·丹尼肯主张宇宙航行者曾在远古时代造访地球，深刻影响了当时的原住民部族，如建造史前巨石阵、复活节岛雕像及埃及金字塔等，都是出自外星人的想法，该地因此声名大噪。他还提出了一个说法：纳斯卡线是外星人降落的轨道，地线是纳斯卡人为吸引外星人再次造访而画。他的著作受到科学界强烈抨击，然而他还是拥有大批追随者。我在少女时期曾看过《众神的战车》，因而对地画深感兴趣，但我完全没想到自己有一天也会撰写关于它们的故事。

20世纪30年代，一位商用飞机驾驶员飞过南美沙漠，发现了这些巨型地画。一如冯·丹尼肯这类崇尚神秘多过现实的作家们所声称的，这些图案从空中俯瞰才看得到。《众神的战车》一书出版后，探险家吉姆·伍德曼（Jim Woodman）也写了一些书籍，推论当时纳斯卡人一定曾制造热气球，以便从空中观看这些地画。事实上，从彭巴草原附近的小山丘顶端就能看得到这些制作于沙漠上的地画。

原住民的天文知识

有些学者认为纳斯卡线代表着一幅繁复的天文图。美国地理历史学家保罗·柯索（Paul Kosok）曾与妻子一同观测地画，注意到某个图案对准日落的方位，因而论定彭巴草原是一项大规模的天文记录。1941 年，柯索开始与玛丽亚·赖歇（Maria Reiche）合作，她同样支持纳斯卡线可用于观测天象的看法，甚至比柯索更加大力倡议。赖歇出生于 1903 年，她会说 5 国语言，专精数学与天文学，余生全奉献于对纳斯卡线的研究。她认为地画展现了史前时期纳斯卡人的高深数学知识，每幅动物图案的地画都是天文星座的投射排列。她后于 1949 年出版《沙漠之谜》（*The Mystery on the Desert*）一书，获得热烈反响。她利用个人资金致力于地画的维护，以确保其不受数以千计的观光客破坏，同时坚守地画常驻学者的岗位直到 1998 年去世。尽管她所提出的彭巴草原为巨型天文地图的理论未获考古学者的认同，但这说法直至今天仍广为世人所接受。

考古天文学家安东尼·阿凡尼（Anthony Aveni）与克里夫·拉格尔斯（Clive Ruggles）认为某些地画的确与天象存在一致性，但并无证据显示所有图案所构成的是一幅巨型天文图。此外，阿凡尼与考古学者荷兰妮·席佛曼（Helaine Silverman）还认为“纳斯卡线专供天文观测之用”的说法并不准确，这种说法完全没把建造这些地画的人考虑进来。我支持他们的观点，因此本章大部分内容将以他们对地画的详尽描述，以及勘探卡瓦奇（Cahuachi）金字塔时的发现作为依据。[2]

世界各地原住民文化都会借由观测天文重大事件，决定狩猎、采集、渔猎、农耕与仪式的时程。当代安第斯原住民所遵循的历法，涵盖的范围包括从植物开花期到天象观测等其他世俗活动。

历史上在纳斯卡地区出现的文化，还会利用昴宿星团（Pleiades）的出现与消失，猎户座大星云（Orion's belt）、南十字星（Southern Cross）的位置，以及银河（Milky Way）星辰来制定历法。

在太阳由头顶正上方经过的那几天，有几条纳斯卡线会指出日出与日落的位置。像这种天文活动状态，在安第斯山文化族群中众所周知，用来预测当地降雨时间特别好用。在干枯沙漠中，降雨无疑是农作周期最重要的大事。

阿凡尼与席佛曼重新翻查过去的考古物证，推断纳斯卡线与降雨的关联更甚天文观测。地线所朝向的重要地标，其中许多位置皆与彭巴草原底下的水流方向一致。他们将纳斯卡线的功能比作库斯科印加人使用的“塞魁”线（在纳斯卡线之后1000年，出现于其西北方350公里处）。如我将在下一章所述，印加人认为地景是由虚构线条构成的。这些线条名为“塞魁”（ceques），与澳洲原住民的歌之路及北美原住民的朝圣路径有着类似功能。与纳斯卡人不同的是，印加已被西班牙编年史列入记载，根据其中文字描述，塞魁具有管理用水权及引导相关仪式的作用。

在我看来，还没有任何考古学家意识到原住民口述传统的广度和深度，而且依旧过于专注在天文学、水源、宗教等领域（即使它们对原住民不可或缺）。就如本书前几章所述，所有口述文化均保有广博的实用知识，并融合复杂的记忆方式。我相信，原住民必曾在彭巴草原上述说神话灵祇的故事，借此收录建立知识库，当中包含天文学、降雨、历法、农耕的权利与义务，以及自然历史、方向指引、贸易协定、婚姻权、族谱和其他所有实用信息，这些都囊括在口述文化传统中。

令人遗憾的是纳斯卡人的口述传统如今已不复存在，后人无从探索剖析。大约在公元 600 年，他们的家园渐趋干旱，文化无法存续。同一时期，较倾向军国主义的瓦里（Wari，也称 Huari）帝国，迁徙至纳斯卡地区，于是曾在彭巴草原上建造非凡地线的部族，逐渐消失无踪。

地画的制作

动物、几何图形及直线的地画都是由同一种方式构成的。沙漠地面上遍布扁平碎石，经过千年的日照与细菌作用，岩石形成一层俗称“沙漠亮光漆”的紫色外衣。纳斯卡人建造地画的方法，就只是将深色岩石移除，让下方灰白的彭巴草原地面外露，再沿着地线堆叠石块以描出轮廓，然后借助风力使土石持续暴露在阳光下。此外，他们也经常行走于绘有地画的圣地之上，以使底下的土石变得紧实。

阿凡尼曾率领团队在彭巴草原未经使用的区域中创作地画，由此推估，如果 100 个人一天工作 10 小时，两天便可完成一个全长约 400 米的图形。所需人力不会太过庞大，几何图形的结构也不复杂。[3]

如同阿凡尼所作的结论，这些地画的存在是为了供人行走，而我也相信过去纳斯卡人曾在仪典行进中，吟唱着他们的圣歌，那当中有故事，蕴含着实用、理性、宗教及道德的知识，这是他们自身与文化存续的依据。这样一来也就完全能说得通了，动物地画象征的是对纳斯卡口述文化而言，高度重要的动物，其中许多同时兼具实用与精神上的重大意义。

动物的象形符号

第一个指出纳斯卡线可能是记忆空间的人，是来自美洲原住民萨利西古特来联合部落（Confederated Salishand Kootenai Tribes）的帕特里夏·裘莉（Patricia Jollie）。她问我是否认为纳瓦霍族有可能是纳斯卡线的创造者。裘莉在美国华盛顿史密森美洲印第安人国家博物馆（Smithsonian National Museum of the American Indian）担任研究员，认为许多纳斯卡线（尤其是蜘蛛）与纳瓦霍族传统神话里的动物具有关联。

在此之前，我从未思考过纳斯卡线的意义。然而，因为裘莉的想法，我立刻领悟到，纳斯卡草原也许可以提供另一种纪念遗址形式范例，与我之前所见完全不同，这让人大为振奋。某天早晨，我和她在博物馆中欣赏第一民族（First Nations）的展览，讨论非常热烈，后来还一起共进午餐。虽然我当时找不到纳瓦霍族与纳斯卡人有关联的证据，但裘莉的疑问，与一星期前另一个博物馆的研究员曾说过的话不谋而合，她说："我开始在这里工作时，看到一个非洲出土的竹篮与美洲西南部的文物简直一模一样，感到非常惊讶。它们的形状和设计如出一辙。人们的脑袋里似乎有某种联系，会共同喜欢某些形式，因此两个人即使从未见过面，脑海中也会闪过相同的画面。这样的情况一再出现。”苏珊·哈斯科尔（Susan Haskell）在哈佛大学皮博迪考古与民族学博物馆担任助理研究员，我们花了3天时间一同在博物馆内检视原住民文物，过程中我也越来越能了解她的观点。有没有可能也有另一个与纳斯卡蜘蛛图形具有相同形状结构的形式存在？现代纳瓦霍族擅长编织，蜘蛛女（Spiderwoman）则是教导族人编织的神话人物，二者之间的联结是否只是因为纳斯卡人刚好擅长编织，于是顺理成章便以他们最会编织的动物作为主题，创造了相似的图腾？

这个有关动物的想法，也即纳斯卡族人那些组合了部分重要实用知识的故事，在我脑中持续发展。安第斯山脉的兀鹰翼展长度超过3米，是世界上最大型的鸟类之一，它的存在感十分强烈，因此纳斯卡另一幅知名地画描绘的就是这种鸟禽，一点也不令人意外，在大草原上这个格式化的图形横越近140米。当地出土的陶器与织物上也出现类似图形，显示这种鸟对当地口述文化传统的重要性。事实上，当地原住民将兀鹰的出现，视为高地雨水将至的征兆，到了今日依旧如此。纳斯卡人选了一个地球上最干燥的地区建立家园。尽管当地有10条河流从安第斯山脉延伸至平地，但一年中多数时间干涸，基本上也没有雨水可作为替代水源。他们居住在高地与太平洋之间的狭长海岸地带，完全依赖从海拔3000米的安第斯山脉所流下的雪水。对他们来说，任何有助于预测降雨的方法都珍贵无比，而这显然也是兀鹰的功能之一。

同理，彭巴草原上其他供人行走与膜拜的动物地画，也应是当地口述文化知识系统的一部分。然而，整体而言，动物图案在彭巴草原上只占了一小部分，也只有因吉尼奥河南岸那 25 平方公里。

梯形、方形与矩形地画

几何图形在彭巴草原上处处皆是，数量有 200 多个，被人们称作“地画”。其中最普遍的是梯形，即只有两边平行的四边形。大草原上的梯形下底比上面的宽度长了近 10 倍。制作这些地画的过程中需要清除大量深色石头，绝不仅仅是单纯描绘。考古学者推论，他们可能将这些地画用于举行仪式。梯形图案的地画可从邻近山丘上俯瞰，从地面上也可辨别它是种界限明确的空间。地画附近的地面低平且有践踏的痕迹，位于中央区域的地势更低，可见原住民曾聚集在此处观看仪式进行。

考古学家在大型梯形地画的末端发现石造平台、小型建筑，以及被认定为“祭品”的遗物，包含衣服、天竺鼠、玉米、美洲驼骨骸与龙虾钳等，另外更挖出了海菊蛤（Spondylusprinceps）的贝壳。这种玫瑰色的软体动物一般见于纳斯卡以北约 1000 公里的地区，再由“圣婴现象”引发的雨水带往南方。鉴于安第斯原住民会利用海贝向上天祈雨，2000 年前的纳斯卡人很有可能也将海贝与珍贵的水源相联结。

彭巴草原上另一个常见的地画是螺旋状线条。其建造形式与动物地画相同，均以单一连续的线条构成。你可以想象在外围绕行巨大的螺旋图形时，绕过一处处转弯点，前一刻面向海岸，下一刻面向农田，而后又转向宝贵水源的山脉与河流，虽然也会不断经过其他地线，但原本的路径并不会遭到阻断。大多数情况下，你会顺着弯处走向中心点，接着又继续沿路径再次往外转。

此外，草原上还有混杂了不同形状的地画。例如，有一个顺应自然地势而建的三角形、锯齿状与螺旋状的组合图形，将小河两侧河岸切出了陡峭的缺口。学者们形容其为一个羊毛球和一根针，或是一根钓鱼竿，当中细长的三角形近一米长，尖端有一条锯齿线穿过，末端是两个螺旋状图形，整座地画总长 3 公里多。

抽象图形的大量出现不足为奇。历史上，口述文化也经常使用几何图案，来储藏层级分明的入门信息。除此之外，抽象的形式使知识的管制性更为严格，唯有符合资格者才能学习。

南美大草原上最大的直线地画

虽然纳斯卡线以动物图案最为著名，但几何图形同样也吸引了许多目光，如直线地画。

直线错综交织，形成复杂网络。从短的线条到绵延 20 公里的长直线，纳斯卡地区直线图形总长超过 1000 公里。有些线条宽度仅为一米，有些则完美延伸了十几公里；有些绵延到山壁，有些与锯齿图形等地画相接，其他则在有“线条中心”之称的交集点上终止。

有近 800 条纳斯卡线，联结超过 60 多个“线条中心”。就欧洲文化来看，会认为是地景被区分为矩形区域与个人所有地；但是在安第斯山文化中，土地是以中心点为基准，进行放射状分割的，每一块地都呈狭长的三角形。大草原上的许多梯形与三角形地画的形状，暗示了在这里举行的仪典与农耕有关。伴随土地而来的包括农耕与仪典的义务，则多依据亲属关系来分配，这样的做法也反映在放射形图案中。

线条中心位于可居高俯瞰彭巴草原的天然陆岬上。在这些山丘上曾建有多座巨型石室，而在更远处的地线与锯齿图形上，也可见石室建筑。阿凡尼的团队发现，这些石室居高临下，彭巴草原的地形一目了然。

南美大草原的岁月与变迁

彭巴草原上的地画并非都在同一时期建造，也不一定全是为了同一目的而存在。纳斯卡线出现的确切年代至今未明，学者只能大致推断可能时间。

考古学家根据陶器图饰的变化，制定出秘鲁沿岸文化的编年表，从大约公元前 2000 年开始。有些陶器未经雕饰，显然是供日常生活之用；有些器皿则绘有色彩绚丽的图案，应是作为口述传统的象征。纳斯卡人在陶器上雕绘与地画相同的动植物图案，他们还以玉米和大豆来描绘丰收的景象。值得注意的是，陶器上的图像并非以单一连续的线条绘成，只有彭巴草原上的地画才是通过这种手法建造，以便于行走。

动物形象的几何图腾，系由简单图形经过几千年演变而来。纺织品也是一系列动物图案的媒介载体。棉花的种植最早是在海岸地区，时间约在公元前 2500 年。古代织物尽管年代久远，但是拜彭巴草原干燥气候所赐，至今仍保存完好。有件纳斯卡织物长 4 米、宽 2.5 米，上面绘有 1000 多名身着戏服的人，敲着葫芦舞动身躯，手持作物、木杖和武器棍棒，那场景显然是大型集会。由此可合理假设，纳斯卡人的集会与世界上其他原住民庆典一样，都具有多项目的。聚会中，人们进行交易、寻觅伴侣、与人交际，更重要的是表演与传承述说着蕴藏文化知识的舞蹈与歌谣。对于居住在广阔地域小型村落中的纳斯卡原住民而言，参与这些盛会无疑是件大事。

纳斯卡文化于公元 100 年达到巅峰，原住民们也在彭巴草原上建造了一座仪典中心作为记忆空间。纳斯卡河挟带珍贵水源在地底绵延近 15 公里，最后汇集成泉水，成为当地少数几处终年不歇的水源之一。就在此地，纳斯卡人建造了卡瓦奇金字塔。

卡瓦奇金字塔坐落于纳斯卡南岸，这座巨型仪典中心占地 150 公顷。这处天然丘陵地带经过修整成为平台式土冢，四周由厚重的黏土墙包围。随着仪典的举行，所产生的废弃物又堆成 40 个圆冢，每一个都紧邻一处广场，其中最大的土冢是名为“大神庙”（Great Temple）的阶梯式金字塔，高度超过 20 米，前方有个大型广场。卡瓦奇金字塔并没有人居住，人们是为了参加仪典前来。

纳斯卡人分散居住在数百个村落之中，在芬提亚（Ventilla）还有一个主要住所，有一条 11 公里的道路可通往卡瓦奇金字塔。在纳斯卡村落里没有任何神庙或广场，表演场所就在草原与卡瓦奇金字塔。在卡瓦奇金字塔地区，学者们发现此处地景和记忆工具的结合，与历史上其他文化的习惯非常相似，此外也有绘有繁复图饰的大量陶器。

草原上有许多直线图形指向卡瓦奇金字塔，这座最大型的仪典中心，而直线的另一侧则一路延伸到纳斯卡河北岸。金字塔南部的小型草原上至今仍可见错综复杂的线条与梯形图案，结构与彭巴草原上的地画类似。

虽然广场与土冢已提供了公共与较高隐秘性的表演空间，卡瓦奇金字塔里还有一个高度隐秘的记忆空间——“木桩之室”（Room of the Posts）。这个房间的面积约有 120 平方米，细心建构的泥墙上，装饰着人们吹奏排笛以及神灵面容散发光芒的图饰。然而，这里最与众不同的是 12 根镶嵌于地面的直立木柱，其中 3 根从西侧墙面开始，排列成长一米的南北向阵列，第 3 根更是唯一一根经过刨磨的木桩。另外 9 根木柱在房间中央排成 3 列，每列 3 根，木柱不具备整体结构性，而是各自单独竖立。除那根平整光滑的木柱外，所有木柱均维持着该地原生小型树木“华兰戈”（huarango）最初采伐时树枝弯曲的原状。

自然弯曲的树枝用于保存各种知识再适合不过了。直接使用天然木材也许有点怪异，但我从记忆实验中了解到，任何物品只要具备一定的形式，如弯曲的树枝和特殊的纹理，都可作为记忆工具。此外，房间中央有座低矮平台，中心有个圆形凹陷，可知该处过去是原住民的表演场地。

这一点可由厚实泥土上的踩踏痕迹得到进一步印证。卡瓦奇金字塔的考古发现显示，“木桩之室”的使用频率，比同区域其他遗址低得多，可见这是一个仅对纳斯卡精英阶层开放的记忆空间。在舍弃这个地方时，他们还将房间填满干净的沙土，并用巨石小心翼翼地堵住入口。这正是口述文化中常见的典型模式，在没有合适人选可继承知识的情况下，他们会摧毁管制性记忆工具，并撤除表演场地。纳斯卡族因干旱与外敌入侵而没落，因此他们必须确保外人无法进入这个神圣的房间，尤其是敌对的部族。

考古学者在当地也发现了大量棺木，然而多数出现的时间应该是在“后纳斯卡时期”。一些土冢埋有坟墓，但考古报告对于个人财富的迹象说法不一。他们并未找到任何与纳斯卡线有关的墓穴，也没有证据指出地线与丧葬仪式有关。不过，金字塔内存放着象征胜利的人头，与安第斯山原住民部族的习俗相同。当时，其他安第斯山部族已有装饰华丽的坟墓，但卡瓦奇金字塔作为纳斯卡原住民的祭祀中心，却不见个人财富与权力的迹象。

由考古著作中可见，人们普遍意图将祭祀中心与丧葬仪式联结。为了生活健康，要么将死者埋葬，要么就是远离那个既恶臭又哀伤的现场，将尸体暴晒在外，任由鸟禽或昆虫啃食。有些墓坟中埋有贵重陪葬物，以示与一般死者的区别，由此可知，个人财富在当时的社会里确实是权力的表征。

就纳斯卡族而言，所有遗迹均表明了维护知识系统的人握有权力。基于这项权力，耗费大量时间建造地画与雄伟的卡瓦奇金字塔以作记忆空间，天经地义。

11

美洲各地的记忆空间

为了从狩猎采集生活走向定居生活，美洲原住民必须开辟记忆空间，于是在文明发展过程中，成千上万座石圈遍布各地，规模惊人的土冢纷纷出现。而没有文字的印加文明，利用虚拟的路径——“塞魁”，与神庙、结绳工具“奇普”紧密结合，创造了强大的记忆空间和帝国。美洲文化的记忆系统究竟具有怎样的力量？

接下来我们要探讨的是美洲文化的记忆系统具有怎样的力量。它们真的是举世无双。[1]

印加文明成为世界上最高度发展的原住民文化，在短暂的300年历史中，成功统治了美洲“前哥伦布时期”版图最大的帝国。印加文明约始于公元1200年，起源地在秘鲁，鼎盛时期虽短，却相当辉煌璀璨，北从厄瓜多尔（Ecuador），南到秘鲁安第斯山脉都为它所征服。值得一提的是，印加民族从未发展出自己的文字系统。

在北方的玛雅文明与阿兹特克文明发展文字的同时，没有书写系统的印加文明又将如何在美洲主要文化中出类拔萃？答案显而易见，他们巧妙结合了地景与可携式装置，以作为记事工具，正因为有此经久不衰的记忆方式，才得以傲视其他文化。稍后我们会谈到，印加人如何利用超过40条虚拟的路径（或称塞魁），去支撑沿途300多个“神圣地点”（或称“神庙”，huacas），然后以此将他们的主要城市库斯科（Cusco）概念化。这些神庙是遍布库斯科城内各地的正式的组织化的记忆空间。而与塞魁、神庙紧密相契合的是“奇普”（khipu，也作 quipu）——一种非常精密复杂的结绳记忆工具。

我曾亲自进行实验，在特定地景上设定多处神圣地点，由此肯定塞魁（俨然是印加人的歌之路）的确具有不凡效用。我也曾仿效印加人制作奇普，被它辅助记忆的功效所惊艳。这两者的结合，的确足以记录下建立帝国所需要的所有知识。

一直到现在，我都还不曾以写作的方式为我的用意作出明确说明。这是一个备受争议的主题，但为了在本章中的争辩，这里我将采用美索亚美利加考古学者偏好的定义，即“写作”是一种为演说做视觉记录的方式。[2]

在解读记忆工具时，每个人实际用来传达信息的用词会各不相同，但是在阅读书面文字时，使用同样语言的读者，可以接收到同样的信息，然后可以用相同的字眼精确地复述。只有当拥有能代表声音的符号时，我们才能一字不差地记下所有说出的话。

位于现今墨西哥南方的萨波特克人（Zapotec），创造了美洲地区第一套符号系统，可记录声音的音节。玛雅人大约在公元前 300 年发展出自己的书写字母，而约在公元 1300 年，当阿兹特克人短暂却耀眼地在墨西哥现身时，玛雅文明早已存在了 2000 多年，已然走过全盛时期，成为文化的明日黄花。就像这个地区大多数文化一样，阿兹特克人能够读写，但是在西班牙侵略者摧毁一切之前，他们仅仅维持了 200 年。让人惊讶的是，尽管遭受西班牙人攻击，现仍有大型玛雅部落存在。

玛雅人与同时期的其他部族，在千年内不断建造与金字塔排成一列的仪典用场所，密西西比流域的美洲原住民文化也是如此。由于没有合适的石材，他们便建造土冢作为表演场地。从美洲先民的身上可以看到许多原住民文化独特的一面，从路易斯安那州建造巨型土冢的狩猎采集者，到北方建立卡霍基亚（Cahokia）与南方库斯科等古城的农业文明。分布于中美洲与南美洲的文化部落，受惠于石材资源充足，得以兴建鼎鼎大名的金字塔；而北美洲原住民则利用土石建造了极为相似的遗址，用途也与南方的金字塔大同小异。虽然有些土冢是用来埋葬死者并提供给精英阶层居住，但本章也将说明，有大量土冢都是原住民的记忆空间。

不过，要用一章的篇幅深入描述美洲各种文化绝无可能，我只能挑规模最惊人的土冢遗址来说。人类出现于美洲大陆的详细年代众说纷纭，但到了公元前一万年，北美洲与南美洲均可见狩猎采集文化的小型部落。这些原住民也许不再四处游牧，但每年仍会定期迁移至资源丰沛的地点暂居，于是形成了一定范围的领地。又过了 2000 年，原住民们开始种植玉米、南瓜和辣椒，村落中也有饲养火鸡与狗等牲畜的遗迹。就远古先民而言，定居的生活形态与纪念建筑的兴建一向脱离不了关系。

沃森布雷克与波弗蒂角的狩猎采集文明

一天，乌云密布、暴雨无情，我和几位考古学者共进午餐，其中一位是路易斯安那州立大学（University of Louisiana at Monroe）

教授乔·桑德斯（Joe Saunders）。上菜后大家都已开动，乔却开始针对我的理论提问，我的午餐都凉了。我几次询问他的看法，他没给任何回应。谈了一小时，他说要带我去沃森布雷克（Watson Brake）看看。那是北美洲已知最早的人造土冢。我想一定是我通过了他的“测试”。[3]

造访沃森布雷克的那天，我与乔冒着倾盆大雨，路旁茂密的常春藤不断从身上拂过，脚下有地面积水飞溅。我的衣服已经湿透，还得不停将发丝从满是雨水的脸上拨开。尽管狼狈万分，那却是我人生中最美好的日子之一，唯一不幸的是，我太过兴奋，以致忽略了常春藤其实具有毒性。之后的10天，我的脸又红又肿，刺痒难耐。虽然如此，一切还是值得的。

沃森布雷克的位置，就在路易斯安那州北部下密西西比河谷（Lower Mississippi Valley）奥希塔河（Ouachita River）冲积平原上，为原住民的一个季节性据点。这座遗址是由11座屋脊相连的土冢所组成，形成直径近270米的椭圆形区块。约自公元前3500年开始动工，但之前曾被占领500多年。当中最高大的土冢即使经过千年风雨侵蚀，现高度仍超过7米，我与乔站在土冢底部时，完全看不到顶端。从土冢顶端俯瞰，我猜想，之前在缺乏洞穴或岩石资源的情况下，这庞大土丘应是用来举行管制性仪典的替代场所。我们巡视这整块椭圆形区域，可以感受到周围土冢都按着顺序完美排列。

此处遗址由狩猎采集者所建，和晚了2000年、结构更为繁复的波弗蒂角遗迹一样。波弗蒂角为狩猎采集文化的中央核心区，

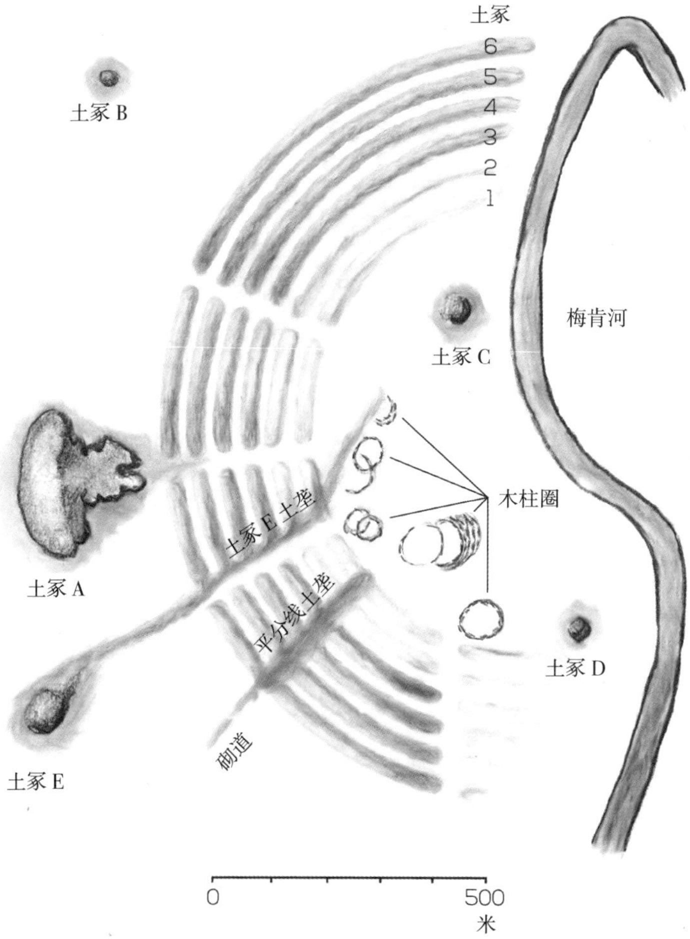

图 11.1　波弗蒂角考古遗址示意图，图中土冢 D 的兴建时间比其他遗址晚了 2000 年。琳恩・凯利绘。

往外还延伸了近 2000 平方公里，显示出这些狩猎采集者建造的可能是一个大型纪念建筑群组。[4]

这些遗址中未见农作迹象，与“部落必须在定居农耕状态下，才有闲暇建造纪念建筑”的一般认知不符。我倒认为，人们反而需要先打造纪念建筑，毕竟维护知识系统，才有定居的基础。

波弗蒂角最具代表性的“土垄”（ridges，见图 11.1），约建于公元前 1800 年，就在路易斯安那州东北部，与下密西西比河谷平行的一条小河道岸边。经过几世纪人为垦伐，原貌几乎已不可见，直到公元 1999 年才经学者整理出完整的轮廓，目前进行勘探的区域仅为其中一小部分，仍有许多未知历史等待挖掘。如同其他许多大型史前考古遗址，在广大地域中，这个土冢群四周还有多个风格各异的小型仿造建筑，而这每一个建筑都是主要遗址在地方上的落实。

波弗蒂角靠近大型河流及其支流，位于肥沃富饶的土地上，更确切点说，它坐落于密西西比候鸟迁徙路线（Mississippi Flyway）上。近半数途经美洲地区的候鸟，会循此路径迁徙，一路飞过狭长的下密西西比河谷，因此若对这些候鸟的特征与习性有所了解，不仅可增加食物来源，也多了历法运作时的依据。

波弗蒂角居民生存仰赖的河流系统，有时难以航行，有时会遭受洪水、旱灾与暴风雨的威胁。走访波弗蒂角的旅途中，我非常感谢当地工作人员不断提供强效驱虫喷液，因为那里的蚊虫不仅体积庞大，数量也相当惊人。可想而知，原住民除了面临一般人类疾病之外，还得解决害虫及当地特有的瘟疫问题。因此，他们必须维护与环境相关的各种知识，包含植物、天文学、谱系、律法、规范、交易协定、土地管理及资源权利等。

对“石器时代”人们而言，波弗蒂角有个严重缺点，那就是欠缺岩石资源，连比沙砾大的石头也没有。所有的石头都必须从外地运来，而当地原住民也确实这么做了，最远从 2400 公里远的地方搬来数吨重的岩石。然而，除了石材之外，考古学家并未发现有其他物品与岩石来自同一个地区，似乎没有为了取得石材而交易的物品，我相信这是因为他们交易的是知识。为了维系日益丰富的知识系统，原住民们需要一个精密的记忆空间，而这个空间正是波弗蒂角土丘。在这里，一系列土冢环绕着广场建立，它们并非供作丧葬之用，事实上，当地也未挖掘出任何骨骸。所有证据都显示，这座土丘是由遵循平等主义的原住民社会所建造。相关学者一致认为这座遗址主要用于举行仪式，是传承部族文化知识的据点。

我爬上最大的土冢——A 土冢。经过数千年，这座土冢依然高达 22 米，顶部仍保有平台。其形状狭长，好似一只正拱着身体要跳向天际的生物。从顶端平台俯瞰土丘广场，我想这座土冢在过去一定是个绝佳的隐秘表演场地，这里既无洞穴，也无山丘，更没有石材可建造像美洲更南方发掘的那种平顶金字塔。

环绕着一个露天的、直径近 400 米的巨大半圆形广场，有一个很奇特的、由 6 道半圆形土制圆弧状垄起所构成的组合，这土垄据估原有 3 米高、20 米至 40 米宽，总长近 20 公里。6 道土垄之间留有空隙，以供表演者与观众进入广场。据考古学家估计，这项工程需要 70 万立方米到 100 万立方米的土石，可以想象原住民们是如何胼手胝足地来回搬运一篮又一篮的建材。根据乔恩·吉布森（Jon Gibson）（专门以波弗蒂角为写作题材的作家中最具影响力的一位）的估计，建造这处遗址得耗费 700 万个工作小时。

土垄上可见数百个木柱孔，虽然有学者推断其为建筑支架的柱孔，但并未找到相关证据。这些柱孔当中很可能原本立有图腾柱，进而形成多处记忆空间。然而，在未有更多挖掘出土文物之前，还无法作出任何结论。除此之外，广场地面上的柱孔更是醒目。

专事波弗蒂角考古勘探的学者黛安娜·格林里（Diana Greenlee）表示，他们从广场上发掘出几个由柱孔环绕组成的圆形阵列，柱孔约 65 厘米宽，现场勘察也发现有木柱插入地下两米的痕迹。她认为这些柱孔圆阵曾经过多次排列与重建，它们应该并非全都同时出现。这些圆阵的尺寸与间隔不禁令我想起英国新石器时代的木柱圈，即使两地的原住民文化应当毫无关联。而这样的联想也在无形中体现了，纵使在现代人的身上，古代记忆方法也能发挥绝佳效果。

那是一个炎热的 10 月天，我站在波弗蒂角的广场中央，一边忍受周围被驱虫喷雾熏得无法跨越雷池的蚊子大军，一边试着想象先人站在这雄伟场所中的感受。我想起了几年前接触高大图腾柱的偶然经验，地点在纽约美国自然历史博物馆的西北岸印第安文化厅（Hall of Northwest Coast Indians）。我在里面逛着逛着，突然发现大批学校团体及全国各地观光客都已散去，只剩我一人独自欣赏着精致的雕刻文物。一片静默中，我站在一根根柱子底部，专注地逐个检视当中每个符号。不难想象这每个符号都在诉说着各自的故事，方法正与美国西北岸和加拿大的海达族（Haida）与特林吉特人一样。那是一次出乎意料的情感体验。

我无法创造出原规模的图腾柱，但就如我之前所说，我在自家阳台竖立了一根木杆，试着体会如何借由一系列符号来收录实用信息。在美国西北岸的原住民文化中，图腾柱与宗教无关，而是用来记录神话、传说与重大事件，以作为部落历史。根据自身经验，我相信即使是刻绘纹饰最简朴的木柱，也能有效辅助记忆。因此，原住民文化中的图腾柱一定极具效用。

波弗蒂角坐拥土冢、土垄与竖立的木柱，以及广场上的圆阵，实为一处完美而独特的记忆空间。

怀抱着对木柱孔的研究热情，我在游客中心与实验室里有了更惊喜的发现。那儿的展示柜中陈列着多项缀饰物品，某些直径仅有一米多，有些是人像，有些是动物雕像，其中尤以该遗址常见的象征物——凸肚猫头鹰——最多，另外还有方块、圆盘、椭圆形、球体、圆筒、圆锥、三角形、十字架、四面体及杯子等形状的石块，上面并无孔洞，因此并未串有彩珠等物品。磨平的石块上刻有我曾在澳洲原住民文物上看过的作为记忆工具的抽象符号。其中有些物品据称乃波弗蒂角的颈甲，价值不菲，可见仔细修整的痕迹。最令人惊艳的是经过雕琢，被称作“波弗蒂角代表物”（Poverty Point Objects，或简称 PPOs）的迷你版刻饰泥球（见图版 11.1）。泥球是波弗蒂角考古出土文物的主要组成部分。据学者估计，当地原住民制作了数百万颗泥球，形状大多为圆柱沟槽、十字沟槽、瓜状、瓜状尾端沟槽、双圆锥沟槽及无刻痕双圆锥，另外也有许多较少见的花样。

大多数研究波弗蒂角的学者将这些泥球视为烹饪用的物品，认为其形状具有某种导热效果，但相关实验证明效用十分薄弱。我接受毫无刻痕的泥球也许可用于加热食物，而刻饰泥球失去原有功用后或许也可作为燃料的看法，但我不认为当地原住民细心雕琢这些泥球，纯粹只为了节省烹煮食物的时间。

我曾与澳洲原住民及勘探过类似遗址的考古学者讨论过这些泥球，得知其制作过程只不过是将一团泥土大致揉成圆状后丢入火中塑形。澳洲原住民部族有数百个，假如过了几万年，没有一个部族发现这种泥球可用来燃烧加热，那才令人意外。我也和美国考古学家罗伯特·康依利（Robert Connolly）讨论这项理论，他表示“波弗蒂角代表物”除了可用于烹煮食物（尤其是没有雕饰的泥球），无疑还具备其他功能。他认为泥球是为了煮食而制作的说法仍存有争议，因为这些刻饰物品有各种尺寸，比如最小的泥球就起不了太大的加热作用。

从西非约鲁巴的占卜术与高地玛雅族的历法可知，将玛瑙贝壳或种子等物品分为数群，可用于教导后代记忆高深复杂的口述传统，而在波弗蒂角，不同形状的泥球也可发挥同样的作用。鉴于当地泥土资源丰富，加上泥球制作快速，原住民们没有理由随身携带，只需随手以泥土捏成球形再加以组合即可。

这种记忆方式听来颇为复杂。如第 2 章所描述的，约鲁巴人会抛掷 16 片玛瑙贝或棕榈仁，并解读其中面朝上的贝壳；高地玛雅族则是在种子排列中找出某种形态，以维持部族的复杂历法与相关知识。这些方法究竟有用与否，我不予置评，因为人类学家经由两个部族的占卜师探知了原住民知识系统许多的奥秘。相较于玛瑙贝或棕榈仁，“波弗蒂角代表物”不仅体积较大，质地也脆弱得多，且有超过八成属于 6 种特定形状，当中可有成百上千种排列与组合方式。

波弗蒂角长老以 6 件物体的基本组合来带领较低入门等级的人，形状较为罕见的泥球则保留给最高等级的知识精英，这个说法很合乎逻辑。至于机密的文化知识，则编入有关泥球组合的诗歌，而非刻在泥球上。

学者们依波弗蒂角遗址的考古发现，曾一度认定其组织与整合能力当属高等农耕文明，然而生活在平等主义社会的狩猎采集原住民，其实早已发展出这些技能。他们的社会阶层、城市建设与政治系统也许较为简单，但并不代表智力也略逊一筹。

渐趋复杂的记忆空间

世界各地的民族志学研究结果十分一致，以狩猎与采集为生的人，利用辽阔的地景来建构知识，一些原住民则在波弗蒂角及哥贝克力山丘（如第 4 章所述）建造纪念建筑，用途也一样。为了建立定居形态，他们在生活的区域内需要开辟记忆空间，而实际上他们也这么做了。

沃森布雷克土冢建成1000年后，美洲地区出现了第一座城市。约公元前2600年，原住民在秘鲁沙漠内陆约20公里处以金字塔为中心建立了一座城市。在卡罗尔－苏佩（Caral-Supe）城里，人们长期定居，运用精密灌溉技术种植南瓜、豆类、核果与棉花，并利用棉花织网，再以棉网与海岸渔夫换取渔获。卡罗尔－苏佩城是庞大交易网络的其中一环。

在这座城市里不见文字、陶器或铁器的遗迹，却有着复杂的社会体系及史上最古老的仪典中心之一，还有一座由6个巨型平台式土冢环绕形成的大广场。其中最大的土冢高约20米，底部长约140米至150米，另外还有3座凹陷式广场，下方建有天井、阶梯和房间。遗址内没有作战痕迹，未发现防御性建筑或武器，也无胁迫建造公共场地的迹象，反而有着无文字文明记忆与传授公共及限制性知识所需的表演空间。到目前为止，考古学家在附近一共发现了18座具有类似公共建筑的遗址。这种结构与英国新石器时代、美国古普韦布洛遗迹中所见建筑相同，它们是在主要大型记忆空间的周边地区可见的小型复刻建筑。就卡罗尔－苏佩而言，境外之地的原住民来此交换知识，再将换取的信息带回部落。此地出土了史上最早的奇普。3000年后，奇普成为印加人不可或缺的结绳记忆工具，使其得以统领安第斯山脉地区。

在卡罗尔－苏佩出现后的4000年里，南美洲各文明相继建造平台土冢与广场，同时，历史最悠久的文化也出现于墨西哥。

玛雅文明可追溯至近5000年前。现代考古学界认为玛雅人越来越注重季节性据点，也投入越来越多的时间。约从公元前1800年起，玛雅族开始定居于村落，过了2000多年不识字的生活，而后发展为世界上少数发明文字的文化，在公元前300年从口述传统社会转型为文字社会。起初，文字用于记录姓名及交易细节，后来逐渐用于记下原本只存在人们记忆中的各种信息，慢慢取代口述传统的地位。

玛雅族分为数支互有关联的语系，同时又各有其他语系难以理解的方言。玛雅族主要分布区域多为低地，其中包含今日墨西哥的犹加敦半岛（Yucatan Peninsula）。由于当地雨量不多、河川稀少，玛雅人从很久以前便挖凿数千个地下水池以利蓄水，但仍经常发生干旱，一次就持续几年。据许多考古学家推断，玛雅文明从公元820年遭遇一场严重旱灾后便开始衰落。

本书探讨的重点是口述文化保存知识的方法。然而，当文字取代了原有的记忆方法后，人们就不再需要记忆空间了。美索亚美利加是世界上少数独立发展书写系统的地区。这是一个从墨西哥中部延伸至哥斯达黎加（Costa Rica）北部的文化区域，涵盖贝里斯、危地马拉、萨尔瓦多、洪都拉斯及尼加拉瓜等地。可以想见，城市人口的增加、知识专家的出现以及文字的引进，都促使信息不受控制、四处流通。如今，可背诵上千首歌谣与广泛文化知识的长老早已不存在。通过这些城市的考古资料，我们仅能略窥古代知识守护者，他们曾使用的遗址与记忆工具的凤毛麟角。

口述传统可因时因地制宜，没有文字记录，可随时根据社会与政治需求调整。在美索亚美利加地区，象形文字逐渐进化并可永久记录信息。这是美洲大陆首度出现在石头上刻画历史、信仰、族系与传说的地方。

奥梅克文明是首批使用象形文字的文化之一，深受来往密切的玛雅族影响。奥梅克文明在公元前 1400 年之前，发源于墨西哥西南部，之后迅速遍布墨西哥全区。除了象形文字外，学者们相信奥梅克族还发明了长历法（the long count calendar），这套历法在美索亚美利加地区广泛流传，最知名的使用者是玛雅人，它从某个神话出现之后开始计日，根据格列高利历（Gregorian calendar），起始时间是公元前 3114 年 8 月 13 日。

奥梅克文明持续约 1000 年，其以巨头石像闻名，城市以公共广场为中心，四周围绕着土冢与平台，其中一些用于举行公开与秘密仪式。之后，陆续兴建了其他结构更复杂的仪典中心，最后在圣劳伦斯（San Lorenzo）建造了第一个“城市首都”，并打造多个巨头石像，最大者重约 28 吨、高 3 米。无论是石像或陶器，均可见口述传统中有助记忆知识的图案，如人、猫、鸟、鳄鱼、鬼神及抽象符号。同样文物也见于规模较小的奥梅克部落。

自公元前 900 年起，圣劳伦斯逐渐没落，另一个奥梅克文明的据点“拉文塔”（La Venta）兴起，缔造了长达 800 年的辉煌时期。城市内建有多处土冢、平台与广场，一些对外开放，一些只限特定人士进出。在最醒目的位置上摆放的 4 座巨头石像，尽管全都展现独特的奥梅克风格，但每一座石像的细节大不相同，据估制造时间比圣劳伦斯的石像晚了几百年。由此可见，不同时期的奥梅克文明一脉相承。

到了后期，拉文塔地区出现大金字塔（Great Pyramid），即美索亚美利加最早建成的金字塔之一。这座金字塔为一矩形土冢，侧边筑有阶梯，内部嵌有墙角，从未经历考古挖掘。在这座城市的仪典中心里，有宽高均约 4 米的大片玄武岩石板，上面刻有一个从地底爬行而出的人像，四周环绕精致的抽象象征性图形，学者们普遍将其视为“祭坛”，但并未发现石像用于献祭或祭拜的迹象。在拉文塔出土的石雕历史遗迹中，有座石像刻的是长有羽翼的毒蛇，被视为美索亚美利加传播最广的神话人物之一的最早象征。这个角色在玛雅族等原住民文化中有着不同化身，最为人所知的典型是阿兹特克族的神祇——羽蛇神（Quetzalcoatl）。

奥梅克族建造的仪典中心有可能远比记忆空间更多，但在当时多数人都不识字的社会中，仍极有可能存在着演示知识的传统，如同在文字普及后许久才兴起的古希腊罗马社会。

同一时期，拉文塔成为奥梅克文明的中心，秘鲁也首次出现印加帝国崛起的征兆。城市中没有文字系统的迹象，显示当时的原住民仍不识字。另一座古城查文德万塔尔由查文族所建立，位于今日利马（Lima）北部、高于海平面 3000 多米的安第斯山坡上。该市经济以农业为主，以骆驼商队来往于海岸与丛林之间的贸易为辅。学者们在当地挖出坟墓及陪葬品，可知小型口述文化的平等社会已瓦解。U 形广场为公共表演场地，中央凿有下陷的圆形空地。另外，还有一座外围建有低矮平台的巨型平顶金字塔，内部隔有几处称为“神庙”的高度隐秘空间。狭长的通道底下，矩形凹室内藏有巨量艺术品。考古学者在金字塔内吹奏凤凰螺号时发现回音洪亮。[5]此外石造遗迹上还刻有豹、鹰、蛇及鳄鱼等动物浮雕，其中有些以人形描绘，如同世界各地的典型传说。神庙的壁面上刻着立体头像，石碑上也雕有大多抽象难解的复杂图形，另外还遗留了具有查文风格的陶器、贝壳与织物。由此可见，当地有多处可能曾为记忆空间。

到了公元前1000年，查文族攻下无文字的南美洲印加帝国，而在奥梅克文明凭借象形文字及长历法迈向巅峰的同时，也为玛雅人带来了影响。在两大洲各地发现的广场、土冢、金字塔与仪式建筑，皆为记忆空间作了定义诠释。在当时的北美洲地区，建造土冢的原住民正处于进入农业生活形态的过渡期，他们在早伍德兰时期（Early Woodland Period）发展出阿登纳文化（Adena Culture），以俄亥俄河谷（Ohio Valley）为活动范围，并以此为起点，长途跋涉与其他族群进行交易。当地一些土冢供墓葬之用，一些则用作举行仪式的场地。除大型遗址外，阿登纳部族也随身携带小型石板记录知识，与当代文化的记忆方式非常相似。石板体积小巧、适合握持，且刻有精细的动物与几何图纹。

随着城市的发展以及富人逐渐掌握权力，人们不再将大部分资源投入主要作为记忆空间的场所。专为掌权者与神祇所建的城市，演变成结构复杂的政治场所，但一些记忆空间仍被保留了下来。美索亚美利加的原住民此时尚未发展出书写系统。

公元前800年，在今日贝里兹与危地马拉的边界处，玛雅文明大型遗址艾尔皮拉（El Pilar）开始动工。那里出土了20多个广场，周围建有多座金字塔、球场、地下通道、阶梯与精英住所。约公元前600年，玛雅人在危地马拉贝登省（Peten）将尼克斯顿奇伊市设计成独特的棋盘结构。在主要的仪典路线，沿途建有多座近30米高的平顶金字塔，居住区也呈格状分布。整座城市几乎直接面朝东方而建，目的是方便司时者观测太阳的移动轨迹。当然，玛雅文明的遗址处处可见天文观测的迹象。大约在此时期，玛雅人于危地马拉建立埃尔米拉多尔（El Mirador）城。公元前200年，当地人口已增加至10万多人。当地还建有旦达（La Danta）金字塔（世界上体积最大的金字塔之一），高约70米，耗费了近300万立方米的土石。这座金字塔并不是坟墓，而是用来举行仪式的巨型平台建筑。

美索亚美利加地区的拟声文字

公元前500年，以墨西哥湾（Gulf of Mexico）为据点的奥梅克文明式微，一支新崛起的文明在南太平洋岸正值兴盛期。萨波特克文明是第一支发明拟声文字的美索亚美利加文化族群，在推动书写系统的演变方面贡献巨大。一开始，符号代表的是物品与人的想法，直到发展出可象征声音的符号，人类的话语才得以被记录下来。

阿尔班山（Monte Alban）相当于萨波特克文明的首都，坐落于墨西哥市以南约200公里处，据考古学家估计，到了公元前

300 年其人口已超过 5000 人。当地许多石板上雕刻的象形文字，诉说着掌权领袖和他们相互争夺地盘的故事。主要广场周围建有通往两端巨型平台的阶梯，两旁则建有土冢与小型平台，一些作为神庙，一些则供精英阶层居住，多数平台据推测用于举行仪式。当时的先民有可能仍借由神话以保存大量实用知识，并通过当地的平台遗址表演及传播，但就现代观点而言，先民演示的大部分内容也有可能较为偏向宗教与献祭方面。

在往后的 1000 年里，萨波特克文明持续发挥着巨大的影响力。之后，即使文化衰败，萨波特克族的工匠仍定居于阿兹特克首都——特诺奇蒂特兰城（Tenochtitlan）。美索亚美利加地区各文化之间的交流不仅限于物资，也包含了文字等知识。考古学者解读了一些萨波特克手稿，发现原住民用文字记录了当时的信息，包括部族曾统治或征服过的城市地名。萨波特克族发明的拟声文字，后经玛雅人与阿兹特克族采用及改良。

玛雅文明指的从来都不是一群原住民，而是多个城邦形成的网络。除了令人叹为观止的建筑成就，更以公元前 300 年左右发明的象形文字闻名于世。玛雅文字是种“意音文字”系统，即以象形文字代表一个词或一个音节，而数字则以点与横线表示，并且使用二十进位，而非现代熟悉的十进位制。

玛雅人发明了美索亚美利加地区最先进的文字系统，可以记下任何以玛雅语说的话。然而，但这不表示他们记录下所有的事。直到今日，高地玛雅族依然遵循着原始口述形式的历法。

在我眼里，美索亚美利加文化的象形文字美不胜收，超越其他文字。我经常揣想，这些文字究竟受到了多少艺术熏陶，才能有如此绝美的线条，而这是在罗马文字中看不到的。虽然陶器与石造遗迹上刻有文字，但原住民的书写技巧直到树皮刻本出现才到达高峰。学者们认为，数千册玛雅刻本由书吏写成，这些文士扮演着与中世纪欧洲僧侣一样的角色，他们是当代的知识守护者。即使须听从上位者的命令，他们依然在部族里享有重要地位，只是再也不能像无文字时期的长老们一样，通过信息的控制以获得权力。

历史上关于玛雅刻本的其中一项悲剧，是西班牙主教狄亚哥·迪兰达（Diego de Landa）下令焚毁大量精美的玛雅文物，连刻本也不能幸免，他的目的是抹除古代文明，并迫使玛雅人改信基督教。西班牙军队销毁了一切，只有 4 份玛雅刻本得以幸存。因此，现知的玛雅文字不是出自隐匿的刻本，就是源于陶器、墙壁、灰泥、木块或石板上的雕刻，大部分出土自无人知晓且保存完好的坟墓或遗址。但是这些文物早在西班牙人入侵之前，就已遭玛雅人遗弃。

美索亚美利加其他文化所做的刻本也留存了下来，其中最著名的是米斯特克人（Mixtec）描绘部族历史与谱系的鹿皮画卷，如"Codex Zouche-Nuttall"说的是"八鹿王"（Lord Eight Deer，米斯特克族最伟大的领袖之一）征战的史诗故事（见图版 11.2）。

玛雅谱系同时也被煞费苦心地记录在铭文里。我所研究过的无文字文化，无一不是在维系着各自族谱的同时，又形成四海一家的谱系。今日，西非的吟唱诗人便仍守护着他们源远流长的族谱。亦如下一章所将详述的，太平洋的原住民利用谱系与地景，作为构筑知识系统的一种方式。

玛雅人用象形文字记录时代的轮替。经史学家解密，这些记录描述了墨西哥南部玛雅古城帕伦克（Palenque）王朝的兴衰更迭。古城内留下了极其广泛的图像与文字，成为考古学家译解玛雅文字的主要资源。虽然帕伦克可能早在公元前200年就已建立，但其首领与历史、战争、神话及仪式习俗，直到几世纪后才有铭文详加叙述。

低地玛雅族建立了雄伟的城市，兴建公共建筑、平台与广场，并雕刻描绘动物、几何图形与人像的壁画及带状装饰。具有读写能力的他们，以文字记录了一切。乔卢拉（Cholula）金字塔是世界上规模最大的金字塔，体积超过445万立方米。这座金字塔自公元前300年开始兴建，在其后500年中历经多次扩建，最终高度达到66米，内部建有近8公里长的通道。考古学家也在当地挖出一部手抄文典，内容讲述奥梅克–希卡兰卡（Olmec-Xicalanca）国王统领金字塔的过程，可知当时的人们已懂得利用文字记录公众记忆。

美索亚美利加的伟大遗址不胜枚举，不可能在此一一详述，但当中有些特别壮观的建筑值得一提。在文字缓步发展的同时，留存至今的记忆空间遗址，也许仍像过去一样发挥着惊人效用。

位于墨西哥中部的圣城特奥蒂瓦坎（Teotihuacan）曾经是各文明部族的家园，包含萨波特克族、米斯特克族与玛雅族。尽管该城的人口据估超过10万人，却没有堡垒或军事防御建筑，此外也只出土了少量坟墓，且无富裕上流阶层的迹象。然而，当地建有大广场、宽阔的中央大道、仪典平台与两座偌大的金字塔——太阳金字塔与月亮金字塔。一如一般的原住民文化，历法的维护意义重大。此外，金字塔中也布满了成千上万幅灿烂夺目、色彩绚丽且精雕细琢的壁画。1000 多年后，阿兹特克人将此城命名为“特奥蒂瓦坎”，宣称众神在此创造了宇宙。

可谓旷世巨作的玛雅金字塔，其中一座建在犹加敦半岛上的墨西哥低地北部，位于奇琴伊察（Chichen Itza）遗址之中，这座古城活跃于公元 550 年到公元 800 年。春分及秋分时，高约 30 米的方形阶梯式库库尔坎金字塔（Pyramid of Kukulkan，又称羽蛇神金字塔）可见奇特的视觉效果（见图版 11.3）。下午 3 点时，阳光照射金字塔的西北角，会在主阶梯西侧栏杆上投射出一长串三角形的影子，形似一只体长 30 多米的蟒蛇。当阳光投射出 7 个三角形阴影时，会与塔底蛇头衔接，象征巨蛇爬出塔外。

羽蛇神金字塔的惊人之处不仅于此。它具有绝佳的回音效果，在底部拍手时，会听到悠长的回音，声音优美和谐，好似绿咬鹃悦耳的啁啾叫声。绿咬鹃是中美洲独有的鸟类，许多美索亚美利加原住民文化会将它与长有羽翼的蛇联想在一起。这种蛇通常称作“库库尔坎”（Kukulkan），但一般人最熟悉的名称还是阿兹特克语的“羽蛇神”。物理学家在羽蛇神金字塔内的实验显示，这种仿佛鸟叫声的回音，是建筑侧面阶梯的宽窄及高低落差所致。奇琴伊察的另一栋建筑则用于天文观测，玛雅人赖以记录太阳、月亮及金星的升落。

到目前为止，我只介绍了低地玛雅族的遗址。关于高地玛雅族，其主要据点为卡米纳胡育（Kaminaljuyu）。随着危地马拉市（Guatemala City）的形成，卡米纳胡育几乎瓦解殆尽。该地区一般被称为中央高地，海拔约1500米。当地约有200座土冢，与北美洲土丘一样由土石堆建而成。之前我只粗略提及低地玛雅族主要城市的口述传统，由于现在某些高地玛雅族仍根据口语叙述来维持复杂的历法制度，因此我们可以洞察高地玛雅人实际上使用的记忆方式。

人类学家芭芭拉·泰德洛克，从公元1975年开始向危地马拉高地的当代桂其人（Quiché）学习，接受正式训练并取得历法占卜传统的入门资格。[6]训练的代价是付出实体报酬，没错，知识一如既往地富有交易价值。

通过一种极为类似西非约鲁巴人利用玛瑙贝与种子占卜的方式，泰德洛克学习将种子排列成各种形式，以加深对事件的印象。约鲁巴族经常在反复吟诵诗歌之外，搭配这种方式来帮助记忆。另外，玛雅人在司时者的授衔仪式上，也会复诵长篇谱系，给予那些将执掌260天与365天两套复杂历法的人资格认可。长老们也会定期前往神圣地点，虔诚念诵诗歌。泰德洛克曾在日记中形容那些神圣地点，就像“一本包罗万象的书，记载了所有关于生死、婚姻与成败的事”。[7]她还注意到许多神圣地点其实只是地面上的凹坑，此外玛雅人也依照严谨的时程前往各座山脉朝圣。无论是凹坑或山脉，都是神圣的记忆场所。至于当地原住民的日常习俗，根据危地马拉桂其人所描述的神话而作的圣书《布布尔·乌赫》(*Popol Vuh*)里有详细记录。

北美土木工事的复杂性

玛雅人费尽心力建造土冢与金字塔，在他们创建更为复杂庞大的城市的同时，北美洲原住民也如火如荼地朝同样的方向发展，其中最大的差别是，后者与印加人等南美原住民一样也不使用文字。虽然如此，他们建立了震古烁今的伟大文明。过着狩猎采集生活的原住民，在波弗蒂角建造土冢与石圈1000多年后，又在俄亥俄谷打造了几处雄伟遗址。霍普韦尔（Hopewell）原住民徒手搬运一篮又一篮土泥，建造了高达9米的各种形状的土冢，也以土墙围出面积为数百平方米的几何形区域。

直到近20年，考古学家才发现霍普韦尔人不只兴建平台土冢，还建造木柱圈。[8]公元150年至公元200年，辽阔的矩形圈地外出现了半圆形的结构，名为“斯塔布斯土方”（Stubbs Earthworks）。霍普韦尔人更在此建盖了巨型木柱圈（the Great Post Circle），以151根木柱围成直径75米的圆圈，每根木柱平均间隔1.4米。他们还在8公里以外的地方建造了“穆黑木柱阵”（Moorehead Circle），当中包含3个同心圆木圈，北侧筑有大门。一些木柱相距颇近，其他则距离近一米。原住民称穆黑木柱阵为“巨木阵”，如同北美洲许多木柱圈一样，它们与索尔兹伯里平原上的英国新石器时代遗址也有关联。考古学者罗伯特·里奥丹（Robert Riordan）指出，在大约公元150年霍普韦尔文化即将消失之际，穆黑木柱阵曾被人小心移动过，木柱孔也以土石加以填补。如之前提过的多个例子，一旦没有合格的完美人选可继承知识，原住民部族便会摧毁记忆空间或管制性记忆物件，这一点放诸世界各地原住民文化皆准。

霍普韦尔文化创造了多处鬼斧神工的历史遗址，其中之一是位于俄亥俄州纽瓦克（Newark）的土方群，建于公元 250 年至公元 500 年。霍普韦尔除了建造多个土冢之外，还兴建了一座直径 321 米的巨大圆形土方。这座土方筑有一条通道，可连接另一座八角形土方，据悉该土方被用作天文台，以便观测月亮赤纬角以 18.6 年为一周期的变化。考古学家们推断，这两座土方就如同当地的其他几何形圈地，是长老们举行仪式的所在地。

一些土冢的外观采用了动物的造型，学者们称其为“象形冢”（effigy mounds），尚无法证实其确切的建造时间。鉴于极大部分口述传统的神话人物以动物形象出现，就如同纳斯卡动物地画，建造可于其间行走的动物形土冢作为记忆空间，也是件相当合理的事。象形冢在当地十分普遍，亦即今日的艾奥瓦州、俄亥俄州、威斯康星州与伊利诺伊州，其中以俄亥俄州的土方最为有名，一般认为是由在霍普韦尔文明之后出现的佛特安逊族（Fort Ancient）建造的。这座两米宽的土冢名为“巨蛇冢”（Great Serpent Mound），前后蜿蜒达 400 多米，尾端呈 3 圈螺旋状，蛇头看起来像是吞了一颗蛋。此外，“鳄鱼土冢”（Alligator effigyMound）也被认为是佛特安逊人的遗迹。它有 60 多米长，两米高，尾巴弯曲，与其说像鳄鱼，不如说像负鼠之类的哺乳类动物。学者们在这座土冢里并未发现坟墓，因而认定此处纯粹是仪典使用场地。

到了公元 700 年，建于中央广场四周的平顶平台土冢，被下密西西比区域的寇尔斯克里克人（Coles Creek）所使用。金字塔的顶部也盖有建筑。当时他们正处于从狩猎采集转型为畜牧养殖的过渡期，但尚未通过定期种植进口自墨西哥的玉米为生。

查科峡谷原住民在美洲西南部壮大的同时，美洲东部的土冢建造也达到顶峰。密西西比文化族群在芒德维尔（Moundville）及卡霍基亚兴建了他们最大的城市，同时从北方五大湖（Great Lakes）区到南方墨西哥湾，发展出庞大的交易网络。玉米成为原住民的主食，但他们也吃其他食物。随着城市扩张、社会结构日益复杂，开始出现阶级之分。[9]

亚拉巴马州芒德维尔城的古代遗址，包含了 26 座平台土冢与矩形广场。自公元 1000 年被占领以来，土冢建有矩形底座与锥形主体，顶部还有具备多项用途的建筑。土冢最高近 20 米。芒德维尔市在巅峰时期约有数万人口。密西西比地区的原住民除了修建遗址之外，还制作了石盘，石盘的发掘出土多半来自芒德维尔城，其中许多石盘的侧边刻有纹槽，可作为随身携带的记忆工具。当中最有名的石盘直径只有 30 多厘米，非常适合手持，名为“响尾蛇圆盘”（Rattlesnake Disc），由砂岩铭刻数条互相交缠的蛇、一双张开的手及其他图案组成。

在密西西比区域遗址中，唯一规模超越芒德维尔城的，只有位于伊利诺伊州的卡霍基亚城。这座城市自公元 1000 年起即被原住民占据，估计当时人口最多达两万人。大广场（Grand Plaza）

面积约 20 公顷，其外围至少有百座土冢环绕，有些是圆形，有些是矩形，大小不一。最主要的土冢“僧侣土冢”（Monk’s Mound）经过多次扩建，最后变成 30 米高的平顶金字塔，底座长 290 米、宽 236 米，建有 4 层阶梯。土冢各具不同功用，为当地遗址更添神秘感。编号 34 的土冢，是密西西比区域唯一已知的铸铜遗址。编号 72 的土冢内的一张由两万多颗海贝圆珠串成隼形的床上，发掘出一具中年男性骨骸，另外冢内还有 250 多具遗骸，学者们认为这些人是献祭的受害者，可见这处遗址不仅仅是个记忆空间。

除表演场地、公共广场与土冢锥顶上的秘密建筑之外，该地还有巨木阵（见图版 11.4）。如同北美洲其他木柱圈，卡霍基亚城的木柱圈也经过不断重建，每次的木柱数量不同，圆阵的直径也不一，但通常约为 120 米，木柱数量越来越多，最后多达 60 根。木柱的位置标志着冬至与春分、秋分的太阳位置，但只限于几个重要的木柱。有些木柱孔内有红赭土的痕迹，显示当时人们可能曾利用红赭土替柱子上色。一根根貌似图腾柱的木柱所围成的圆阵，也许就是一处记忆空间。一如其他原住民遗址的木柱与石阵，这里也出土了与芒德维尔城类似的石盘。当地不见有文字系统的迹象，遗留的大型记忆空间与小型记忆工具，强烈表明该处有部分场地是为了知识的学习、保存与传递而存在。

成千上万座“石圈”遍布在加拿大与美国境内的平原上。无论如何，石圈不一定是记忆空间，多数只是大平原上原住民部落用来搭建圆锥体帐篷“梯皮”（tipi）的基座。体积较大且更罕见的石圈，被称作“医药轮”（Medicine Wheel），轮中央通常放置着石堆，轮圈外围则有更大的石阵环绕。大平原上的百余座医药轮，它们在体积、轮圈、外圈数目、从外围到中央的路径是否存在，以及外圈是否堆有小型锥形石堆等各方面具有巨大差异。

其中最有名的医药轮位于怀俄明州（Wyoming）比格霍恩山（Bighorn Mountains）。这座医药轮直径23米，以中央直径3米的锥形石堆为圆心，外围有28圈轮辐，外圈周围散布着6座小石堆（见图版11.5）。考古学家难以推断其出现的确切年代，但估计应建于至少300年前，最早可能在公元1200年，乃原住民为打造地景所建的众多遗址之一。据悉外圈的石堆群标示了夏至太阳的升落点，有学者宣称该地其他的石圈排列也是用于观测天象，但目前没有任何一项主张能提出证据。当地遗存的迹象太少了。

能读写的阿兹特克文明与无文字的印加文明

公元1300年左右，阿兹特克文明在墨西哥中部势力逐渐壮大，他们的文化特性崇尚公开行使暴力，包含活人献祭等活动。部族由一名富可敌国的精英率领，文字系统则以中美洲文明为基础，加上拟声符号。他们的神祇成为全能的生命体，若有人违抗可通神灵旨意的祭司，就会遭到责罚。这个时期，握有实用知识的人们为掌权者鞍前马后，记忆空间不再具有重要性。其首都特诺奇蒂特兰城建于公元1325年，在今日墨西哥市特斯科科湖

（Lake Texcoco）的一座岛屿上，人口据估应达 20 万人。虽然有关野生动植物、谱系与地图的知识不再受到重视，司时者仍然拥有重要地位，这点可从城内遗留的一块雕有精细图案，直径 4 米、重达 20 吨的历石看出。阿兹特克人所遵循的历法，是一年 365 天的阳历。

阿兹特克人占领了中美洲，而北美原住民也正沿着密西西比河建造如金字塔般的土冢，并在西南部兴建大房子，与此同时，印加人也开始在秘鲁安第斯山脉的心脏地带，建立了有史以来最伟大的帝国，疆域从厄瓜多尔一路延伸 4000 公里外的智利，人口约达 1600 万人，还打造了世界上最雄伟的城市——马丘比丘（Machu Picchu）。他们没有文字，却实现了这一切。[10]

印加人将大城市库斯卡塑造为巨型的记忆空间，详细过程由殖民者西班牙人记录了下来。库斯卡以太阳神殿（Coricancha）为中心，向外修筑了 40 多条名为塞魁的圣路，将城市划分为楔形的政治、农业与灌溉区域，每一区交由某一特定的族系群组管理。关于塞魁究竟为实体的路径，抑或只是虚构的分隔线，至今仍待考证。但若要建立一个具有城市般规模的记忆空间，只要使用者心中有路径可以遵循，是实体抑或是虚构，也就不重要了。

关于塞魁系统，西班牙祭司贝尔纳贝·柯博（Bernabe Cobo）在其著述中，详细描述了沿着塞魁路径，每隔一定距离就会有一座“神龛”（huacas），总共有 328 个。只要沿着塞魁行走，就能依序探访神龛。这些神龛通常多以自然地貌为主，比如洞穴、泉口、岩石、河床、天然河道甚至树木等，也有些是人造建筑，或是只是以石头标记的毫不起眼的小地方。每处神龛都关系着某种特定知识，有些蕴含了农耕、历法、宗教或仪式的知识，而这正是我心中所联想的，澳洲原住民的歌之路或北美原住民的朝圣路径与居住环境紧密联结的方式。这种方法可以说是将古希腊流传的位置记忆法，套入了更广大的地景当中。

原住民将一些神龛当作天文观测台，将农耕历法对应太阳周期，如肯科（Q' enqo Grande）古庙。这座声名远播的神龛乃由印加国王帕查库蒂·印加·尤潘基（Pachacuti Inca Yupanqui）下令建造，到了夏至与春分、秋分时节会出现各种光影投射。值得一提的是，它的内部挖凿了一个有3层阶梯的石灰岩洞穴，阶梯分别象征阴间、现世与天堂。夏至那天，阳光会射入洞穴，依序照亮阶梯。位于马丘比丘山城一座名为"Intimachay"的洞穴，也会产生类似效果，该地据说亦为帕查库蒂所建。如同英国与爱尔兰地区多处新石器时代遗址，神龛内也凿有一扇石窗遮挡日光，防止光线在夏至以外的日子进入洞穴深处。

印加人行走于塞魁上时，也会使用特殊的记忆工具——奇普（见图版11.6）。事实上，塞魁系统专为西班牙编年史者而设计，他们会使用奇普来记录，方式与利用书写作为记忆工具非常类似。奇普专家"奇普卡玛尤"经过严格训练，并且只允许学习与自己职业项目有关的知识。

奇普由绳结组成，材质通常为棉花，可轻易从安第斯山的农地取得。奇普会有一条主绳，再以此垂直悬挂数量不等的细绳，

图 11.2　印加贵族 Felipe Guaman Pama 所绘的插图“奇普”。

这些细绳上还可加挂副绳。学界已研究奇普绳结的串联方式多年，认为这些绳索代表着原住民计算人口、交易与历法等数据所得的结果。入侵印加帝国的西班牙人将这些全都记录了下来。根据一项缜密的历史研究统计，以及600多个现存于博物馆或私人收藏的奇普，研究学者们最近得出结论，即奇普所保存的信息数量，比数字所能显示的信息还要多。依据西班牙殖民者所留下的史料，他们视奇普为记录律法、人口、贡品、交易、仪式与歌谣、谱系与历史，以及使者在偌大帝国传递信息的工具，功用如同小型文化使用了千年之久的记忆杖。文献也指出，每一种类型的信息都由专门人士执掌，而他们会为自己负责的领域编织专属的奇普，记录相关知识。

奇普有多种组合方式，使用的绳结也各有其趣。绳结有不同的长度、颜色、穗结、辫褶及另外编织的绳束，同个奇普可能有多种解读。我依照相同的概念制作了一个融合上述特色的奇普，作为记录艺术史的工具。如此一来，便可以随时加上数字与日期。我将艺术史依时代、地点与艺术媒介作区分，再加入艺术家。奇普的美妙之处在于，我无须担心遗漏了什么，因为随时都可以再加编副绳，若要增加绳结或甚至更换细绳也很方便。然而，我仍然需要借助生动的故事与记忆技巧，才能将实际信息与绳结作联结。此外，我用不同颜色区分艺术家的性别，利用各种组合的穗结与辫褶，指明作品的时代、创作方式等。鉴于印加帝国的辉煌功绩，我相信奇普是种非常有效的记忆工具。而在实际使用后，我也了解了这项工具是多么灵活。它的确十分类似文字，虽然没有图像和字母。

最早的奇普源自卡罗尔－苏佩文化，可追溯至4000年前，而后印加人改良了这个不可思议的工具。西班牙人于公元1532年来到库斯科，摧毁了数千个奇普，在他们的猛烈攻击下，印加文化于焉告终。

12

复活节岛的
波利尼西亚奇特世界

摩艾石像无疑是世上最著名的雕像，它们位于地球最偏远荒凉的地方——复活节岛。岛上近千座巨型石像，每座模样都不同。超过 200 座摩艾巍然耸立于石台上，背对大海、面朝火山口。为什么人们要煞费苦心地刻凿、搬运并竖立这些庞大石像？他们又为何成为世界上唯一打造如此壮观地景的原住民？

摩艾石像无疑是世上最著名的雕像，它们位于地球最偏远荒凉的地方——复活节岛。岛上近千座巨型石像，每尊模样都不同。超过 200 尊石像巍然耸立于石台上，背对大海、面朝石材来源的火山口。原住民为何要煞费苦心地刻凿、搬运并竖立这些庞大石像？[1]

一般认为复活节岛的原始居民是波利尼西亚人（Polynesians）。公元 1769 年，来自波利尼西亚的导航家图帕伊亚（Tupaia）在塔希提岛加入詹姆斯·库克（James Cook，人称“库克船长”）率领的探险队，于公元 1774 年抵达复活节岛。图帕伊亚出乎意料地与当地岛民沟通无碍，因此，语言学家推断这里的语言最有可能传自距离复活节岛 2600 公里的曼加雷瓦（Mangareva），或 3200 公里的马克萨斯群岛（Marquesas Islands），两地均位于法属波利尼西亚。

鉴于复活节岛的文化源自波利尼西亚，所有相关研究基本上都会先从此地开始，波利尼西亚文化与前文所述的无文字知识系统存在极大差异。澳洲与美洲的原住民部族虽然都有各自的文化谱系（genealogy），但二者建构知识系统的方式倾向以地景为基础；相较之下，对波利尼西亚地区的原住民文化而言，虽然地景上建有圣地，但知识系统的机制却是基于错综复杂的谱系。只要了解其中缘由，我们就有可能揭开复活节岛民建造平台与巨石像的神秘原因。

距离复活节岛最近的地方是西北方 2000 公里的皮特凯恩群岛（Pitcairn Islands），智利则远在其东南方 3600 公里处。复活节岛面积为 171 平方公里，东西长度仅有 25 公里，之所以有此名，是因为荷兰探险家雅各布·罗格文（Jacob Roggeveen）在公元 1772 年的复活节当天登陆此岛，后来塔希提岛船员们觉得这里与西方 2400 公里外的拉帕岛非常相似，因而替它取名为拉帕努伊岛（Rapa Nui），意指“大拉帕岛”，并将岛上原住民称为“拉帕努伊人”。我会用一般较熟悉的“复活节岛”来称呼这个地方，唯独在指称岛民时才会使用“拉帕努伊人”。

复活节岛由一座海底 3000 米深的火山喷发而成，最高点海拔 500 米，岛上陡峭的悬崖上有无数个熔岩形成的洞穴，可将雨水排走，保持地貌的干燥，另外还有 3 座淡水火山湖，但并没有长年流动的溪流或河川。岛上土壤肥沃，曾长满茂密的棕榈树，但过去数百年来只见一片不毛荒漠。岛上也一度出产黑曜石可供制作器具，而最重要的是，复活节岛还富有适合制作雕像的凝灰岩。

第一批原住民

波利尼西亚人擅长航海，足迹遍布太平洋上多个适合人居的岛屿，他们岛上落地生根。第一批来到复活节岛的移民带着器具、食物、农作物与家畜在此建立部落，遵循波利尼西亚的传统。

考古学家并不清楚岛上原本住着多少波利尼西亚人，只知道他们人口庞大、发展迅速，估计至少达 6000 人。一些学者则认为实际数量应为该人数的两倍甚至三倍，后来当地人口出于不明原因急剧减少。欧洲人在公元 1722 年首度来此地时，人口据估约有 3000 人。公元 1862 年 12 月，贩奴商人入侵复活节岛，掳走 1400 多名岛民，将他们卖到秘鲁当奴仆。之后，舆论压力迫使秘鲁停止奴隶买卖并释放遭掳的奴仆，黑心商人让 470 位岛民挤上一艘仅可载运百余多人的破船返回复活节岛，可想而知，船上的情况惨不忍睹，100 名拉帕努伊人中只有 15 人活着回到岛上，而且全都染上天花病毒。公元 1877 年，岛上只剩 111 位居民，这些幸存者告诉早期的考古学家，贩奴商人掳走了最后一代的首领（ariki）及学识渊博的人（他们称之为智者）。

同一时期，公元 1864 年来此的天主教宣教团建造了岛上第一座罗马天主教堂，并在 4 年后宣布已说服所有岛民皈依。公元 1888 年智利占领复活节岛，仅仅 10 年后，便租给苏格兰牧场主放牧，所有拉帕努伊人被迫迁居岛上唯一的城镇——汉加洛城。

公元 1934 年，瑞士人类学家阿尔弗雷德·梅特劳（Alfred Metraux）率领一支法国探险队登上复活节岛，他认为此地的古代文化遗迹寥寥无几，不值得进行人类学研究，加上岛上仅存少数拉帕努伊人，面对无数批探险队，这些原住民也许会捏造事实来回应各种探问。

长老逝世、人口锐减后，岛民必须维护濒临衰亡的各阶层口述传统。疾病、宗教皈依与掠夺大幅改变了复活节岛的面貌，以“摩艾”为基础的传统文化灰飞烟灭。岛民们失去了一切，开始奉行“鸟人”（Birdman）仪式。“鸟人祭”如同运动竞赛，每年举行一次，参赛者需跳下悬崖、游到附近一座小岛上取得黑头燕鸥产下的鸟蛋，获胜者即为年度首领。到了公元 1878 年，天主教宣教团禁止这项仪式，那年的获胜者成了最后一位“鸟人”。从早期岛民与欧洲人接触时所记录的口述传统中，我们只能窥见这项习俗如谜一般过往的一角。

关于岛民为何要建造眺望地景的摩艾石像，学者们提出诸多理论，但多数均着重于雕像本身而忽略考古记录的细节。瑞士大亨艾利希・冯・丹尼肯坚信摩艾与纳斯卡线一样都是外星人的杰作，挪威人类学家索尔・海尔达尔（Thor Heyerdahl）则认为南美洲原住民才是建造者。为了证明自己的主张，海尔达尔在公元 1947 年号召 5 名同伴一同搭乘手制的木筏康提基号（Kon-Tiki Expedition），从秘鲁出发前往目的地波利尼西亚。这艘原始木筏在海上漂流 101 天后，在塔希提岛东边触礁，最后在南太平洋一座岛屿上岸。继海尔达尔的探险后，陆续出现了一些有关复活节岛的早期考古研究。但关于拉帕努伊人建造摩艾石像的原因，太平洋才是重点。

太平洋航海探险家的惊人技能

众所周知，太平洋面积辽阔，航行于此的探险家能耐非凡。[2] 他们可以与不同岛屿的人进行贸易，横越数千公里的汪洋，经常在海上一待就是几周。他们不断寻找有待垦荒的新岛屿，不时对抗季风直到粮食消耗殆尽，倘若一直没有发现岛屿，便转而顺风航行以迅速返航。根据过往记录，这些航海家曾造访新西兰数次，最后才落脚此处。显而易见，第一批定居于复活节岛的拉帕努伊人之中，必定也有一些经验丰富的太平洋航海家。

探险家的航海知识来自对广泛信息的记忆及运筹帷幄的能力，歌谣、诗歌、故事与传说用来储存包罗万象的航海信息，以及有关可能造访的岛屿的各种社交方式与策略。航海家牢记远洋鸟类的习性，进而能够估测陆地的距离、方向及登陆的时间；他们也熟记鱼的种类和习性；研究岛屿或暗礁周围的洋流与浪涌的强度及方向，预知该如何根据不同潮汐与天气调整双体舟的航向；技能卓著的航海家还能下水，利用阴囊作为探测器，来侦测海浪的细微变化。

航海家也熟悉星象罗盘复杂的使用方法，这是一种可调整的图表，供航行者依据星辰轨迹计算其所在的位置。塔希提岛有一首诗歌指示着北极星（North Star，亦作 Polaris）的详细位置，虽然如此，航行者启程往北逾 1000 公里才会看到这颗星。各岛屿使用的星象罗盘不尽相同，不过一般均为圆状，大约分成 30 格星宫，每格星宫以观察到的在地平线上升起的星星命名。星象罗盘除标出主要星座外，也记录了百余颗星辰的名称。对航海家而言，这种罗盘标志了一系列的记忆地点，不仅指明星辰的详细方位，还统合了风向、海流及岛屿、浅滩、暗礁等海景的相对位置信息。至今，星象罗盘仍广泛运用于太平洋的航行旅程中。

航海家早在见到岛屿之前便能预知它的出现，也不断累积当地的气候、海象，以及鱼、鸟等动物习性的相关知识，如此一来，他们往往能预见目的地岛屿，还能通过一种名为“地下冷光”（subsurface luminescence）的现象，从距离陆地100公里至160公里远的地方，观测从陆地发散的光线，这种方式在天气不佳的夜晚、无法使用星象图的情况下尤其实用。[3]

航海家花多年学习航行的知识与技巧，少数符合资格者可接受秘密导航学校提供的专业训练，这些秘密学校以船库为据点，只有航海家与学员可进出。航海家会在诗歌、传说与故事中加入暗语及记事叙述，因此他人光凭这些歌谣无法获得充分的导航知识。

导航学校也会利用各种实体的记忆工具进行教学，用棍棒与贝壳制作图表，图上的圆点有些标示真实存在的岛屿、礁岩与沙洲，有些代表实际的岛屿之间虚构的小岛或奇特生物，以让记忆路径更清楚。除此以外也会教授神话传说，借由虚拟的岛屿诉说动物或传奇英雄依循导航路线（可谓海上的歌之路）迁徙的过程。

各种地貌构造也可用于导航训练。例如，在吉尔伯特群岛（Gilbert Islands）上，建有大小刚好可供学员乘坐以观测气候与海象的小型石座，一些石堆代表岛屿、独木舟或排列成星座，让学员认识星辰的升落点作为导航依据，其他石头则象征隆起的地势或浪涌及各种波涛出现的形态。符合学习资格者从小便进入秘密学校受训，在加罗林群岛（Caroline Islands），符合资格的男孩学员约从5岁就开始接受密集训练，直到18岁才能领航。

依逻辑推论，那些乘着独木舟登上复活节岛的人们，可能是训练有素的太平洋航海家。他们凭借自身的知识、逻辑与记忆系统，携带习得的传说与技能，在复活节岛的环境下因地制宜适应生活。

登陆复活节岛

根据各种相关理论，第一批移民约在公元300年至公元1200年期间登陆复活节岛，现代研究多倾向较晚的年代，但仍无法确知。流传至今的口述传统记载着首批殖民者的故事，据悉在当地应为众所周知且经常传述，伟大航海家霍图·玛图阿（HotuMatu' a）带着全家人乘坐两艘独木舟来到复活节岛，成为第一批居民。他从家乡希瓦（Hiva）往东航行，最终到达此地，绕行岛屿两次才在阿那卡那湾（岛上少数沙滩之一）靠岸。上岸后，霍图·玛图阿家族散居各处，自此复活节岛分为多个区域，各属不同的宗族部落。

考古记录显示，复活节岛分为11个部落，每个部落各自筑有一个石座平台，作为部族的公共演示空间。相关资料也指出，拉帕努伊人引进鸡禽与来自波利尼西亚的可食用鼠类，捕猎各小岛上的大量海鸟，定期前往东北方415公里处的萨拉戈麦斯岛（Salas-y-Gómez）的牲畜养殖地采集鸡蛋和捕捉幼鸟，作为食物来源。他们种植山药、甘蔗、芋头、地瓜、葫芦与香蕉，建造石墙并以石头围成环形田洼，还运用农耕方法来维持土壤的湿度、温度及清除杂草。

最重要的是，这些初来乍到的新住民开始建造雕像以纪念先人或神话人物。虽然有关他们的口述文化至今仅存无几，但我们仍可从拉洛汤加（Rarotonga）与新西兰的口述传统及知识系统中，了解波利尼西亚人在类似这种情况下如何在新据点落地生根。

另一座波利尼西亚小岛——拉洛汤加

拉洛汤加位于库克群岛（Cook Islands），面积只有67平方公里，由其历史可知太平洋岛民是如何在弹丸之地的小岛生存发展的。[4]当地的口述传统到了今日依旧鼎盛，展现出许多与复活节岛相似的特点。据原住民故事所述，唐基伊亚·努伊（Tangi' ia Nui）为了逃离兄弟的控制，率领塔基图姆号（Takitumu）从塔希提岛启航，在海上遇到另一艘来自萨摩亚（Samoa）的独木舟，一同航行至拉洛汤加。唐基伊亚·努伊在东岸的纳唐伊亚（Ngatangiia）登陆，兴建了一座圣堂（marae），即波利尼西亚式的聚会与仪典中心，之后在阿拉梅图亚（Ara Metua）古道上陆续建造了40余座同样的场址，并分配土地给宗族各部落。同在拉洛汤加岛的其他原住民来到阿拉梅图亚古道，返回家园后便仿照这条路线兴筑遗址。

这条古道成为一条记忆路径，人们行走其间吟诵歌谣的行为便是在演示口述传统，路径上可见多处仪典场址，形成一种记忆地点的形态，在地景上井然有序。

阿拉梅图亚古道两旁的圣堂可供所有岛民举行仪式，位于内陆的圣堂则有进出的限制，这一点正符合复活节岛考古研究：坐落于岸边的平台“阿胡”（ahu）是公共的仪典空间，原住民刻凿石像的火山口则仅有少数人可进入。

拉洛汤加岛民的谱系信息分为两部分，一部分记载开疆辟土的传奇先人的世系，另一部分记录出生、死亡与婚姻事件。拉洛汤加岛民将这些谱系当作记忆系统的基础，并根据当下情势随时调整，不重要的人物、事件与故事终将被遗忘，但增补的细节信息依然具有价值。从岛民根据谱系划分区域边界、解决纷争与制定律法的方式，可见这些谱系极具实用性。拉洛汤加口述传统学者马修·坎贝尔（Matthew Campbell）如此写道：

> 纪念场址的建造几乎成了一种全民运动，它们的目的也全都是保存记忆。在史前无文字社会里，先民利用口述传统和谱系保存记忆。在世系的记忆实践下，人们兴建纪念场址，拉洛汤加岛民在阿拉梅图亚古道上建筑的圣堂即为一例。[5]

放眼波利尼西亚各部落社会，谱系成了整合文化及构筑知识系统最有力的要素，新西兰毛利人的文化是再清楚不过的例证。[6]

适应环境的佼佼者——新西兰原住民

新西兰的毛利人与第一批拉洛汤加岛民和拉帕努伊人一样，航行来到空无人居的岛屿，时间约是公元1280年。至今毛利文化仍保存良好，让现代人得以了解他们如何适应变化剧烈的环境，同时又保有波利尼西亚传统的精髓。

“毛利玛陶兰加”（MataurangaMāuri）是毛利人的传统知识，严格说来，“毛利玛陶兰加”分为公开形式与秘密形式，专属的演示空间也反映了两者的差异。新西兰各地的毛利部落中，贵为知识专家的长老（kaumātua）握有极大权力，负责研究口述传统及通权达变。

毛利族的社会阶级分明，上层阶级的族人可习取重要知识，这些人通常担任祭司的职位。下一个阶级则是从事与仪式相关活动的族人，包含战士、农夫、水手和渔夫等。第三个阶级的族人处理与日常生活需求相关的事务。最后一个阶级则是巫师。[7]

据毛利作家布莱德福特·哈阿米（Bradford Haami）指出，长老会利用工具来记忆毛利歌谣（waiata），他们在圣堂中反复吟咏多种形式的歌谣，借助韵脚、旋律、结构、舞蹈、鼓声、肢体摆动、步伐及串绳游戏等来加深记忆。哈阿米还详细描述其他毛利族的记忆工具（ngāpūrerewhakamahara），如雕刻（whakairo）、绘画与编织（mahitauira）、刺青（moko）、符号（tohu），此外还有一种绘于岩石、悬崖及洞穴的艺术（tuhi）。哈阿米表示，雕刻是最有利于记忆的艺术形式，不光是成品，就连刻凿的过程也能帮助记忆。

毛利人的雕刻作品中，以“玉人项饰”（Māori jade tiki）最为闻名，当中的人像代表创世传说中的第一人及英雄，故事诉说着这座岛屿、当地所有的动植物及毛利文化律法如何被创造。玉饰上的图案来源于最初的原住民，再顺应环境进行了改动。哈阿米指出，在所有雕刻文物中，最重要的是“谱系杖”（rākau whakapapa），这根经过雕琢的木棍顶端绘有先人图像，下方一个结瘤象征一个世代，仪典演示者会触摸每一个结瘤，复述谱系及关于每一个世代的知识。

如同波利尼西亚地区的原住民部族，毛利人根据错纵交织的谱系构筑知识系统，谱系也因此扮演着复杂角色。毛利人的谱系“华卡帕帕”（whakapapa）不仅注记了人们与祖先的关系，也记叙了生命的起源，还有岩石、山脉及其他地貌知识。华卡帕帕可以说是一部百科全书，将所有知识整合为统一形式，确保信息不会遗失，当中记载的故事以先人为主角，融合实用信息与精神信仰。

就功能而言，华卡帕帕类似澳洲原住民的歌之路，差别在于其架构以谱系为依据。哈阿米形容华卡帕帕是一个不可或缺的“骨架”，帮助族人记忆事件发生的先后顺序，以及厘清文化的历史，包含先民来到“Aotearoa”（毛利人对新西兰的称呼，意为绵长白云的故乡）的经历、在岛上的旅程及知识的缘由，此外还可将宇宙万物分门别类。如哈阿米所述：

> 波利尼西亚（毛利）人通过观察不同实体之间的联系，在生

物群与环境现象的知识谱系中发展出了分类系统，分类范围包含环境、栖息地、形状、形式、质地、颜色、气味、季节性、变化、人为的使用与调节等。对这些知识系统而言，寓言式及类比式的口头叙述不可或缺，而这些故事大多经由特殊语言代代相传，如果一个人不了解那些附带故事，便无法参透谱系的意义。毛利人在华卡帕帕里运用了“有机类比”的方式以联结各种生物现象。[8]

波利尼西亚文化经历了约25个世代的发展，他们在传说中结合了人类与神话中的祖先的故事。哈阿米解释，传说中融入多位先人是为了有足够的故事储存信息，但人物过多也会变成累赘。关于崇高先人的故事是神圣的，既有力量也有效力，它们在族人口中名为“kōrero tukuihu”，意指“流传下来的言语”。哈阿米也提到毛利人会出于某些目的而编造神话与传说，他们会随环境所需而改编波利尼西亚的古老传说。华卡帕帕记载了首领的政治关系、世袭地位及广泛的家族世系，基于它的重要性质，长老们会仔细审视谱系，并不遗余力地确保后代正确无误地牢牢记住。

如要厘清复活节岛历史的来龙去脉，我们也要认识毛利人的石刻“祖屋”（wharetupuna）有何意义。据哈阿米描述，祖屋类似学习中心或图书馆，其内部的刻饰等同于书籍，记载祖先的名字，然后再描绘相关的口述故事，借此带入知识。

在波利尼西亚地区，用于举行仪式的公共圣堂多为木造，里面存放了一些先人吟诵复杂谱系时用以加深印象的雕刻品。在新西兰，原住民文化起源于知识系统，这项系统以谱系作为架构，将历史、信仰及实用信息与先人进行联结。新西兰的原住民用木头雕刻祖先人像，复活节岛民也是如此，只不过用的是石头。

由谱系构筑的知识

摩艾石像是复活节岛最具特色的遗址，要洞悉它们存在的目的，唯有深入了解波利尼西亚文化的谱系索引方式。20 世纪初，原住民经历贩奴商人的掠夺、疾病的侵袭与外来宗教的压迫，依然维护着谱系传统，人人都熟知自己的宗族与世系，也遵循“六等亲内不得通婚”的规定。由于波利尼西亚文化的谱系既有真实成分也有神话传说成分，根据目前已知的信息来看，无法推知摩艾石像象征的是真实存在的先人还是传说中的祖先。

复活节岛民刻凿祖先的石像，是为了将先人的经历写进故事里，以保存、调整与传承口述文化。他们会从传授知识的长老入手，广纳人物来填充故事，之后会视需要改编故事，套入有关环境的新知识与赖以生存的律法。他们需要加入更多先人的经历，这些人物可能是岛上的第一批首领。无论如何，缺乏可靠的口述传统佐证，我们无从得知真相。

岛上有 1000 多个摩艾石像，体积各异，高度从 2 米到 10 米不等，它们全都有着巨大的头部与赤裸的躯干，手臂交叠、手指几乎相叉，大多拥有长耳朵。早期航海家描述摩艾的“长耳”体现了多数岛民的样貌特征。尽管一些摩艾石像看似刻有性别特征，例如山羊胡或女性阴部，但绝大多数性别不明，这点与波利尼西亚文化的雕像相同。复活节岛上的每座雕像均大致呈矩形，这成为它们的独特风格。虽然如此，每一尊石像都是独一无二的，这点对记忆系统十分重要。

石像的质地大多为凝灰岩，这是一种相当柔软的火山岩，这些岩石据说来自拉诺拉拉库火山，岛上最神圣之地。摩艾石像在岛上非常醒目，在地势陡峭的海岬上寥寥无几，多聚集于人口稠密的主要城镇，不见于放牧区域。许多考古学者主张这座岛屿依照部落势力分为数个疆域，但摩艾石像几乎都由拉诺拉拉库火山的岩石雕刻而成，显然该座火山是所有岛民的圣地。英国考古学家与人类学家凯瑟琳·劳特利奇（Katherine Routledge）在复活节岛进行实地勘探，当地岛民却不愿陪同她进入火山口，他们走到两座并列的巨型摩艾石像时便停下脚步，表示这是不得跨越的界线，一旦跨过，他们就会死，劳特利奇一再追问究竟，但他们怎么也不愿多说。

她在 1914 年与丈夫一同抵达复活节岛，停留了 17 个月，离开后出版了《复活节岛的奥秘》（*The Mystery of Easter Island*），详细记录了自己在岛上的经历，这些与岛民实际接触的经验，为复活节岛的研究提供了广泛的参考资料。拉帕努伊人告诉劳特利奇，一些雕像以雕刻者为名，另一些则以自然现象为名，如水源或各种鸟类。对此，目前学术界仍存在分歧，但没有一个岛民表示摩艾石像象征着神祇。可以得出一个合乎逻辑的结论，即摩艾代表祖先及相关故事里的知识，如同波利尼西亚人的做法。

媒体普遍认为，岛上的石像是墓碑，或者是葬于其下的酋长的人像，然而这个观点并不成立。一名拉帕努伊人向劳特利奇透露，这些雕像处埋葬了那些死于欧洲传来的流行病的人的遗体。并且根据一直以来的考古挖掘，史前人类的坟墓往往都是无雕像的平台，与石像平台无关。

复活节岛上至少有360座阿胡平台。在波利尼西亚群岛，阿胡指的是圣堂一端的祭坛，但在复活节岛，由于拉帕努伊人坐拥丰富的易于雕琢的凝灰岩资源，加上他们与波利尼西亚文化的联结渐趋薄弱，发展出独特的阿胡建筑风格并不令人意外。所有阿胡平台上，竖立着摩艾石像的平台不到100座，上面的雕像接近200个，这些平台被称为“雕像阿胡”。

雕像阿胡由长形石墙制成，大多与海岸线平行，上面竖立的摩艾石像则背对大海，眼睛望向天空，身躯庞大高耸。大阿胡东加历奇祭台（见图版12.1）曾立有15座石像，这座阿胡的规模位居全岛之冠，中央平台近100米长，若包含两片翼板的长度则有220米，立于其上的体积最大的摩艾高达8.7米、重达88吨。

如同波利尼西亚的传统，尽管有超过九成的临海平台与海岸平行，其中却有6座面朝春分、秋分当天的日出位置，位于内陆的平台中，也有几座面朝冬至的日出方向。

一些摩艾石像戴着“普考”（pukao，意指帽子），这些圆柱状的帽子底部被挖空以放置在石像的头顶，帽子顶端还刻有一个结节。普考以红色火山岩制成，石材运自普那抛火山（Puna Pau）。眼窝凹陷、镶有白珊瑚与黑曜石作为眼睛的摩艾石像曾一度戴有普考。

一些平台可见旧的摩艾石像或曾使用过的石板，这显示阿胡经过修整与重建。平台前方放置着最高有 75 米的平整石块，然后是磨平的底座，高度约 50 米，此处以前曾是演示仪典的场地。劳特利奇如此描述：

> 我们可以将这些面朝内陆的阿胡视为巨大的表演舞台，它们的前方筑有阶梯，因此成了最高处的平台，上面摆放了一列巨型石像，每一尊与两旁雕像都有着一定间隔，全都面向观众。无论石像的位置在哪，它永远都不会被其他雕像遮挡，在碧蓝天空下清晰可见。[9]

我想，应该没有比这段文字更能贴切形容公共记忆空间的叙述了吧！

海岸地带以外的记忆空间

多座摩艾石像从拉诺拉拉库火山矿场运至海岸，竖立于阿胡平台上，更多石像则散落于道路旁、火山坡壁或火山口里（见图版 12.2）。不同地方的摩艾样式各异，只有矗立在阿胡上方的石像有帽子。至于火山山腰上的摩艾石像，它们的眼部只以额头下方简单的一条线代替，背面的形状也不相同。

如今考古学家已辨别出复活节岛上远古路径的脉络，有些从火山口延伸至海岸，有些横越地景或围绕海岸，据悉这些路径可能用于搬运摩艾与举行仪式。劳特利奇认为雕像是刻意被放置在路旁的，她详细描述了一条通往火山口的道路上大约每 100 米就有一座石像，假如这是一条仪式大道，那么人们行走其中时，一定会面朝每一座石像，如此一来，这里就形成了一连串的记忆地点。劳特利奇回忆道：

我想象所有遗留在路上的石像经过重新竖立，发现它们原本全都背对着山丘。因此，至少有 3 条大路通往拉诺拉拉库火山，而朝圣者每隔一段距离就会看到一座巨石像守卫着这条通往圣山的路径……东岸“汉加抛库拉”（Hanga Paukura）的一座阿胡也有一条类似的路径，沿途可见 5 个面向行者的石像。[10]

时至今日，许多摩艾仍屹立在应为石材来源的拉诺拉拉库火山矿场附近的山坡上，其中有些水平横卧，猜测应是在运送至阿胡的途中掉落了，要么是碎裂了，要么是人们认为其不该被再次竖立。大多数石像仍昂然挺立于火山坑内，依然距离火山不远。考古挖掘发现，今日游客多以为只有头部的摩艾石像的躯干是完整的，石像身体的大部分应是遭到土石沉积而藏于地下，只露出了肩膀以上的部位。这些石像背面刻有皮带与指环等图案，与阿胡上一些摩艾背面至今依然清晰的图形相同，此外还有一些肯定是用于帮助记忆的抽象符号。虽然立于阿胡之上的摩艾也可能具有这类标记，但其柔软的岩石质地经过数百年的日晒雨淋，刻痕早已消失。

早期考古资料也提到拉帕努伊人会文身。在波利尼西亚传统中，不论男女身上皆刺有耗时费神的细致图案，这为他人所崇拜。事实上，刺青在波利尼西亚标志着个人的宗族，后来更成为记录繁复知识的方式。

目前拉诺拉拉库火山矿场内仍有150余座摩艾石像，一些进行了部分雕刻，大部分的躯干都埋于地下。除了少数十几座石像，岛上几乎所有摩艾都在这里刻成。对于矿场中仍遗留着的多座雕像，劳特利奇坚信这是原住民停止将它们搬运到海岸之故，并非有待雕刻而搁放在此，如果所有摩艾都还在雕刻过程中，那么所需的人力众多，远远超出学者们估计的岛上人口数量。有些石像若从地底挖出将无法竖立，有些仅露出了刻有浮雕的面孔，周围并无窄道可通往地下探挖，有20多座石像原本就竖立于地面，其他的应是单纯体积过大无法搬运。最大的石像有21.6米高，据估约270吨重，几乎是邻近石像的两倍大。

之前提过，拉帕努伊人曾对劳特利奇表示火山是禁地，他们害怕一旦进入便会有灾祸降临。事实上根据口述传统，石像雕刻者的唯一任务就是刻凿摩艾，报酬是其他岛民准备的食物，而波利尼西亚各地都有这种特殊的工匠。

我相信矿场是一处记忆空间，也是岛上最神圣的禁地，而火山坑里的石像正属于其中一部分，所有口述文化都不能欠缺秘密记忆空间，显然复活节岛也是如此。建有石像与广场的阿胡，则为人人皆可进入的演示场址；路旁与山坡上的摩艾是朝圣火山路径上的记忆地点，拉诺拉拉库火山口则是秘密空间。

关于复活节岛的“谜团”一般分为两个：一是这些雕像为何存在；二是它们如何移动。我们已经讨论过第一个问题，现在来谈谈现代人对第二个问题的看法。一些学者认为人们将雕像放在架有圆木的木橇上，再滚动搬运。假如他们如口述传统所述，利用地瓜和捣碎的山药制作润滑剂，那么也许只要 10 个人就能拉动木橇。然而也有口传故事描述雕像是自己从山上走到岸边的祭坛的。几名考古学家的研究指出，岛上路面凹凸不平，不利于以木橇搬运石像，他们复制了摩艾石像并进行实验，发现一群人若将石像系上 3 条绳索，还是有可能拉动并搬移石像的。[11]

原住民利用圆木将摩艾石像抬上阿胡，并在底座下放置越来越多的石头，随着石头渐增，摩艾石像日益高耸，屹立不倒，但之后拉帕努伊人又推倒它们，这又是什么缘故？

文明的崩落

复活节岛的人口曾不断增长，推估巅峰时期达到一万人之多，但早在欧洲人来此之前他们便快速减少。早期岛民的食物来源有鱼类、贝类及无数种鸟类，包括燕鸥、海燕、信天翁、鲣鸟、海鸥、秧鸡、鸽子、苍鹭、鹦鹉及仓鸮等。几乎可以确定，禽流感与鼠疫，以及原始居民对鸟禽栖息地的破坏，造成了鸟类数目骤减，今日的复活节岛上已不见任何本土鸟类，在原无人居、后遭殖民的岛屿上，这种现象十分普遍。

起初复活节岛上棕榈树林立，到了公元1650年已全遭砍伐殆尽。一项理论将此归咎于当地原住民，认为他们为了搬运摩艾石像砍光所有树木，结果导致生态环境破坏，人口也逐渐凋敝，然而这个看法不断遭到质疑。另外也有人主张岛上战事频繁而摧残了自然环境，但因缺乏证据而遭多数学者驳斥。还有一项理论则认为是波利尼西亚的鼠类吃光了棕榈树的种子，使岛上树木无法繁殖而灭绝。此外还有人将原因归为气候变迁，影响了岛上农业生态，包括公元1456年的严重干旱。

人口衰退或许并不是单一上述的可能原因所造成的，而是数个因素共同导致的结果。重点是岛民人口变少，就难以维持与摩艾息息相关的繁复口述传统文化了，分为数个等级的学习制度和漫长训练也无法维持。不过岛民在经历家园毁灭后，也有可能舍弃了摩艾传统的知识，公元1650年的拉帕努伊人已不再采垦火山岩。

公元1770年前后，摩艾石像遭蓄意推倒，其象征意义也随之衰微。

第一批来到复活节岛的欧洲人于公元1722年的复活节当天登陆，这些荷兰船员只在岛上待了一天，注意到当地树木匮乏，石像全都矗立完好。公元1770年一艘西班牙舰队汇报说看到了石像，但并未提及有任何雕像倒塌。4年后库克船长留下的记录里才指出多座石像倒卧在平台附近。到了公元1868年，岛上似乎只有一个雕像依然挺立。就历史看来，推知应是欧洲人带来了某些疾病，就如同世界各地的原住民部族，岛民无法抵抗这些疾病的传染，疾病迅速蔓延全岛，造成难以想象的惊人死亡率，幸存的岛民有可能把怒气发泄在没有用处的石像上。摩艾失去了力量与意义，其蕴含的知识再也无济于事。

鸟人祭

岛上有一座摩艾石像的背后雕有鸟人的图案，与其他石像截然不同，这个相对其他石像小了许多的雕像现存于大英博物馆。鸟人祭的习俗据估始于岛上人口衰退之后的公元 1760 年，直到宗教宣教团在公元 1868 年劝说剩余少数的岛民皈依天主教后才废止。

在奥朗戈村举行的一年一度的鸟人竞赛（Birdman cult）中，“玛陶加老”（Mata Ngarau，意指仪式引领者）会在圣地吟诵歌谣，并祈求参赛者成功归来。参加者须从仪典中心一侧 300 米高的悬崖跳入海里，游到莫托奴伊岛（Moto Nui）取到燕鸥产下的新鲜鸟蛋。许多参赛者在海里淹死或从悬崖摔下死亡，有些则成了鲨鱼肚里的亡魂，其他成功到达小岛的人则需暂时待在一个曾供人居住及下葬用的洞穴里（岛上共有 21 个），等待燕鸥生蛋。第一个带着鸟蛋顺利渡海并攀上悬崖的人，便是获胜者，他会成为该年的“鸟人”，拥有巨大权力。

奥朗戈村某些石造房屋与洞穴里的石壁上刻有成百上千个图案，近一半象征鸟人“马克马克”（Make-make）：一个半人半鸟的形体，头部为军舰鸟。“马克马克”是鸟人祭的守护神，该图腾在奥朗戈村及波利尼西亚地区大量可见。根据研究，鸟人的传统由第一批居民带到复活节岛，后来在天主教传入之前才发展出象征图腾。

各种形式的艺术

岩石艺术遍布复活节岛，大部分直到“后摩艾时期”（the post-moai period）才出现。在这些岩石画当中可见简易图案，上面覆盖了各种海洋生物、公鸡、独木舟甚至欧洲船舰等画像，另外还有500多个女性外阴及400个鱼钩的图形。多数石刻都与阿胡等主要仪典场址有关。

体积小巧的艺术品在无文字文化的知识系统中扮演关键角色，复活节岛也拥有大量此类文物。小型木雕像“摩艾卡瓦卡瓦”（moaikavakava）上刻绘着留山羊胡、长鹰钩鼻、脸颊凹陷、身躯佝偻且骨瘦如柴的男人，然而这些雕像却有着丰腴富态的下半身。女性雕像“摩艾帕帕”（moaipapa）也呈现一些男性特征，比如山羊胡，但其有明显女性化的形体。除此之外还有贴近真实男性外形的“摩艾堂加塔”（moaitangata）及刻画各种动物形体的木像。当地原生动物之一的蜥蜴（moko）也以蜥蜴人的形象呈现，具有人类与鸟类的特征。据悉这些木雕与树皮和羽毛制成的画作可追溯至18、19世纪，与鸟人岩画同期出现。

在复活节岛的远古历史中，最引人好奇的遗迹之一是“朗格朗格”（rongorongo）木板，目前仅存24片。拉帕努伊人透露，大部分的朗格朗格都遭到传教士的销毁，每一片木板都刻有几长串抽象符号，以及人体、身体部位、传说中与现实中的鸟类、海洋生物、植物、天体、船舰、器具、武器、装饰品及“马克马克”等图形。板上的文字应由左读到右，然后将木板翻转180度，接着念下一行。

第一批来到复活节岛的欧洲人所留下的记录与口述资料相吻合，这些资料指出，当时只有一位身材矮小的智者看得懂文字，而且是唯一能看着木板吟唱或复诵知识的人。现存的木板碎片可能仅有百余年的历史，一些学者认为朗格朗格是尚未解密的完整文字系统，但劳特利奇则主张其并非代表文字，而是传达概念供智者凭记忆解读，回顾岛屿的历史与神话，当中蕴含的信息属于“类文字”（proto-writing），只具有帮助记忆的功能。当地岛民是否原本就识字而后发展出自己的文字，还是完全凭空发明“类文字”，至今仍众说纷纭。无论如何，拉帕努伊人明显具有高度智慧，能够运用新的方法保存信息。

感谢祖先们记忆与保存信息的非凡本事，后代人类才能溯及世界上最偏远之地的知识宝藏，并灵活运用于各种环境，展现其他物种所没有的智慧与能力。

后　记

找回自己的记忆空间

记忆密码如今已经解开了。对世界各地古遗址建筑体来说，位置记忆法是一个万能的驱动程序。这古老的技术已经被运用了几千年。对于一切都得仰赖记忆，整个文化的所有知识都必须存进脑子里的长老来说，不管是把知识植入地景里的一组地点，或是嵌进随身携带的小装置里，都只是最基本的技巧。而我们的大脑早已写进了这样的程序，本能就知道该如何去使用结构性空间来储藏知识。

2014 年的诺贝尔生理学或医学奖颁给了约翰·奥基夫（John O' Keefe）、梅伊－布里特·莫瑟（May-Britt Moser）和爱德华·莫瑟（Edvard I.）三个人。其中给莫瑟的理由是“他们发现大脑里有种像定位系统的细胞”。参与莫瑟工作团队的一位研究学者夏洛特·欧尔梅（Charlotte Alme）解说道，新的实验证明了，大脑之所以能有如此庞大的储藏量，是因为“海马体”[1]里那些小型脑细胞网状组织。研究显示，小老鼠会储藏一种独特的地图，或者说，它能记住实验里去过的每个房间的各个地方。在我们人类的复杂的大脑结构里有更多不同的地图，所以才能记忆如此多类似的地方而不会混淆。因此，研究学者们断定，这正是为什么位置记忆法能如此有效的原因。

每个人的大脑里都有海马体。我们都有办法储存一大堆知识，只要凭借我们能够记忆地点与信息的脑容量，将知识与它们联结在一起就能完成。这也是为什么几千年来，在世界各地的人类社会里，纪念建筑的记忆空间始终是一个基本构成要素。

现在我们就像史前的长老一样，也能够记忆大量信息。我们只需要找回自己的记忆空间就好了。

注 释

1 *原住民长老的百科全书记忆库*

1 参见 Sigmund Freud 著，*Totem and Taboo*，Routledge & Kegan Paul，1960，1–2。

2 引自 John Bradley 著，*Singing Saltwater Country: Journey to the songlines of Carpentaria*，Allen & Unwin，2010，29。

3 参见 L. C. Wyman、F. Bailey 合著，*Navaho Indian Ethnoentomology*，新墨西哥大学出版社，1964。

4 参见 C. Goddard & A. Kalotas 合著，*Punu : Yankunytjatjara plant use : Traditional methods of preparing foods, medicines, utensils and weapons from native plants*，Angus & Roberston，2002，iv。

5 参见 Sue Churchill，*Australian Bats*，Allen & Unwin，2009，22。

6 同注 2。

7 同注 2，216。

8 同注 2，81–82。

9 参见 John Bradley 著，*When a stone tool is a dingo: Country and relatedness in Australian Aboriginal notions of landscape*，收录于 *Handbook of landscape Archaeology*，Left Coast Press，2008，第 62 章。

10 参见 Gertrude Bell 著，*The Desert and the Sown: Travels in Palestine and Syria*，Dover Publications，2008，48–49。

11 就我所知，在探讨现代记忆冠军的书籍中，最好的一本是 Joshua Foer 所著 *Moonwalking with Einstein: The art and science of remembering everying*，企鹅出版社，2011。

12 参见 H. A. Tyler 著，*Pueblo Birds and Myths*，俄克拉荷马大学出版社，1979，75–76。

13 参见 J. Vansina 著，*Oral Tradition as History*，威斯康星大学出版社，1985，19–21。

14 参见 J. MacDonald 著，*The Arctic Sky: Inuit astronomy, star lore, and legend*，Nunavut Research Institute，1998，168。

15 参见 R. M. W. Dixon & G. Koch 合著，*Dyirbal Song Poetry: The oral literature of an Australian rainforest people*，昆士兰大学出版社，1996。

16 参见 Trevor Graham 导演，*Ceremony: The Djungguwan of Northeast Arnhem Land*，Film Australia，2006。

17 参见 A. Ortiz 著，*Ritual drama and the Pueblo world view*，*New Perspectives on the Pueblos*，新墨西哥大学出版社，1972，147。

18 我个人了解普韦布洛文化的一个重要参考资料是：Alfonso Ortiz 著，*The Tewa World: Space, time, being, and becoming in a Pueblo society*，芝加哥大学出版社，1969。

19 参见 R. M. W. Dixon 著，*The Dyirbal of North Queensland*，剑桥大学出版社，1972，29。

20 参见 B. J. Blake 著，*Woiwurrung, the Melbournr language*，收录于 R. M. W. Dixon & B. J. Blake 合著，*Handbook of Australian language*，澳洲国立大学出版社，1979 年，34。亦可参见 G. R. Holdgate, B. Wagsta. & S. J. GGallagher 合著，*Did Port Phillip Bay nearly dry up between ~2800 and 1000 cal.yr BP ? Bay floor channeling evidence, seismic and core dating*，收录于 *Australian Journal of Earth Science*，2012，第 58 卷第 2 期，157–175。

2 大大小小的“记忆空间”

1 参见 H. Morphy 著，*Ancestral Connections: Art and an Aboriginal system of knowledge*，芝加哥大学出版社，1991。以及 *Aboriginal Art*，Phaidon Press，1998。

2 参见 Buku-Larrngay Mulka Centre 编著，*Saltwater: Yirrkala bark paintings of sea country: Recognising Indigenous sea rights*，Buku-Larrngay Mulka Centre in association with Jennifer Isaacs Publishing，1999，20。

3 参见 M. N. Roberts、A. F. Roberts 合著，*Luba: Visions of Africa*，5 Continents Editions，2007，12。

4 参见 W. R. Bascom 著，*Sixteen Cowries: Yoruba divination from Africa to the New World*，印第安纳大学出版社，1980。

5 参见 E. M. McClellend 著，*The Cult of Ifa among the Yoruba*，Ethnographica，1982。

6 参见 B. Tedlock 著，*Time and the Highland Maya*，新墨西哥大学出版社，1992，62。

7 同注 6，80。

8 参见 Alfonzo 著，*The Tewa World: Space, time, being, and becoming in a Pueblo society*，

芝加哥大学出版社，1969。另见 Richard I. Ford 著，*The color of survival*，*Discovery*，1980，17–29。

4 我的“时光穿越”之旅

1 参见 H.Morphy 著，*Aboriginal Art*，Phaidon Press，1998，48。

2 相关范例参见 Charles C.Mann 著，*Gobekli Tepe*，来源于 *National Geograpgic*，2011 年 6 月号。

3 参见 K.T.Lillios 著，*Creating memory in prehistory: The engraved slate plaques of Southwest Iberia*，收录于 P.M.Van Dyke、S.E.Alcock 合著，*Archaeologies of Memory*，Blackwell，2003。

4 参见 D.Turnbull 著，*Performance and narrative, bodies and movement in the construction of places and objects, spaces and knowledges: The case of the Maltese megaliths*，收录于 *Theory, Culture & Society*，2002 年第 19 期（5/6 月号），125–143。

5 史前巨石阵：不断变化的记忆空间

1 参见 Christopher Tilley 著，*Phenomenology of Landscape: Places, paths, and monuments*，伯格出版社，1994。

2 曾提出相关理论著述的学者众多，仅列举其中影响较大的几位。诸如：Mike Parker Pearson、Richard Bradley、Aubrey Burl、R.M.J. Cleal、K.E.Walker、R. Montague、Mike Pitts、Clive Ruggles、Julian Thomas。

3 参见 Parker Pearson 及其“史前巨石阵河岸计划”编著 *Stonehenge* 一书。

4 参见 Mike Parker Pearson、Richard Bevins、Rob Ixer 等合著，*Craig Rhos-y-felin: A Welsh bluestone megalith quarry for Stonehenge*，收录于 *Antiquity*，2015 年第 89 期，1331–1352。

5 参见 Aubrey Burl 著，*A Brief History of Stonehenge*，19。

6 参见 O. Williams-Thorpe、C. P. Green 及 J. D. Scourse 合著，*The Stonehenge bluestones: Discussion*，收录于 Barry Cunliffe 及 Colin Renfrew 编著，*Science and Stonehenge*，牛津大学出版社，1997，315–318。

7 参见 Mike Parker Pearson、Josh Pollard、Colin Richards 等合著，*Materializing Stonehenge: The Stonehenge Riverside Project and new discoveries*，收录于 *Journal of Material Culture*，2006 年第 11 期（1–2 月号）227–261。另见 Mike Parker Pearson 著，*The Stonehenge Riverside Project: Excavations at the east entrance of Durrington Walls*，收录于 Larsson 及 Parker Pearson 编著，*From Stonehenge to the Baltic*，125–144，并见 Parker Pearson 及其“史前巨石阵河岸计划”编著 *Stonehenge* 一书。

8 参见 Mike Parker Pearson 著，*The Stonehenge Riverside Project*，140。

9 恺撒大帝相关文字引自 P. B. Ellis 著，*Caesar's Invasion of Britain*，纽约大学出

版社，1980，30。

6 埃夫伯里与奥克尼群岛巨石群

1 参见 Dr.Ros Cleal 著，*Avebury: Monuments and landscape*，The National Trust，2008。
2 参见 I.F.Smith 著，*Windmill Hill and Avebury: Excavations by Alexander Keiller, 1925–1939*，Clarendon Press，1965，7。
3 参见 Caroline Wickham-Jones 著，*Between the Wind and the Water: World Heritage Orkney*，*Windgather Press*，2006，83。

7 爱尔兰纽格莱奇墓与通道式墓穴

1 参见 G.Stout、M.Stout 合著，*Newgrange*，科克大学出版社，2008，4。
2 同注 1。另参考 M.Brennan、R.Bradley、A.Jones、M.J.O' Kelly、C.Ruggles、J.Thomas 等人著作。
3 同注 1，页 50。
4 参见 M.J.O:Kelly 著，*Newgrange: Archaeology, art and legend*，Thames & Hudson，1982，122。
5 同注 1，19。
6 相关范例可参见 M.Patton 著，*Statements in Stones: Monuments and society in Neolithic Brittany*，Routledge，1993，69–131。
7 同注 1，53、55。
8 同注 1，53。
9 同注 1，58

8 卡纳克巨石群的高大巨石和无尽阵列

1 此处主要参考 A.Burl、M.Patton、C.Scarre 等人著作。
2 参见 Chris Scarre 著，*Landscapes of Neolithic Brittant*，100。
3 参见 M.Patton 著，*Statements in Stones*，62。
4 同注 2，241。
5 相关范例可参见 Scarre 著作（同注 2），243。
6 同注 3，120。
7 同注 3，156。

9 查科峡谷独一无二的建筑

1 关于美国西南地区考古研究，本章主要参考 K.Frazier、J.Kantner、S.H.Lekson、D.G.Noble、L.Sebastian、R.M.Van Dyke 等人著作。

2 参见 S.H.Lekson 著，*The Chaco Meridian:Centers of political power in the ancient Southwest*，AltaMira Press，1999，80。

3 参见 L.J.Kuwanwisiwma 著，*Yupköyvi: The Hopi story of Chaco Canyon*，收录于 D.G.Noble 编，*In Search of Chaco*，41–48。

4 主要参考 A.Ortiz、J.E.Reyman、M.Titiev、M.D.Varien、T.Naranjo、M.R.Connolly、W.D.Lipe 等人著作。

5 参见 S.H.Lekson、T.C.Winders、J.R.Stein 合著，*The Chaco Canyon community*，收录于 *Scientific American*，1988 年第 259 期，100–109。另亦参考 Van Dyke、K.R.Durand 等人相关著作。

6 参见 R.G.Vivian、D.N.Dodgen、G.H.Hartmann 合著，*Wooden Ritual Artifacts from Chaco Canyon, New Mexico: The Ketl collection*，亚利桑那大学出版社，1978。

7 参见 A.Kenward 著，*Artifact:Mimbres bowl*，收录于 *Archaeology*，2008 年第 61 期（3 月号），72。

8 参见 A.Sofaer 著，*Chaco Canyon Astronomy: An ancient American cosmology*，Ocean Tree Books，2008。

10 纳斯卡沙漠的巨型地画

1 参见 Luis Briones-M 著，*The geoglyphs of the north Chilean desert: An archaeological and artistic perspective*，收录于 *Antiquity*，2006 年第 80 卷（307 期），9–24。

2 本章主要参考 A.F.Aveni、H.Silverman、A.Curry 等人著作。

3 参见 A.F.Aveni 著，*Between the Lines: The mystery of the giant ground drawing of ancient Nasca, Peru*，得克萨斯大学出版社，2000，138。

11 美洲各地的记忆空间

1 相关著作浩如烟海，以下仅列举所参考重要著作之研究撰稿人。玛雅文明：M.D.Coe、S.Houston；奥梅克、萨波特克、阿兹特克文明：M.D.Coe、R.Koontz；印加文明：A.F.Aveni、H.Silverman、W.Isbell。

2 参见 M.D.Coe 著，*Breaking the Code*，Thames & Hudson，2012，13。

3 参见 J.W.Saunders、R.D.Mandel、C.G.Sampson 合著，*A mound complex in Louisiana at 5400-5000 years before the present*，收录于 *Science*，1997 年 277 期，1796–1799。

4 在 *Knowledge and Power in Prehistoric Societies: Orality, Memory and the Transmission of Culture* 一书中，我以一整章的篇幅来探讨波弗蒂角，剑桥大学出版社，2015。

5 参见 J.Abel、J.R.ick、P.Huang 合著，*On the Acoustics of the Underground Galleries of Ancient Chavin de Huantar, Peru*，Acoustics-08 Paris，2008。

6 参见 Barbara Tedlock 著，*Time and the Highland at Maya*，新墨西哥大学出版社，1992。
7 同注 6，80。
8 相关资料参见考古学家 Robert Riordan 的考古挖掘报告。另可参考 Katherine Lynn Rippl 密歇根州立大学硕士论文 *Examination of two post circles found in the Ohio Valley*.
9 主要参考 J.Leary、T.Darvill、D.Field、T.R.Pauketat、S.M.Alt 等人著作。
10 重要引述资料来源：G.Brokaw、D.S.P.Dearborn、K.J.Schreiber、R.E.White、S.A.Niles、H.Silverman、G.Urton 等人著作。

12 复活节岛的波利尼西亚奇特世界

1 此处主要参考 J.Flenley、P.Bahn、T.Hunt、C.Lipo、K.Routledge 等人著作。另亦可参见复活节岛基金会官网：http://islandheritage.org/wordpress/.
2 主要参考 T.Gladwin、W.H.Goodenough、S.D.Thomas、P.Hage、D.Lewis、D.Turnbull 等人著作。
3 参见 J.Flenley、P.Bahn 合著，*The Enigmas of Easter Island: Island on the edge*，牛津大学出版社，2003，69。
4 参见 M.Campbell 著，*Memory and monumentality in the Rarotongan landscape*，收录于 *Antiquity*，2006 年第 80 卷（307 期），102。
5 同注 4，115。
6 主要参考 P.Catton、I.Goldman、B.Haami 等人著作。
7 参见 I.Goldman 著，*Ancient Polynesian Society*，芝加哥大学出版社，1970，40。
8 参见 B.Haami 著，*Putea Whakairo: Maori and the written word*，夏威夷大学出版社，2006，16。
9 参见 K.Routledge 著，*The Mystery of Easter Island*，Rapa Nui Press，2005，171。
10 同注 9，196。
11 参见 T.Hunt、C.Lipo 合著，*The Statues that Walks: Unraveling the mystery of Easter Island*，Free Press，2011。

后记

1 参见挪威科技大学，*Eleven maps for eleven rooms: Probing the brain's extensive capacity for storing memories*，引自 *Science Daily*，2014 年 12 月 8 日。

图书在版编目（CIP）数据

记忆宫殿：在文字之前，回忆如何被塑造 /（澳）琳恩·凯利著；张馨方，唐岱兰译. —北京：中国工人出版社，2022.4
书名原文：The Memory Code
ISBN 978-7-5008-7842-1

Ⅰ. ①记… Ⅱ. ①琳… ②张… ③唐… Ⅲ. ①史前文化–文化遗址–世界–通俗读物–英文 Ⅳ. ①K11-49

中国版本图书馆CIP数据核字（2022）第035380号

著作权合同登记号：图字 01-2021-4720

记忆宫殿：在文字之前，回忆如何被塑造

出 版 人	王娇萍
责任编辑	陈晓辰 邢 璐
责任印制	黄 丽
出版发行	中国工人出版社
地 址	北京市东城区鼓楼外大街45号 邮编：100120
网 址	http://www.wp-china.com
电 话	（010）62005043（总编室） （010）62005039（印制管理中心） （010）62001780（万川文化项目组）
发行热线	（010）82029051 62383056
经 销	各地书店
印 刷	北京盛通印刷股份有限公司
开 本	880毫米×1230毫米 1/32
印 张	10.875
彩插印张	0.5
字 数	250千字
版 次	2022年4月第1版 2025年9月第4次印刷
定 价	78.00元